JISHI ZHIBIAO
FENXI DAQUAN

廖海燕 ◎ 编著

# 技术指标

## 分析大全

**SPM**
南方出版传媒
广东经济出版社
·广州·

## 图书在版编目（CIP）数据

技术指标分析大全/ 廖海燕编著. —广州：广东经济出版社，2015.11

ISBN 978 – 7 – 5454 – 4198 – 7

Ⅰ. ①技… Ⅱ. ①廖… Ⅲ. ①股票交易 – 基本知识 Ⅳ. ①F830. 91

中国版本图书馆 CIP 数据核字（2015）第 195357 号

出 版 人：姚丹林
责任编辑：易 伦
责任技编：许伟斌
封面设计：钟永文

| 出版发行 | 广东经济出版社（广州市环市东路水荫路 11 号 11 ~ 12 楼） |
|---|---|
| 经销 | 全国新华书店 |
| 印刷 | 惠州报业传媒印务有限公司<br>（惠城区江北三新村惠州报业传媒大厦 1610 室） |
| 开本 | 730 毫米×1020 毫米　1/16 |
| 印张 | 17. 25 |
| 字数 | 285 000 字 |
| 版次 | 2015 年 11 月第 1 版 |
| 印次 | 2015 年 11 月第 1 次 |
| 印数 | 1 ~ 5 000 册 |
| 书号 | ISBN 978 – 7 – 5454 – 4198 – 7 |
| 定价 | 45. 00 元 |

如发现印装质量问题，影响阅读，请与承印厂联系调换。
发行部地址：广州市环市东路水荫路 11 号 11 楼
电话：（020）38306055　38306107　邮政编码：510075
邮购地址：广州市环市东路水荫路 11 号 11 楼
电话：（020）37601950　营销网址：http：//www. gebook. com
广东经济出版社新浪官方微博：http：//e. weibo. com/gebook
广东经济出版社常年法律顾问：何剑桥律师
·版权所有　翻印必究·

# 前　言

**【写作背景】**

随着信息技术的发展，多种免费股票软件正在被越来越多的股民使用，打开任何一款股票软件，基本上都包含十多种或几十种技术指标图形，但是有多少中小股民能够真正理解和应用呢？难道这些花花绿绿的曲线图形都只是点缀股票软件的"花瓶"吗？

其实，股市中有各种各样的分析方法，有简单的，也有复杂的，而简单的方法往往更有效。因为简单的方法容易学习和掌握，可以节省投资者的时间和精力，将注意力更多地投入到市场中。

本书重点介绍了10项技术指标的实战买卖点应用。主要是以沪深股市的实战图谱为主，使投资者不仅可以掌握各个买卖点的形态，而且可以清楚地看到买入或者卖出的最佳时机。这些实战图谱大多是笔者在操盘和大资金运作时的实战图，因其清晰的思路、敏捷的洞察力和对技术指标本质原理的良好运用，从而更好地捕捉买卖良机，使投资者无论是做波段还是短线，只要是技术分析者，都是适用的。

由于是最佳的切入点，从战法到技法，从技术指标的规律到实战技巧，无一不是精彩绝伦的。投资者可以从数百幅实战走势图中学习、研究和掌握技术指标的实战应用法则，从而更加准确地捕获买卖的信号。

**【本书特点】**

1. 指标全

进行股票技术分析，除K线、均线等常用指标外，如能同时参考其他一些更复杂的衍生性指标，如MACD、DMI等指标，最终形成的结论将更加客观、准确，对操作的指导意义更强。为此，本书精心选择了10种技术指标，既涵盖K线图、均线等常用指标，也着重介绍了数种衍生性指标，如MACD、RSI、DMI、OBV等。读者可根据自己对各项指标的掌握程度，选择几种指标进行组合分析，减少误判、识别陷阱，为自己的投资操作提供更加全面的指导。

2. 案例新

本书在介绍每一项技术指标的每一个买入或卖出信号时，都选配了一个经典案例，这些案例均选自最近3年内中国A股市场实例，更贴近当前的股市运行周期，符合近期股市的运行逻辑，实用性大大提高。同时，根据A股市场的新特点、新变化，在100多个所选案例中既包括主板股票，又有中小板、创业板股票，对高价股、低价股等均有覆盖，充分阐释了技术分析方法的普遍适用性。

3. 容易读

本书语言表达简洁通顺、形象生动、通俗易懂，在枯燥的理论讲解中穿插多种表达方式，充分尊重了读者的阅读习惯。全书在结构设计上，突出"模块化"特点，每一项指标作为一个模块，既可按顺序阅读，也可按兴趣跳读或选读，而不影响对指标的学习和掌握。读者可自行掌控阅读，根据自己的阅读情况进行技术指标分析的模块化组合。

4. 空话少

本书在每一个指标模块中，在讲解具体买卖信号的时候，都采用统一的"形态—含义—案例"顺序排列文字内容，各章节指向清晰，易读性好。更重要的是，每一段内容均有意义，没有空话废话，节约了读者的宝贵时间。

【注意技术指标陷阱】

本书虽然是一本介绍技术指标的书，但是最终的目的是为了帮助股民盈利，因此我们要把各项指标当作工具，而不能迷信它们，以免落入技术指标陷阱，常见的陷阱如下：

◆忽略基本面分析：技术分析往往只有短期的效果，而基本面分析发掘的是上市公司内在的潜质，具有中长期阶段性的指导意义。

◆迷信某一项技术指标：在进行技术分析的时候，要考虑多项技术指标的走势，同时结合具体走势进行分析理解。高水平的技术分析还要结合波浪理论、江恩循环论、经济周期等作为指导性分析工具。

◆技术指标可能会被人为操控：强庄股往往有反技术操作的特点，目的是将技术派人士尽数洗出或套住。

本书着眼于股票技术分析的实践应用，理论少而精、应用多而全，力求帮助读者通过较短时间的阅读尽可能地掌握股票技术分析的10项技术指标。

本书语言生动、深入浅出，既适用于刚涉足股市的投资者，也适用于对股票软件、技术分析有一定基础的有经验的股民，对于股票分析师、研究员、交易员等也有一定的启发意义。总之，希望快速掌握股票技术分析工具的中国股市投资者，都能从本书中有所收获。

# 目　录

## 第1章　K线图买卖点详解 ··················································· 1
- 1.1　新股民学K线 ······················································· 2
- 1.2　K线买入信号 ······················································· 7
- 1.3　K线卖出信号 ······················································ 19

## 第2章　均线指标买卖点详解 ··············································· 31
- 2.1　新股民学均线指标 ················································ 32
- 2.2　均线买入信号 ······················································ 34
- 2.3　均线卖出信号 ······················································ 46

## 第3章　成交量指标买卖点详解 ··········································· 59
- 3.1　新股民学成交量 ··················································· 60
- 3.2　成交量买入信号 ··················································· 61
- 3.3　成交量卖出信号 ··················································· 69

## 第4章　PSY指标买卖点详解 ·············································· 79
- 4.1　新股民学PSY指标 ················································ 80
- 4.2　PSY指标买入信号 ················································ 82
- 4.3　PSY指标卖出信号 ················································ 97

## 第5章　MACD指标买卖点详解 ········································· 113
- 5.1　新股民学MACD指标 ············································ 114
- 5.2　MACD指标买入信号 ············································ 116
- 5.3　MACD指标卖出信号 ············································ 128

第 6 章　KDJ 指标买卖点详解 ·················································· 139
　6.1　新股民学 KDJ 指标 ························································ 140
　6.2　KDJ 指标买入信号 ························································ 142
　6.3　KDJ 指标卖出信号 ························································ 155

第 7 章　OBV 指标买卖点详解 ·················································· 167
　7.1　新股民学 OBV 指标 ························································ 168
　7.2　OBV 指标买入信号 ························································ 169
　7.3　OBV 指标卖出信号 ························································ 177

第 8 章　RSI 指标买卖点详解 ···················································· 187
　8.1　新股民学 RSI 指标 ·························································· 188
　8.2　RSI 指标买入信号 ·························································· 190
　8.3　RSI 指标卖出信号 ·························································· 204

第 9 章　BOLL 指标买卖点详解 ················································· 215
　9.1　新股民学 BOLL 指标 ······················································ 216
　9.2　BOLL 指标买入信号 ······················································ 218
　9.3　BOLL 指标卖出信号 ······················································ 231

第 10 章　DMI 指标买卖点详解 ················································· 243
　10.1　新股民学 DMI 指标 ······················································ 244
　10.2　DMI 指标买入信号 ······················································ 247
　10.3　DMI 指标卖出信号 ······················································ 260

# 第 1 章　K线图买卖点详解

炒股最常用的技术指标就是K线图,打开任何一款炒股软件,那些红红绿绿的小方块排列在屏幕上,承载着无数股民们的欢呼与叹息、欣喜与泪水。K线图对于股民,就如同汉字的横竖撇捺、英语的26个字母、武林高手的站桩吐纳,是一切高深功夫的基础。掌握了K线图,对于股民的短线搏杀、中线操作以及长线持有,都有着实用而重要的意义。

K线图看似简单,但是不同的K线组合可以释放出很多信号。根据这些信号,我们可以准确地判断买进或卖出的时机,据此操作,可以在与庄共舞的险恶股市中获取应得的收益。

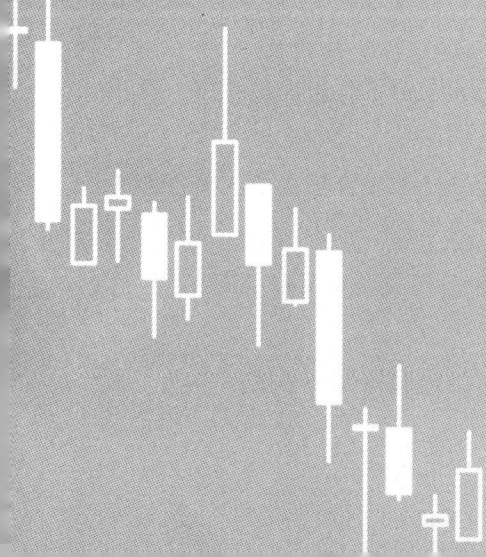

## 1.1　新股民学K线

**【历史】**

K线图起源于日本德川幕府时期,当时在日本米市上进行交易的商人本间宗久为了记录每天米价的行情与价格波动,发明了蜡烛图。由于这种记录方式清晰、准确地反映了价格的波动情况,后来被人们引入到股票及期货交易市场,经不断改进后形成了现代的K线图,并逐渐推广开来。

**【原理】**

K线图最主要的功能是记录价格的变化。以日K线为例,根据开盘价、收盘价、最高价、最低价,就可以用一根柱体及线条综合画出这些信息。根据柱体的不同形态,K线图可以分为三类:阳线、阴线、十字星。

阳线,是指当股票收盘价格高于开盘价格时画出的柱体,一般以红色柱体表示,或者用空白的方框表示。根据每日股价的波动情况,又可分为如下几种典型阳线:

◆光头光脚阳线:收盘价高于开盘价,且收盘价为当日最高价,开盘价为当日最低价。

◆带上影线的阳线:收盘价高于开盘价,但收盘价不是当日最高价,而开盘价为当日最低价。

◆带下影线的阳线:收盘价高于开盘价,收盘价是当日最高价,当日最低价低于开盘价。

◆带上下双影线的阳线:收盘价高于开盘价,但收盘价不是当日最高价,开盘价也不是当日最低价。

阴线,是指当股票收盘价格低于开盘价格时画出的柱体,一般以绿色柱体表示，或用黑色的实框表示。根据每日股价的波动情况，又可分为如下几种典型阴线：

◆光头光脚阴线：收盘价低于开盘价，且开盘价为当日最高价，收盘价为当日最低价。

◆带上影线的阴线：收盘价低于开盘价，且收盘价为当日最低价，而开盘价不是当日最高价。

◆带下影线的阴线：收盘价低于开盘价，且开盘价为当日最高价，但收盘价不是当日最低价。

◆带上下双影线的阴线：收盘价低于开盘价，开盘价不是当日最高价，收盘价也不是当日最低价。

十字星，是指股票收盘价与开盘价相同，但股市交易过程中发生过股价的上下波动，此时形成的 K 线图称为十字星。有时，在股票收盘价与开盘价格差异很小的情况下（这时的柱体高度很小），也可近似视为十字星。十字星也分为几种典型形态：

◆大十字星：股票收盘价等于开盘价，但当日最高价、最低价均与开盘价或收盘价不同，并且最高价、最低价与开盘价、收盘价的差距较大。

◆T 形十字星：股票收盘价等于开盘价，但当日最高价为开盘价，而当日最低价低于收盘价，画图时形成下影线。

◆倒 T 形十字星：股票收盘价等于开盘价，但当日最低价为收盘价，而当日最高价高于开盘价，形成上影线。

◆剑形十字星：大十字星的变体，上影线的长度大于下影线的长度，形如侠客手中的长剑，表示收盘价与开盘价相等，最高价、最低价均与收盘价不同，并且最高价与收盘价的差距大，最低价与收盘价的差距小。

◆手杖形十字星：大十字星的另一变体，下影线的长度大于上影线的长度，形如老人所用的手杖，表示收盘价与开盘价相等，最高价、最低价均与收盘价不同，并且最低价与收盘价的差距大，最高价与收盘价的差距小。

上述几种 K 线形态图如下表所示：

表1.1 K线形态

| | | |
|---|---|---|
| 阳线 | 光头光脚阳线 | |
| | 带上影线的阳线 | |
| | 带下影线的阳线 | |
| | 带上下双影线的阳线 | |
| 阴线 | 光头光脚阴线 | |
| | 带上影线的阴线 | |
| | 带下影线的阴线 | |

续表

| | | |
|---|---|---|
| 阴线 | 带上下双影线的阴线 | |
| 十字星 | 大十字星 | |
| | T形十字星 | |
| | 倒T形十字星 | |
| | 剑形十字星 | |
| | 手杖形十字星 | |

还有一种特殊的K线，即"一"字形，其实是光头光脚阳线或阴线的变体，这种情况常见于股票全天处于涨停板、跌停板时，此时股价就在一个价位上持续一个交易日，因此反映到K线图上，就是一根横线，无上影线和下影线。

**【种类】**

前文以日K线为例，介绍了K线的几种典型形态及其原理。

除日K线以外，还有周K线、月K线、年K线等几种K线。顾名思义，其原理与日K线相同，只不过是把统计股票价格的区间从每天放大到每周、每月、每年。比如画周K线时，以每周第一个交易日的开盘价为K线开盘价，最后一个交易日的收盘价为K线收盘价，每周的最高价为K线最高价，每周的最低价为K线最低价。周K线、月K线、年K线的典型形态与日K线相同，读者可以举一反三，在此不再详述。

**【实践应用】**

股市实战中，最常用到的技术指标是日K线，周K线、月K线主要用于长期趋势的研判。目前绝大多数股票软件都采取以时间为纵轴、将日K线按时间顺序排列起来的方式，就形成了不同的K线走势和形态。对于中小股民来讲，借助炒股软件，我们可以按半年、一年甚至几年的时间间隔来研究分析某只股票的K线图，从其历史波动过程发现主力的蛛丝马迹。更重要的是，根据K线图的不同排列组合所表征的股票价格的历史波动情况，分析其内在的多方空方力量逻辑，我们可以相对准确地判断出股票的买入和卖出信号，把握住有利的时机。

## 1.2　K线买入信号

根据K线图不同的形态，我们可以判断某只股票的走势强弱程度，分析主力操作的特点，找到行情启动阶段或处于底部的个股，为自己的买入操作选择时机，搭上庄家的顺风车，获取应有的收益。

### 1.2.1　"红色台阶"买入

【形态描述】

"红色台阶"，是指在K线图排列上，每日K线呈现红色小阳线走势，每日收盘价在前日收盘价之上，股价逐步抬升，就像行走在红色的台阶之上。

【市场含义】

K线图上出现这种信号，表示该股的庄家已经完成了吸筹或完成了大部分筹码的锁定，需要做出行情，吸引散户、机构等其他资金介入。有时也是因为散户持股坚定，因此前期吸筹不足，从而需要在拉升过程中再收集一定的筹码，为后期的大行情炒作奠定基础。

这类庄家采取了一种相当稳健的操作手法，因为个股每日涨幅有限，其不会出现在每日涨幅榜的前几名，因此不太引人注目，只有关注该个股长期走势的股民才会发现。而这类股民相对来说较少，因此这种手法适用于吸筹过程的中后期。

总的来说，出现"红色台阶"一般是一波大行情开始的启动信号。面对这种K线图释放的强烈买入信号，如果我们对其尚有质疑，可以在5个红台阶之后介入；如果我们坚信自己的判断，在三阳出现后即可买入。

【个股实战】

以深振业A（000006）2015年1月15日至4月28日走势图为例，如图1-1所示，该股从2015年1月20日开始，出现了一波经典的红色小台阶，显示了强劲的庄股特征。股价从5.85元启动，5个交易日后收于6.88元，日均涨幅3.52%，显然非常不引人注目。此后该股略微调整后，股价再次出现红色小台阶，股价正式进入7元以上的区间。经过一段时间的休整，该股出现第三波红色小台阶，股价上涨到12元以上。如果错过了第一波红色小台阶，在第二、第三波红色小台阶中，我们还可以抓住机会买入。

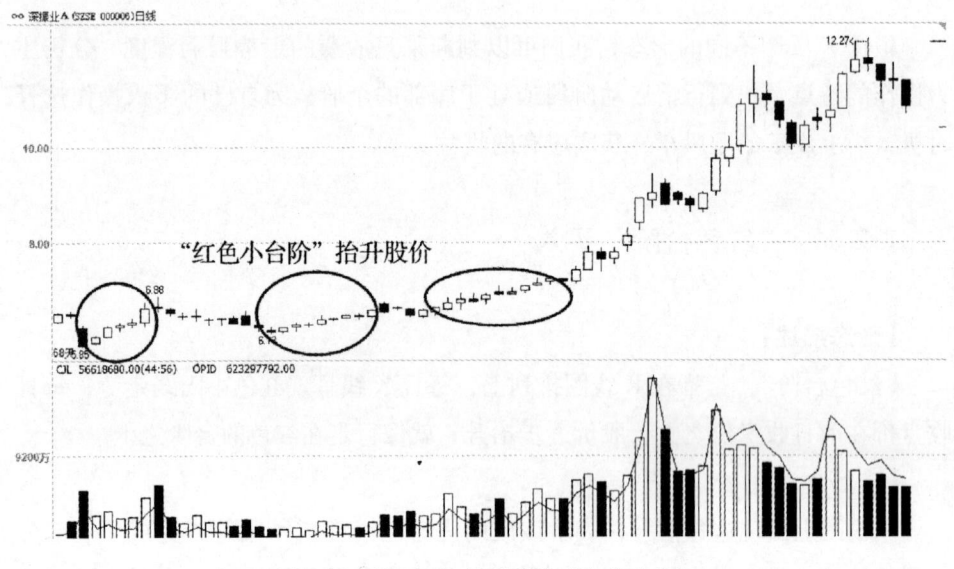

图1-1 深振业A（000006）"红色台阶"

## 1.2.2 三重浪底买入

【形态描述】

三重浪底，是指从形态上看，K线图前期的走势就像波浪起伏，一直发生三次潮起潮落后，形成了一个坚实的底部，这时K线图释放出的是底部买入信号。

【市场含义】

这其中蕴含的逻辑是，前期股价的上涨和下跌，都是受庄家所操控的，通过一轮起伏下跌,一部分意志不坚定的股民在小幅获利后认为该股并无行情而卖出了手中的筹码。即使有看好个股的投资者,在第二轮、第三轮上涨和下跌的过程中,也会有不少人忍不住或判断错误,最终卖出了股票。而庄家通过三轮波涛起伏的操作后,基本扫清了意志不坚定的股民,清除了后期拉升股票价格的障碍。

判断是否是三重浪底释放的买入信号,有一个很重要的依据,就是在前期三轮下跌过程中,K线图的底部基本上是在一个平面上。这说明庄家控制着局势,并不希望股价走势太坏而导致恐慌性抛盘,同时也说明很可能是庄家自己在该股价周围建仓,因此在该价格左右的抛盘全部被吸筹,股价不会跌破庄家的建仓价格。

**【个股实战】**

以特力A(000025)2014年11月17日至2015年4月21日走势图为例,如图1-2所示,该股在2014年12月22日至2015年1月20日之间走出三重浪底走势。2014年12月22日,该股以几根长阴线下跌,把前期的涨幅尽数跌去,此为第一浪,股价收在9.84元;第二浪下跌发生在2014年12月30日,股价收在9.98元,仍在前期底位附近;第二浪下跌,把第二波升势形成的涨幅也基本消灭。2014年12月22日发生了第三浪下跌,最低点位于9.7元,可以看出,这一浪已经抬升了底部,三重浪底正式形成,该股后续开始发力。

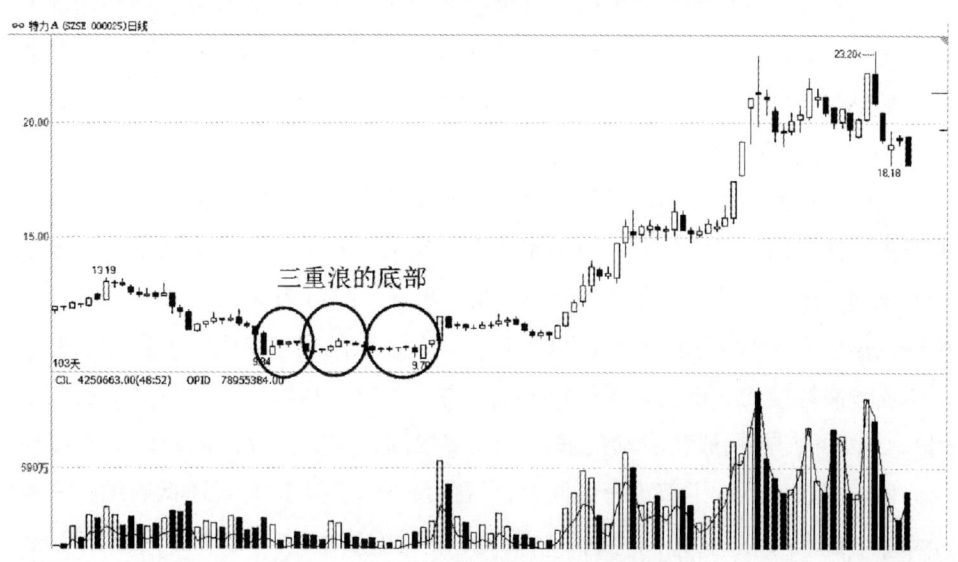

图1-2 特力A(000025)三重浪底

### 1.2.3 洗盘

**【形态描述】**

从K线图上看,洗盘是指庄家通过故意先期拉抬股价至一定涨幅,然后长期打压股价,或使用大幅跌停等惊险走势,使散户或中小股民误认为该股只有一段小行情,从而在跌势之中将筹码悉数抛出,将前期的获利落袋为安。而庄家则趁机大量收集筹码,一方面把前期拉抬而形成的获利筹码清除出场,另一方面也把意志不坚定的持股人士逼出局。

**【市场含义】**

洗盘,是所有庄家操纵、炒作股票必须经过的一个阶段,可以说不经过洗盘的股票没有大行情,洗不好盘的庄家也不是好庄家。但是作为中小股民,怎样从K线图上识别出庄家洗盘的意图,并坚定地进入、持有,需要股民具有敏锐的眼光、坚定的意志,而这不是一般人所能做到的。而一旦识别出庄家的洗盘操作意图,中小股民应坚定地进入,持有个股等待大行情的到来。

一旦洗盘完成、达到锁筹所需的比例,庄家就会开始无所顾忌地做出股价大幅上升的图形。因前期已清洗了大量筹码,后面的拉抬更轻松,这也预示着大行情拉开序幕,此时也可进入,但对于散户而言进入成本更高。

在洗盘这种情形下,如果已持有个股的股民,不妨静观其变,视账面浮亏如浮云,因为后续的大行情不但能弥补洗盘阶段的浮亏,更能有意料之外的收益。如果尚未持有该个股的股民,从K线图上发现了庄家洗盘操作时,应视为买入信号,逢低吸纳,迎来后续的美好结果。

当然,这其中蕴含的风险就是怎样判断是否真的是洗盘,而不是股价走弱的开始。洗盘的个股,前期一般都累积有一定的涨幅,这是庄家前期收集筹码所带来的一个必然结果。那么从散户的角度出发,面对洗盘所导致的股价下跌,应该根据个人对炒股风险的偏好程度设定一个下跌的容忍界限(有能力、有意愿承受较高风险的,设定区间可以更大一些;反之,应设定一个相对稳妥的区间),比如可把前期股价启动的底部至顶部区间,按黄金分割比例设定38.2%的比例,当股价下跌不破这一区间时,视为洗盘,坚定持有或逢低吸纳;一旦突破这一区间,即认为并非洗盘,而是头部形成的图形,此时应该抛出股票、避免进一步的损失,未进入的投资者应该继续观望,不要轻易进入。

**【个股实战】**

以中粮地产(000031)2014年9月21日至2015年5月22日走势图为例,如图1-3所示,股价在上升至10.09元时,出现了阶段性的顶部。股价开始出现盘整走势,其最低位处恰好位于前期涨幅的38.2%处,也就是黄金分割线的位置。当股价完成盘整走势后,进一步上扬至12.87元。盘整走势可以充分地说明股价处于主力洗盘的阶段,当股价达到黄金分割位时,可以设好止损后大胆介入。

图1-3 中粮地产(000031)洗盘图形

## 1.2.4 阳包十字星

**【形态描述】**

十字星是K线图中一个比较特殊的类型,从形状上看像一个十字形,或者近似于十字形。从它表征的意义上来说,它是指在一个交易日的多空博弈过程中,股价先后跌到开盘价以下,又涨到开盘价以上,最终收盘价与开盘价相同或略高于开盘价。这样形成的K线图形就是十字星。

如果在几个十字星之后走出一根长阳线,把前期的十字星尽数包住,就形成"阳包十字星"的形态。

【市场含义】

从股价的物理意义上来看,十字星图形表示这样几种含义:(1)多空双方对股价走势分歧较大,股价下行时,有大量的买盘托住;而股价上涨,又有卖盘涌出,致使股价只能在开盘价附近变动。(2)从庄家的角度来讲,十字星也表示庄家实力强劲并且不想过早暴露实力,只在开盘价附近高抛低吸,压住股价上涨的走势(这么做的目的只有一个,即制造股价上升乏力的表现,诱导股民出货,庄家趁机吸筹)。

但是,股价不可能永远保持十字星,必然要在一定的阶段后做出选择。如果出现阳包十字星,那么就告诉我们股价正在走强,股民应该买入。因为长阳线的出现,表示两层含义:(1)十字星上影线对应的抛盘均被买方吸收,上涨压力大减,才能形成长阳线;(2)庄家已不再打压股价,要开始拉抬股价。

【个股实战】

以德赛电池(000049)2014年12月19日至2015年5月22日走势图为例,如图1-4所示,2015年1月20日该股走出了标准的阳包十字星形态。此种形态分为两个部分,前一部分为震荡盘整的小星线,后一部分为向上突破包住前期小星线的长阳线。前部分的小星线说明股价盘整幅度越来越小,也就是越是

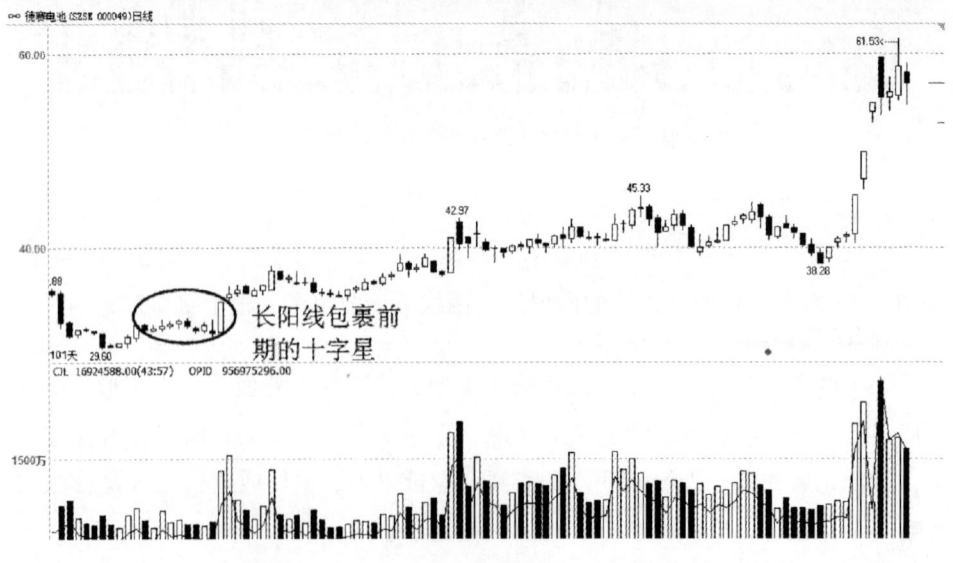

图1-4 德赛电池(000049)阳包十字星

接近突破的边缘。而向上突破还是向下突破都有可能,所以我们要等一根长阳线来确认这是向上突破,当走出长阳包十字星形态后,股价最高到达 61.53 元。

### 1.2.5 阴线收敛后的十字星

【形态描述】

股价连续出现大阴线,但阴线的长度逐日缩短、收敛,最后收出十字星。

【市场含义】

股市险恶,庄家狡猾。有一些庄家喜欢在 2~3 个月的时间内反复操作一只股票,拉高压低,由此也给普通股民带来波段操作的机会。这类庄家由于时间的限制,在打压吸筹阶段必须用更强烈的大幅下跌操作手法,制造恐慌性气氛,才能吸到足够量的筹码。但是庄家的这种操作方式,随着时间的推移必然会留下痕迹,因为随着时间的推移,庄家所吸筹码开始增多,已不再需要过大的跌幅。从 K 线图上看,下跌洗筹并吸筹的过程,阴线长度逐步收缩(跌幅下降),此时一旦出现底部十字星,说明庄家的打压吸筹过程已然完成,接下来要开始拉升了。

对这类股票的操作,需要投资者对某一只股票比较留心,注重观察其长期的走势,熟悉庄家的操作特点。尤其重要的是投资者不要太贪婪,不一定要抓住完全的底部或最高位,可以略晚于庄家的启动时点买入、略早于庄家的出货时点卖出,放弃一定的涨幅换来足够的安全,这才是在险恶股市中小股民的自保之道。

【个股实战】

以深天马 A(000050)2014 年 8 月 28 日至 2015 年 5 月 22 日走势图为例,如图 1-5 所示,该股在连续的两根巨长阴线下后收出了一根十字星形态。长阴线的快速大幅下跌,释放了空头打压的力量,而十字星 K 线的出现,恰好说明了空头力度已经衰竭,多头即将反扑。

激进的操作是当出现了十字星后即抢入多单,保守的做法是当股价慢慢地吃掉这两根长阴线的下跌幅度后,再行进入多单。当然,这两种操作方法都要做好止损计划,保护好资金。

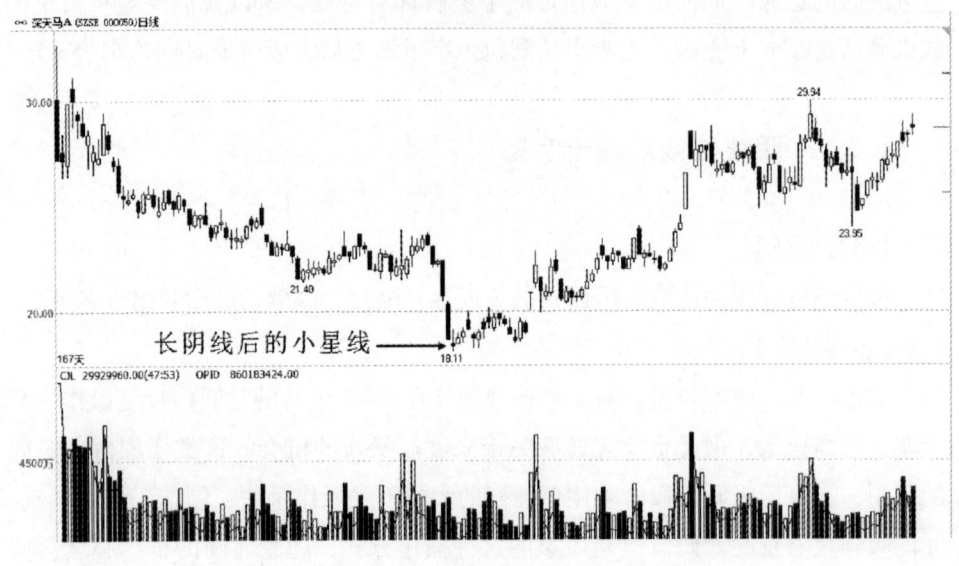

图1-5 深天马A（000050）阴线收敛十字星

## 1.2.6 小阴长阳

【形态描述】

小阴长阳形态，具体地说，就是庄家在控制股价的过程中，通过做出连续的小阴线，并在连续的小阴线后，通过一根长阳线，一举收复失地，使股价重新达到或超过K线阴跌之前的水平。

【市场含义】

股市如江湖，这里是人性的放大器。庄家为了赚取最大的利润，会把各种手段用到极致。为了诱使股民卖掉已有一定获利空间的股票，庄家常用小阴长阳的K线形态，既让股民误认为是头部出现而把手中的股票卖掉，又可以把股价悄悄地拉高，提升自己的获利空间。

在小阴长阳走势下，前期的阴跌只是一种刻意打压的做法，只是为了吸筹，而长阳线则显示了庄家拉升股价的决心。小阴长阳由于其诱惑性强，一般极易被庄家用于拉升初期阶段，并且会多次使用，以使自己控制的筹码保持在合理的成本水平。所以，一旦多次出现小阴长阳形态，说明庄家对该股票的操控能力已可以满足其炒作需要，行情即将展开，股民可以买入。

## 【个股实战】

以中金岭南（000060）2015年1月12日至5月11日走势图为例，如图1-6所示，这种形态多次出现在快速上涨的过程中，快速上涨中的每一次下跌，都是买入的好时机。即使市场处于牛市中，股价也不是像一根直线一样上涨的，而是走三步退一步，有一个喘息的机会。当股价在快速上涨的过程中下跌时，即释放了一部分空头的力量，也诱使一些立场不坚定的多头趁机离场，所以遇到快速上涨的下跌，抢入多单的胜率是极大的。

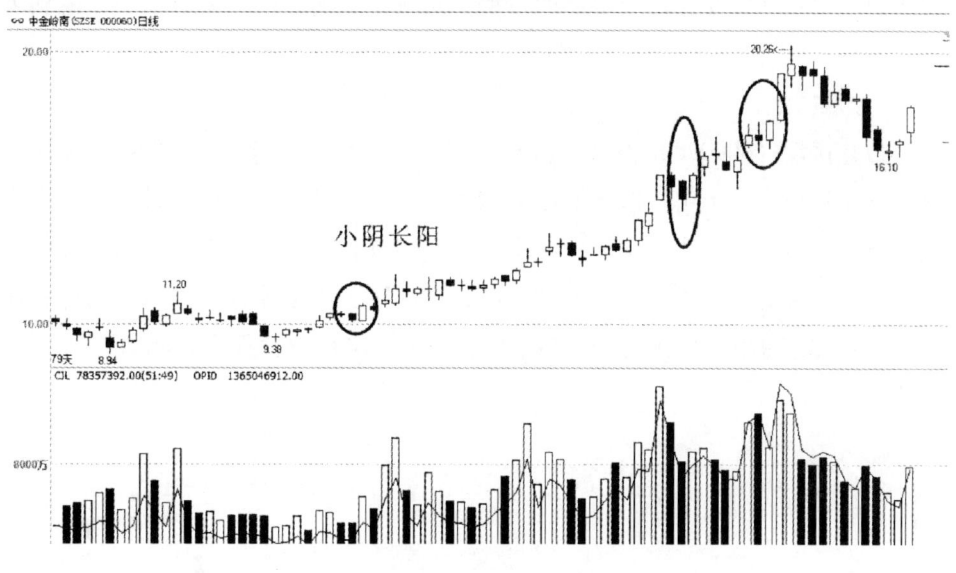

图1-6 中金岭南（000060）小阴长阳形态

### 1.2.7 连跳十字星

## 【形态描述】

在十字星的走势过程中，庄家由于吸筹的需要，有时会使股价出现一种极为典型的连跳十字星走势，即K线图上出现十字星后，股价跳空再形成十字星。这也是一种买入信号。

## 【市场含义】

前面我们了解过K线十字星的走势，十字星形态说明多空双方对股价存在分歧。但是，从另一种意义上来看，也意味着在开盘价以上的抛盘都被接盘了。

虽然股价被压向开盘价以下，但最终还是被大量的买盘拉回到开盘价，形成十字星的K线图，可见接手股票筹码的力量是一股潜伏的力量，不露声色地吸收着筹码。

而连跳十字星的出现，说明在庄家潜伏的过程中，通过做出跳空高开的开盘价，向追涨的股民派发一部分低位筹码，换取资金；同时在把股价拉回开盘价之上的过程中，主力也吸收了一部分获利盘，这意味着主力的成本被逐渐推高，后期的炒作应达到一定的高度才能实现主力所追求的目标。因此，对于股民来讲，也意味着在连跳十字星的过程中跟进，后期的风险相对较小，盈利可能性大增。

【个股实战】

以盐田港（000088）为例，如图1-7所示，该股在盘整上升的途中多次出现了十字星形态。十字星形态的波动幅度极小，可以让一些没有耐心的多头离场，这不仅有利于在窄幅震荡中收集筹码，还有利于在这种不明显的涨势中悄悄地上涨，由此充分说明了庄家的耐心，也说明了庄家控盘的实力。当这一连串十字星连续跳出时，就意味着该股还在拉升筑底的过程中，此时买入时机恰当。

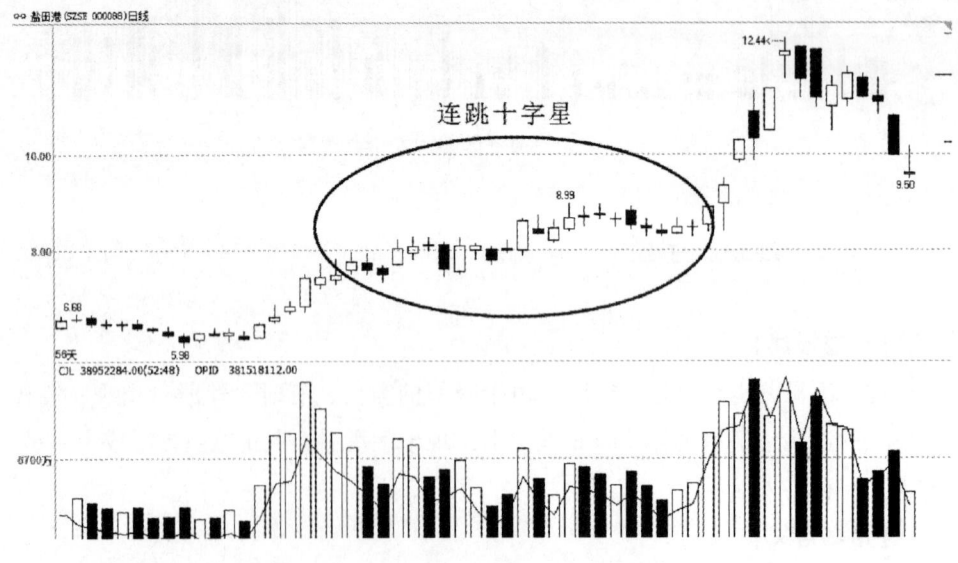

图1-7 盐田港（000088）连跳十字星

### 1.2.8　反弹突破前底

**【形态描述】**

股价先走出下跌形态,然后出现反弹,反弹形成的阳线突破了前期底部,形成买入信号。

**【市场含义】**

很多时候股票处于下跌过程中,如果能够判断或大致判断出底部所在,果断进入后必然会在后续主升浪中获益良多。

股价一旦形成底部,说明此处沉积了大量的筹码,庄家对于底部价位的认同程度较高,股价跌至此位,抛盘全被吸纳。而且在下跌过程中,恐慌性抛盘的大量涌出有利于主力逢低吸纳。当主力吸纳了足够的筹码,该股的空方力量也释放将尽,股价很容易拉高,形成反弹局面。在反弹过程中,如果股价轻松突破了前期的底部,不再盘整,说明此股价上方浮动筹码的压力已经很小,庄家可以轻松拉抬;反之,一旦股价不能突破前期底部,说明庄家还想多做几次吸筹过程,上升行情后延。

**【个股实战】**

以国际实业(000159)2014年12月4日至2015年5月4日走势图为例,如图1-8所示,该股在阶段性高点后快速下跌,下跌的过程中形成了一个底部平台,但我们并不确定这到底是真正的底部还是阶段性底部。当股价再次下跌至9.6元时,击穿了前期所形成的底部平台,但很快又返到平台之上,此时我们可以将它理解为空头试探性的打压,但其下方接盘力量非常强大,随后的第二个交易日,股价即收出了阳线,并且在前期底部平台之上。此时就说明了这里就是一个底部,或是一个阶段性的底部。

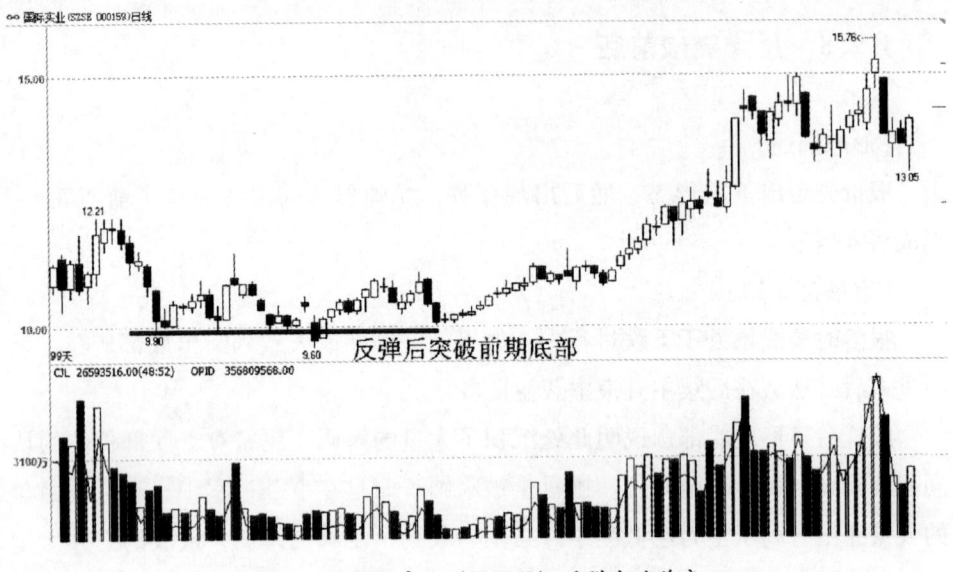

图1-8 国际实业（000159）反弹突破前底

### 1.2.9 V形反转

**【形态描述】**

V形反转，即股价看上去还在前期下跌通道之中，人还尚未醒悟之际，庄家已将股价快速反弹拉高，形成强烈的V字形反转。

**【市场含义】**

这类庄家炒作手法更加强势而且动作很快，中小股民一旦迟疑就很可能错失买入机会。当然，庄家敢于这样炒作，是因为前期在不断的筑底过程中已经获取了大部分筹码，然后在最后一波下跌打压之中再吸纳一部分筹码，足够满足反转以后炒作所需，完成这一过程后，庄家即开始拉抬。所以，一旦发现V形反转，便可认为该股将成功启动，可以追涨杀入，获取一波行情。

**【个股实战】**

以吉林化纤（000420）2014年9月12日至2015年5月22日走势图为例，如图1-9所示，该股在V形反转前，是在一个相对高位进行了盘整洗盘走势。当所有人以为洗盘走势仅仅是横盘调整的时候，股价突然下跌，导致大量止损盘出现，将股价向下进一步打压。当主力的控盘完成后，又以没有任何征兆的

V形反转形态突然反转,让之前被洗出的资金不能立刻跟上,可见主力控盘手法相当凌厉。

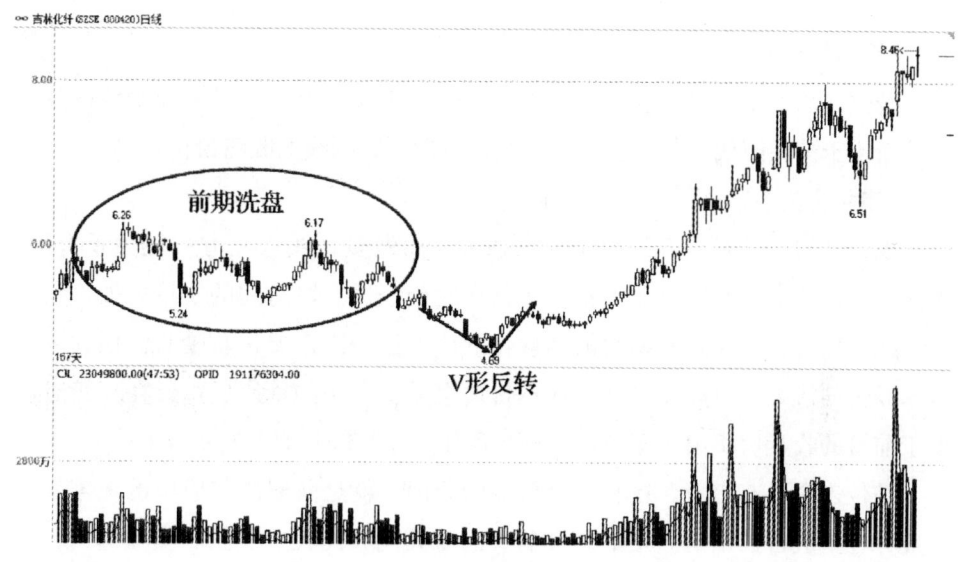

图1-9 吉林化纤(000420)V形反转

## 1.3 K线卖出信号

买入股票后,投资者也需要经常关注K线形态,根据K线走势表征的信息,判断股票走弱的迹象,洞悉庄家出货的信号。一旦确定后,我们应当果断卖出,否则有可能失去前期积累的账面盈利。

### 1.3.1 破位连阴

【形态描述】

破位连阴,是指股价连续走出阴线(达到3次以上)并且后面阴线的收盘价不断低于前面阴线的收盘价,不断突破前期下跌阴线的收盘价位。

【市场含义】

破位连阴,说明空方的力量足够强大,而做多(买入一方)的力量有限,因此股价连续击破前期收盘价格。尤其在股价经过一段时间的拉抬后处于高位时,此时出现破位连阴,说明前期炒作的庄家已经决定要出货变现。因此,不考虑股价的形态,只要在自己的成本价之上派发手中的筹码,每天在开盘时以低于前日的收盘价卖出,盘中也不进行顶托,任股价向下发展就行了。

破位连阴形态出现,还有一个可能的原因,就是前期炒作股票的庄家实力一般,在把股价拉抬到一定的高度后,面对其他股民大量的获利卖盘涌出,有心接盘托住股价,无奈心有余而力不足,只能任股价下跌。

所以面对破位连阴的形态,我们可以确认股价的顶部出现,是退出的时候了。有时也可以推测出庄家的实力不足,并无过大行情,不值得持有,不如撤离另寻机会。

【个股实战】

以江铃汽车(000550)2014年7月18日至11月6日走势图为例,如图1-10所示,该股在34.2元和33.44元之间形成了一个高点和一个次高点。根据道氏理论,当33.44元上的高点没有力量向上冲破前一个波峰时,如果股价再向下穿越前一个波谷,那么上涨趋势完结。本图中连续的三根阴线恰好在股价没有突破前波峰时向下突破了前波谷,说明下跌的趋势开始形成。

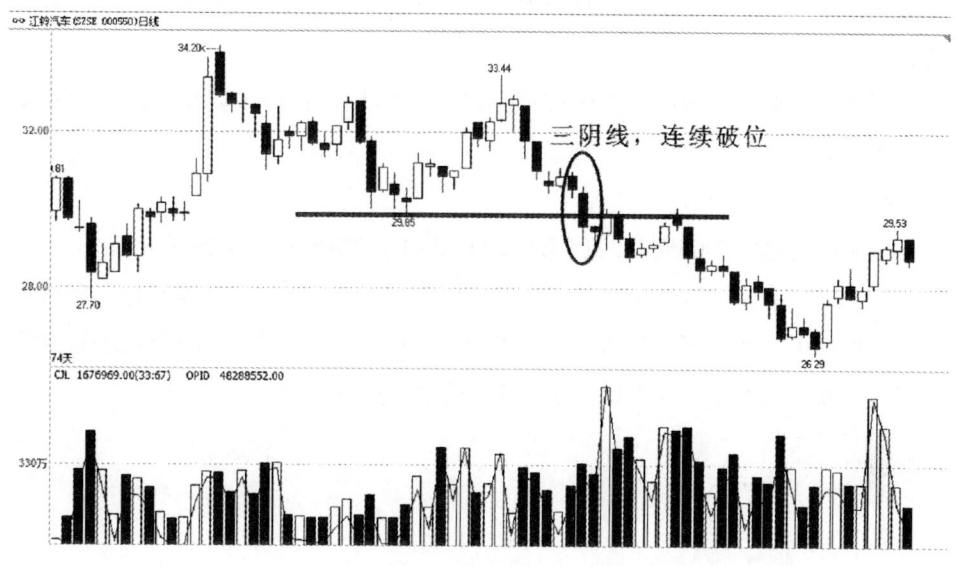

图 1-10　江铃汽车（000550）破位连阴

## 1.3.2　逐波下探

**【形态描述】**

　　逐波下探，是指在一段相对较长时间的走势中，股价出现下跌形态，其间虽然出现过小幅反弹上扬，但是反弹过后股价继续选择下行，并不断突破前期反弹过程的底价，总的来看股价还是处于不断下跌的过程，其间小幅反弹的过程就像海浪一浪接一浪地拍打在沙滩上，但最终还是消失得无影无踪。

**【市场含义】**

　　逐波下探是庄家比较隐蔽的一种出货方式，在出货的过程中为了掩盖其出货痕迹，庄家采用了"大跌小涨"的形式，即先采用大跌的过程，把手中的筹码大量出货，然后利用部分筹码做出小幅反弹的形态，吸引中小股民"抢反弹"进入接盘，以便顺利完成出货。当然，在后期的反弹过程中，由于庄家无意再投入过多的筹码进行拉升，因此这些反弹的涨幅都很小。这一点正是"逐波下探"形态的一个重要特点。

　　由于这种操作手法隐蔽，普通股民在短短 2~3 个交易日内是不能完全发现庄家这种操作手法的，但如果我们观察某只股票1~2周的交易K线，就可以发现痕迹。

逐波下探形态出现后，股民应该彻底放弃幻想，利用小幅反弹的机会将手中所持股票卖出。

【个股实战】

以泰山石油（000554）2014年11月20日至2015年1月29日走势图为例，如图1-11所示，该股的走势就是道氏理论对于下跌趋势的完美诠释。股价的波峰一波低于一波，同时波谷也一波低于一波。在此下跌中，股价几乎是毫无阻挡地下跌，直至某一个波峰突破了前期下跌的波峰为止。

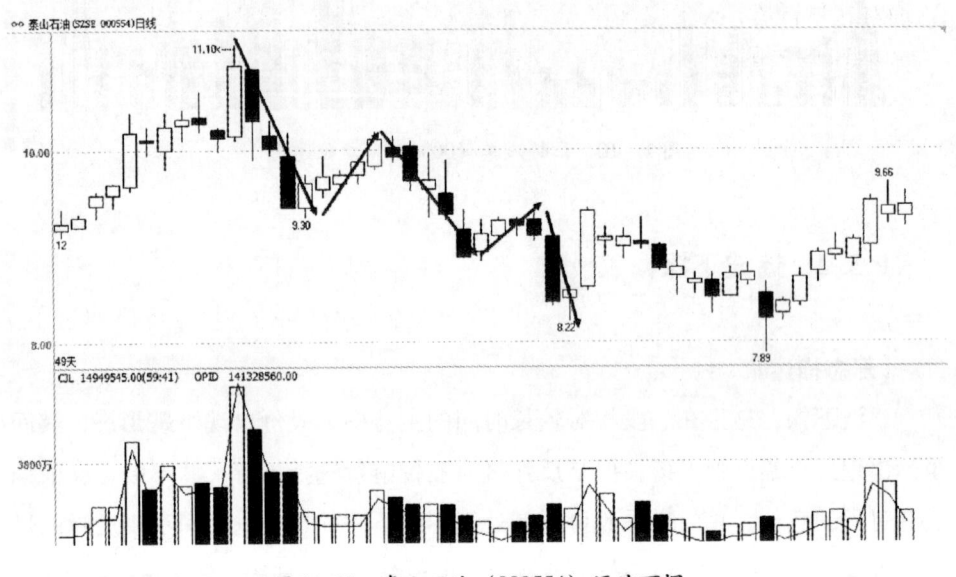

图1-11 泰山石油（000554）逐波下探

### 1.3.3 顶部大阴大阳选择

【形态描述】

顶部大阴大阳选择，是指股价经过大幅拉升过程后，相对前期行情启动时的价位已具有了较高的涨幅，此时突然出现了长阴线长阳线交替出现的形态，这预示着后市个股股价的方向。

## 【市场含义】

顶部大阴大阳这种形态,正如武林高手华山论剑,在华山绝顶,各门各派绝招齐出、一决高下。对应于某只股票的K线图,就意味着多空两派在股价高位处的实力对决,可以确定股价的下一步走向。

由于前期该股走出了形态较好的股价拉升过程,广大中小股民受持续上涨行情吸引,愿意勇敢介入以期骑上"白马",因此中小股民组成了该股的"多方"。手握大量筹码的庄家,此时既可能想直接出货成为空方;也可能想继续拉高成为多方。正因为多空双方分歧之大,才能出现大涨大跌的长阳长阴交错形态。

面对这种行情,一旦出现长阴线大于长阳线的情况,说明空方力量占据优势,或者说庄家最终选择了出货,打算撤离了。因此对于持有该股的中小股民而言即是卖出信号,对于想"骑白马"的股民而言坚决不要介入。即使后市短期内该股未发生大跌,甚至走出反弹整理态势,那也无非是庄家出货的障眼法,最终该股还是要持续下跌的。

## 【个股实战】

以绵世股份(000609)2014年6月11日至11月19日走势图为例,如图1-12所示,在股价呈现几乎垂直上涨的时候,也正是股价处于赶顶的节奏。角

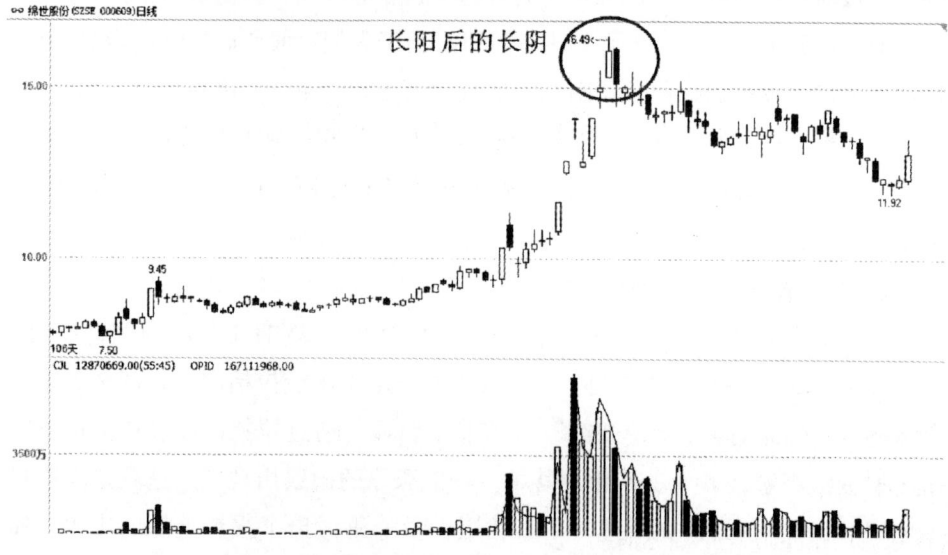

图1-12 绵世股份(000609)顶部大阴大阳选择

度极陡的走势中的长阳线，通常说明了多头用了最后一口力气，也是主力营造出来让散户接盘的假象。如果主力还没有撤退的意思，那么它大可不必拉出实体如此长的一根长阳线，向上跳空是最好的选择，还可以甩掉那些跟风的散户。

既然出现了大长阳线，就说明主力想借散户接盘的时候离场了，紧随其后的一根大阴线为前面的大阳线提供了绝好的注脚。

### 1.3.4 "黎明日出"

**【形态描述】**

"黎明日出"，是指股价经过前期的多日上涨，在K线图上排列出蜿蜒向上的小阳线后，忽然放出超长阳线，就像黎明日出的前夕，经过朝霞满天的铺陈，最后才是一轮红日喷薄而出。但是自然界的黎明日出意味着美好，而K线图的"黎明日出"则告诉我们：高潮已经完结，是时候退出了。

**【市场含义】**

如果某一只股票的K线图走出了"黎明日出"形态，意味着该股前期已经有过较长时间的拉升阶段，虽然拉升幅度有大有小，但至少都在K线图上排列出了一段红多绿少的"朝霞"。在低点入场的庄家账面上已经有了可观的盈利，而且这段时期股票的良好形态正在吸引越来越多的股民，大量资金也开始涌入。

对于庄家而言，这是最好的出货时机。由于人们对股票后市继续走高看好，庄家轻而易举就可以拉出超长阳线（往往接近于涨停板），这种表面上的强势，又吸引了更多的人来买入，于是庄家的筹码顺势而出，在高价位上变成了真金白银，获得了丰厚的盈利。而当庄家顺利地出货，该股后续自然就会随波逐流、股价进入阴跌之中。

**【个股实战】**

以石油济柴（000617）2014年6月17日至9月25日走势图为例，如图1-13所示，该股在长阳线之前，股价被主力采用小阳线拉抬向上，甚至夹杂有部分阴线，但总的来看，"朝霞"特点非常明显，通过拉抬，该股在不声不响之中股价已积累了30%的涨幅。其后，一根涨停的阳线出现了，这就是朝霞过后的"日出"。正如前文所述，庄家利用少量筹码做出了强势上涨的表象，掩盖了实际上的出货操作。"日出"之后，该股颓然下跌。不过，庄家在第一轮

"黎明日出"时似乎没有出尽，于是后续又运作了一次小型的"黎明日出"，将筹码转为胜利果实。

从大庆华科的例子也可以看出，"黎明日出"的卖出信号不一定出现在前期有较大幅度上涨的个股上，在某些股票下跌反弹的过程中，庄家也会利用一切机会，在顶部做出"日出"信号后自己却乘机出逃。"日出"的信号也不一定是涨停板，但一定会有较此前几个交易日更大的涨幅，形成吸引人气的"日出"形态。所以，我们应当保持警惕，一旦断定为"黎明日出"后立即果断卖出。

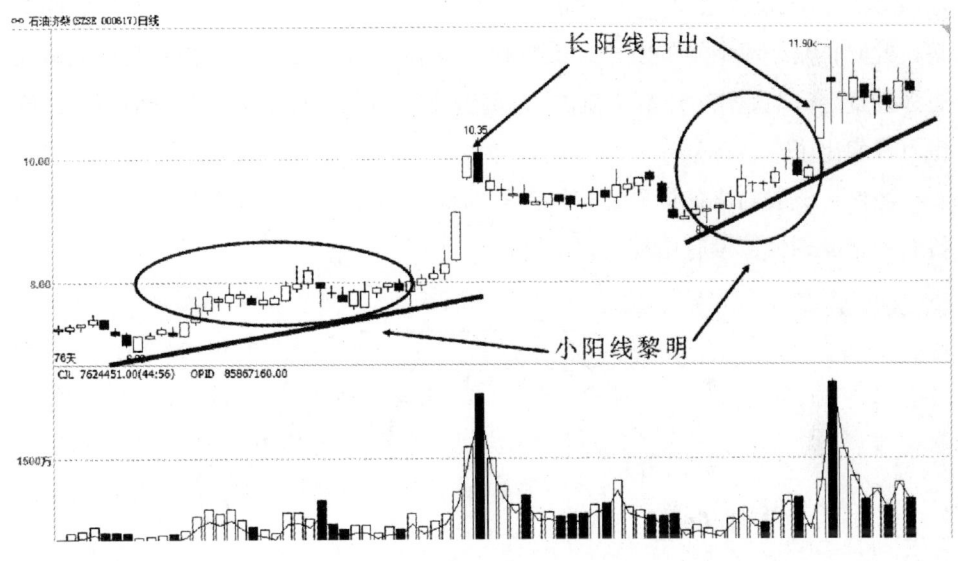

图1-13 石油济柴（000617）"黎明日出"

## 1.3.5 "三峡泄洪"

【形态描述】

"三峡泄洪"，是指股价经过前期一段时间的上涨后，在股价相对高位盘整数日后，突然出现连续阴线的K线走势，就如同举世闻名的三峡工程，经过一段时间蓄水达到一定库位后突然开闸放水，因此取名为"三峡泄洪"。

【市场含义】

"三峡泄洪"是一种典型的头部形态，也是股票卖出的准确信号。走出

"三峡泄洪"形态的个股，前期都已经有过了较大幅度的拉升，庄家出货心切，普通股民获利了结的心态浓厚，这些无疑加重了市场的抛压气氛。

而股价在高位盘整的过程，则是庄家试图继续拉升股价，但是遭遇到了很大的阻力，几次试探之后，庄家决定"坚持不如放弃"，从继续拉高股价转变为逐步卖出手中筹码；而由于庄家的操作习惯、炒作周期不同，在"泄洪"阶段，该股的股价可能出现阴跌，也可能采取破坏性的大幅下跌形态。

【个股实战】

以长春高新（000661）2014年7月15日至12月15日走势图为例，如图1-14所示，该股"蓄洪"至高点106.5元，随后，股价在98~106元之间盘整，此时正是庄家纠结的时段，继续拉高面临着强大的阻力，稳定股价也需要更多的资金。"大坝"开始"泄洪"，宣告庄家离场。对于中小股民而言，此时也可以卖出了。

当然，该股的庄家似乎希望过一段时间后再来炒作，因此下跌过程中还保持着一定的理性，没有出现大幅下跌。

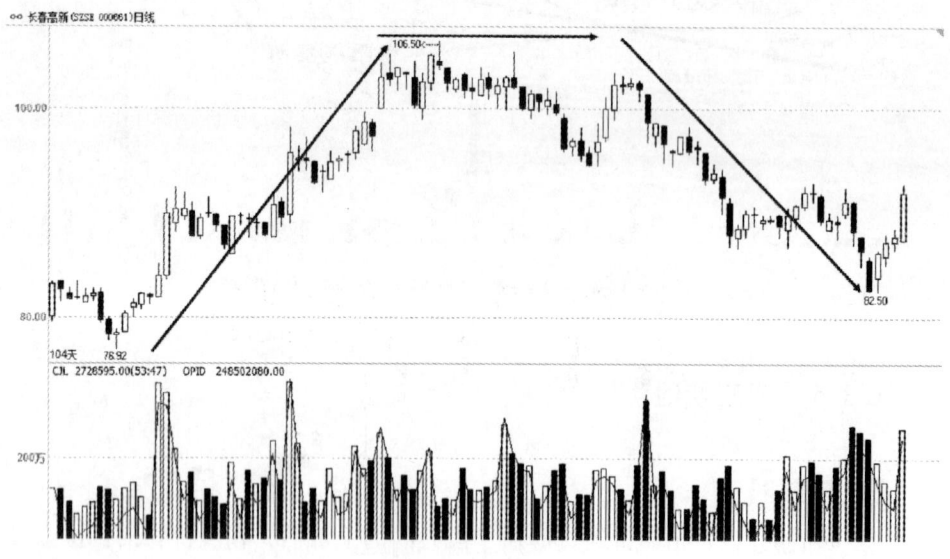

图1-14　长春高新（000661）"三峡泄洪"

## 1.3.6 虚弱十字星

【形态描述】

虚弱十字星,是指股价在走出一波上升行情后,在相对高位出现了拖着长长下影线的十字星,即手杖形十字星。日常生活中一般只有年老体弱的人才会使用手杖,所以高位出现的手杖形十字星,说明股价也正如一位虚弱的老人,将一路下行。

【市场含义】

个股 K 线在相对高位走出手杖形十字星形态,说明在开盘价及低于开盘价的股价附近,庄家面对着很大的抛盘压力,空方压低价格出手,而庄家虽然竭尽全力护盘,但依然只能勉强把股价拉回到与开盘价相同,即使有段时间拉至稍高于开盘价,也被卖盘砸回原形。因此,手杖形十字星的出现,说明了庄家已是强弩之末,有心拉高却无力为继,虚弱之态尽显,最终只能选择出货了事。既然如此,中小股民当然应该抢先一步卖出。

【个股实战】

以华泽钴镍（000693）2014 年 10 月 30 日至 2015 年 4 月 2 日走势图为例,如图 1-15 所示,该股在前期大涨后的小幅振荡过程中,突然出现了一根手杖

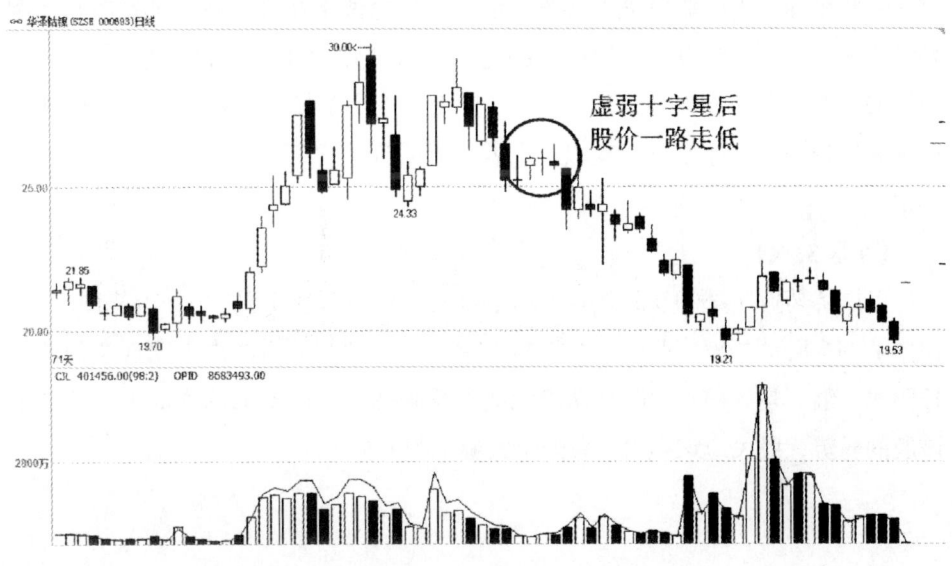

图 1-15 华泽钴镍（000693）虚弱十字星

形十字星。这个虚弱的十字星信号,宣告了庄家对于再行拉高已是有心无力,此时我们应该果断选择离场。

正如虚弱十字星所释放出的庄家疲软信号,该股后期一路下跌。由此可见,虚弱十字星可以看作是中小股民的"鸡毛信",一旦发现后,我们应及时采取行动。

### 1.3.7 弱反弹

【形态描述】

弱反弹,是指股价在下跌过程中出现了反弹,但是反弹的力度很弱,并未改变股价总体下行的通道。这样的反弹即使出现,也只是一种"烟幕弹"而已。

【市场含义】

在股市实践过程中,庄家的主要目的就是要拉高股价,然后力争以较高的价格把自己低价买进的股票卖出以换取实实在在的盈利。在拉高后出货的过程中,如果庄家只是单纯地大量卖出,那么股价会迅速向下,出货的价格越来越低,而且导致无人接盘,庄家空有大量筹码却无法卖出。

因此,为了让自己的大单出货更加顺利,庄家在股价下跌过程中,经常需要做一些反弹,吸引股民进入接盘。但是,无论做出几次反弹,其根本目的都是"烟幕弹",都是为了掩护庄家撤退的,因此庄家不可能投入过多的筹码,这就意味着这样的反弹一定是幅度很小、上攻乏力的反弹,也就是"弱反弹"。这种弱反弹如果一连出现两次以上,就可以明确地告诉我们:庄家走,我们也要走。

【个股实战】

以广济药业(000952)2014年1月6日至2015年1月15日走势图为例,如图1-16所示,股价达到阶段性高点后出现拐点,先后两次出现连续的两根长阳线,继而是一根长阴吃透两根阳线的反弹幅度,两次弱反弹的出现宣告了该股的弱势,股民应该卖出,以避免大幅下跌的损失。

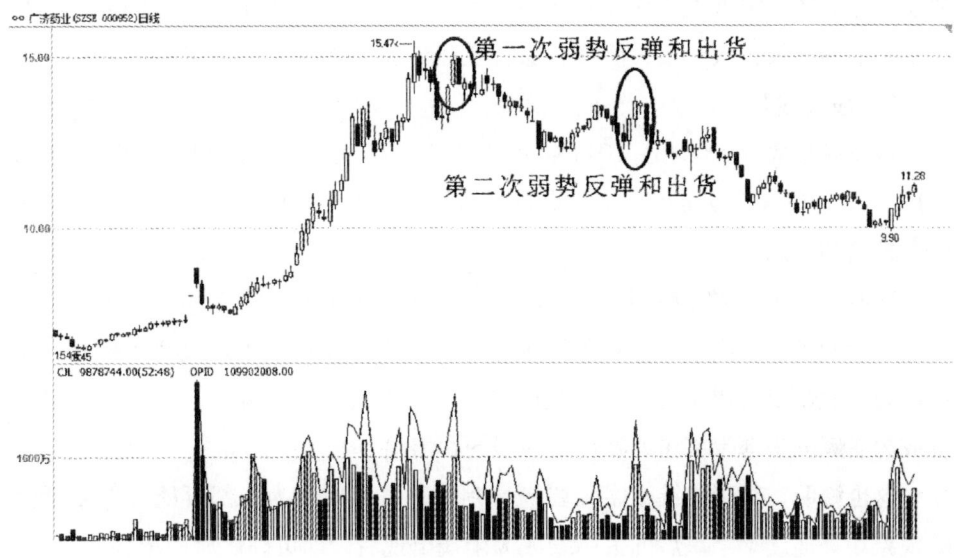

图1-16 广济药业（000952）弱反弹

### 1.3.8 头部十字星

【形态描述】

头部十字星，是判断股价上涨结束的可靠信号，它是指在股价经过一段时间的上涨后，不再单边上扬，而是走出一连串的十字星形态，并且十字星的位置逐渐走低，紧接着出现长阴线，确证头部形成。

【市场含义】

头部十字星的形态，意味着多空双方之间的交战十分激烈。股价在经过一段时间的涨幅后，庄家想继续拉高就会受到大量获利盘的压力，因此有实力的庄家会照单全收，把大量的高位筹码锁定后再行拉高，这时走出的K线图就不是十字星，而是长阳线。但是一旦出现十字星，就说明在高位抛压下庄家只能勉强保持把股价从低于开盘价拉回到开盘价位处，再向上拉时面对抛盘已无能为力。

同时，连续出现的十字星，说明庄家多次图谋上攻，但空方压力较大，始终无法突破。而且在压力之下，开盘价出现跳空下行，说明卖出一方已经迫不及待了。在这样的时刻，如果庄家再不做出长阳线给出后续的方向并证明自己的实力和意图，那就说明庄家自己也在考虑放弃拉升改为出货了。因此，连续十字星后面如果再跟一根大阴线，那就说明头部已经确立，卖出时机到来了。

【个股实战】

以华联控股（000036）2014年8月7日至10月31日走势图为例，如图1－17所示，该股连续走出十字星形态，并且排列出下降阶梯形状，显示出庄家勉力护盘的心态。

此时正是多空双方激烈交锋的时刻，虽然十字星显示庄家还在努力，但是经过几天的护盘，庄家似乎看到以少量筹码拉不动股价，于是改变了计划：不再拉升，而是要选择出货了。因此股价走出一根长阴线，至此，连续十字星也就成为明确的头部十字星，发出了强烈的卖出信号。

这也说明，对于连续十字星要谨慎判断，贸然判定为头部可能会发生踏空的现象。等连续十字星后的大阴线或大阳线出现后，即可确认后期走势。

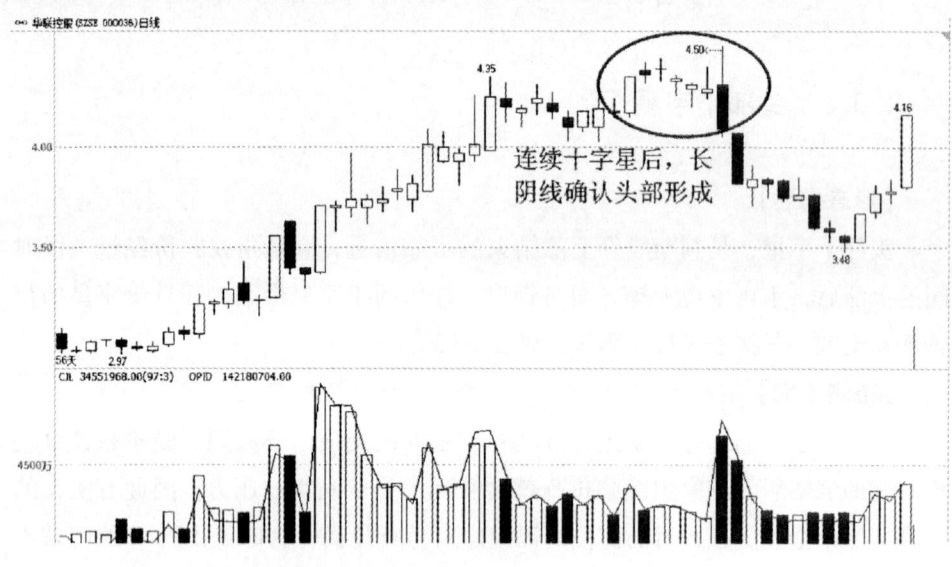

图1－17　华联控股（000036）头部十字星

# 第 2 章　均线指标买卖点详解

如果说 K 线图是最常见的技术指标，那么均线指标就应该是最常见的技术指标之一了，因为基本上所有的炒股软件中的 K 线图都是和均线指标相伴而出的，这些花花绿绿的曲线一会儿在 K 线图的上方，一会儿在 K 线图的下方，不知道是藤缠树还是树缠藤。表面上看来均线指标杂乱无章，其实它们也蕴藏着丰富的信息，完全可以用于指导我们的操作。

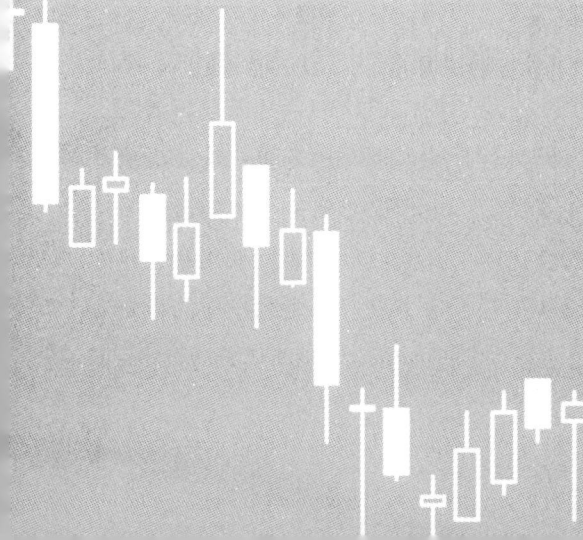

## 2.1 新股民学均线指标

**【历史】**

均线最早由谁使用已无据可考,有一种推论说是可能与K线图同期在日本被创造出来。但依据其原理来看,均线更有可能源自统计学理发达的西方社会。所以另一种说法是移动平均线由美国投资专家葛兰威尔所创立,根据道氏股价分析理论的"三种趋势说",将道氏理论加以具体的数字化,从数字的变动中去预测股价未来短期、中期、长期的变动方向,为投资决策提供依据。

**【原理】**

我们常说的均线,是移动平均线的一种简称。它采用统计科学的"移动平均"原理,计算出不同时期内的股票平均价格后连接成曲线,以显示股价的历史波动情况。其计算的方法是:将一段时间内的收盘股价(如果是指数均线,则采用收盘指数)相加,然后除以时间段的长度。

以5日均线为例,是把前5个交易日的收盘价相加后除以5,即得出一个值。每天都向前计算5日的平均值,然后平滑连接起来,就形成了一条曲线,这就是5日均线。

移动均线的计算过程说明,它可以消除一定周期内股价的杂乱波动,表现出一种趋势特性,有助于投资者对个股方向进行把握。但反过来讲,均线也有一定的滞后性,如果股价走势在某天发生了反转,由于要对前一段时间进行平均,均线上的变化很可能非常小,趋势的变化需要几天以后才能反映出来,这就产生了滞后性,周期越长的均线其滞后性越强,这一点对于短线操作的投资者而言需要保持清醒。

**【种类】**

均线的种类主要是以计算平均价的时间区间来分类的，时间间隔较短的有 10 分钟均线、10 小时均线，但这些均线普通股民用得较少。比较常用的，如 5 日均线、10 日均线、20 日均线、30 日均线等，它们显示了股票价格中短期的波动情况；还有 120 日均线，主要用于判断股票较长时期的走势。

**【实践应用】**

均线在炒股实践当中被广泛应用，是因为均线理论被人们普遍接受。均线理论认为，市场成本非常重要，它是未来趋势产生的基础。而均线反映了一段时间内的平均价格，股价又是由股民之间的交易产生的，因此均线实际上反映的是一段时间内的持股成本。

股价之所以能够上涨或下跌，是因为人们炒股的根本目的是为了获取市场价格与持股成本之间的价差。由此就产生了市场成本的推动力，例如：在上升趋势里，市场的成本是逐渐上升的，为了获利，人们需要推动股价上涨；如果偶有下跌，持股成本高的人就会亏损，不愿意卖出股票，从而形成了对股价的支撑。反过来说，在下跌趋势里，由于早期进场的股民持有的成本较低，一旦股价反弹达到盈利价位，股民就会卖出套现，从而对股价产生了打压作用，从图形上来看，股价似乎难以突破某个价位，仿佛出现了均线对股价的压制。

古语有云："水能载舟，亦能覆舟。"如果我们把一根根 K 线比喻为一叶叶小舟，那么蜿蜒曲折的均线就像是奔涌的水流，在不同的情况下，有时推动股价大幅上涨，有时压制着股价持续低迷。

## 2.2 均线买入信号

均线指标,在技术分析者眼中,最大的意义是它表征着股价的"支撑"或"压制"程度。均线的推导机理显示,它是一段时期内市场参与者的持股成本线,同时由于不同时间长度的均线过滤了单日交易的波动干扰,有利于研判较长时期的股票走势,因此均线的一些典型形态十分有利于我们判断出买入的时机。

### 2.2.1 均线金叉

【形态描述】

金叉,是一个炒股技术分析中常见的词汇,一般出现于股价下跌到底部的过程中,意思是短期技术指标线由下向上穿过长期技术指标线,形成交叉后同步向上。均线金叉,是指5日均线上穿10日、20日均线,表示个股走势出现了积极的信号。

【市场含义】

在均线原理中我们已经提到,由于其计算方法导致均线具有一定的滞后性,因此在股价的走势变动上短期均线比中长期均线更为灵敏。在股价下跌过程中,当5日均线从底部下穿10日、20日均线时,说明个股的股价已经反转了原来的趋势,这是庄家或新资金强力介入的表现,表示股价已经触底反弹,正是买入的好机会。

【个股实战】

以深南电A(000037)2015年2月4日至4月20日走势图为例,如图2-1

所示，该股在 2015 年 2 月 17 日出现了 5 日均线上穿 10 日均线的金叉信号，接着在 3 月 4 日、5 日均线又上穿了 20 日均线，释放出了美好的金叉信号。如果对于第一个金叉信号尚有疑虑的话，在第二个金叉出现后，我们就应当及时进入。一个月后该股最高涨幅近 100%。

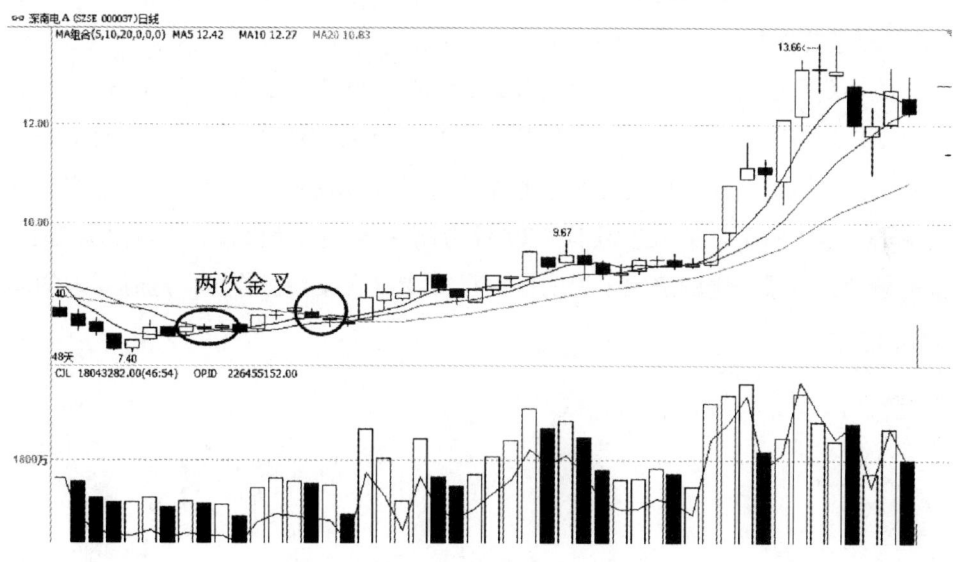

图 2-1　深南电 A（000037）均线金叉

### 2.2.2　10 日、20 日均线横盘后向上

【形态描述】

10 日、20 日均线横盘后向上，是指 10 日、20 日均线在一段很小振幅的波动横盘后，开始向上突破的形态。在横盘过程中，经常会发生几根均线纠缠在一起，但总体来说保持平稳，横盘结束后的向上突破显示了市场的方向性趋势。

【市场含义】

10 日、20 日均线反映了最近一段时间的交易成本，如果在一段时间内保持小幅波动的横盘特征，说明有人在某一个特定价位处进行了大量的交易，而此时如果股价保持相对低位，则说明是庄家在进行耐心的吸筹操作，市场的成本线趋向于集中。当吸筹结束、庄家开始拉升时，10 日、20 日均线以向上的态势告诉我们，股价要开始拉升了，这就是买入的信号。如果投资者比较激进，也可以在10日均线、20日均线纠缠阶段进入，相对稳妥的做法是等待方向突破后再进入。

此时为什么不以更灵敏的5日均线来判断呢？正因为庄家在吸筹阶段，可能会采取箱形整理的股价策略，不断采取"下跌—反弹—再下跌—再反弹"的方法洗盘，因此5日均线走势凌乱，反而不如10日、20日均线有利。

【个股实战】

以中集集团（000039）2014年12月5日至2015年5月25日走势图为例，如图2-2所示，2015年1月19日至3月9日之间，该股的10日、20日均线纠缠在一起，以近似横向直线的形态走过了30多个交易日，充分说明了庄家吸筹的耐心。3月9日，该股的10日、20日均线突破了横盘状态，开始掉头向上，此时股价已有了一定的涨幅，说明庄家已开始进入拉抬操作了，这时买入的风险较小。

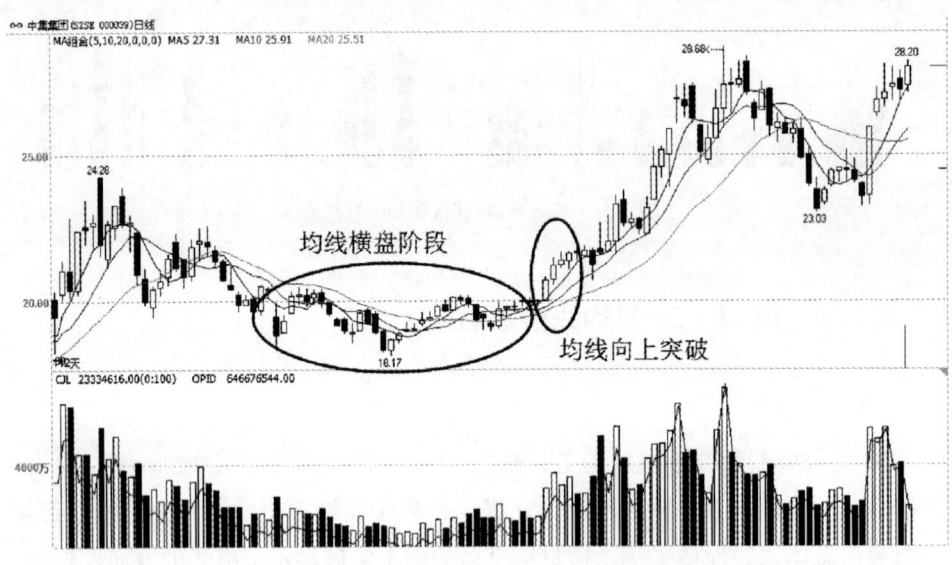

图2-2　中集集团（000039）10日、20日均线横盘后向上

### 2.2.3 "孔雀开屏"

【形态描述】

"孔雀开屏",是指短期均线由下行转为上行后,均线之间的距离逐渐扩大,均线系统逐渐向上扩散,从形状上看像一只孔雀正在展开美丽的尾羽。

【市场含义】

在"孔雀开屏"形态下,短期均线(5日、10日、20日均线)之间的距离逐步向上拉开,这说明股价的上涨态势已经突破了前期的平均成本线,并且突破的幅度较大,股价上升的交易日也达到一定的比例(只有这样才能使10日、20日均线改变方向),因此可以确定主力逐步开始拉升股价了。尤其是5日均线的大幅上翘,带动了10日、20日均线的变化,说明市场中个股的整体持股成本逐步抬升,这也为后续的大涨奠定了坚实的基础。

一旦出现"孔雀开屏"的均线形态,投资者就可以及时买入。

【个股实战】

以中航地产(000043)2015年2月4日至4月15日走势图为例,如图2-3所示,从2015年2月开始,该股的短期均线改变了纠缠不清的状态,开始向上

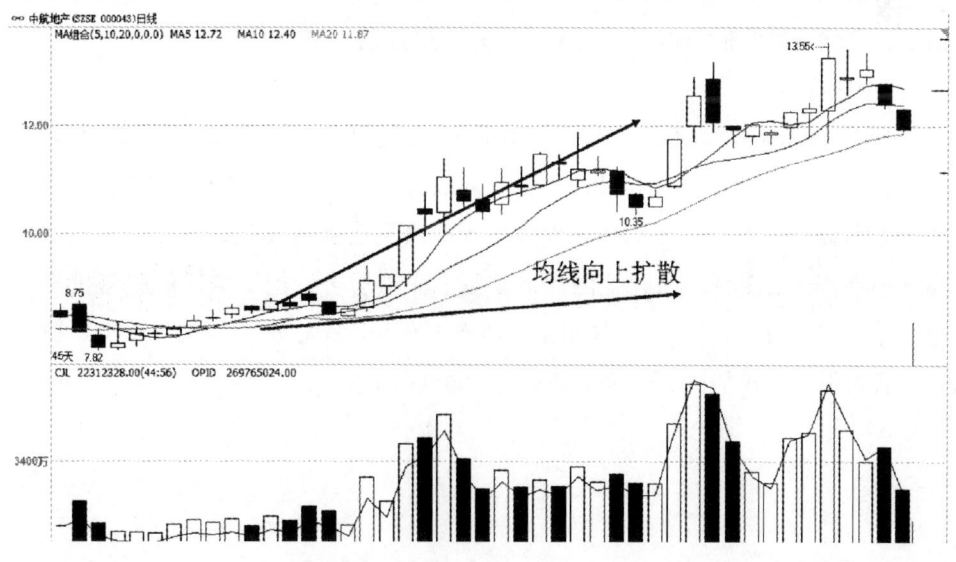

图2-3　中航地产(000043)均线的"孔雀开屏"

发散，5日均线迅速上翘，10日、20日均线也逐步抬头向上，同时均线之间的距离逐步拉开，正如孔雀开屏。确定了孔雀开屏的形态后，我们可以坚定地买入。

### 2.2.4　60日均线强力支撑

【形态描述】

60日均线强力支撑，是指在个股的走势过程中，无论股价怎样变化，始终没有跌破其60日均线，从形态上看，就像是60日均线在强有力地支撑着股价一样。

【市场含义】

均线系统一个很重要的意义，就是表征了前期市场的持股成本。如果一只股票的股价在交易过程中，无论其怎样下跌，始终没有击穿60日均线，那么我们可以判断出其下跌过程并不是普通的"自由落体"过程，而是一种由庄家实施的、精心设计和操控的洗盘行为，正因为有了庄家的操控，股价才能始终保持在前期的成本价位之上。通过不断的洗盘过程，庄家把大量的散户洗出，减轻了后期拉抬的获利盘压力，经过几次清洗之后，股价将会迎来不小的涨幅。

所以，如果某只股票在股价上蹿下跳之际，其60日均线却形成了强力支撑信号，这就告诉我们该股可以买入，并期待后期的上涨行情。

【个股实战】

以中金岭南（000060）2014年10月17日至2015年5月25日走势图为例，如图2-4所示，2014年10月，该股股价从前几日的略低于60日均线被拉回到60日均线之上，此后交易日内该股发生了两次先上涨后下跌的波段形态，都是连续小幅拉升后出现急跌，这两次下跌看上去很厉害，但下跌后的收盘价都稳稳地保持在60日均线之上，显示出这两次下跌是庄家在洗盘，也显示出该股的庄家有很强的控盘能力，后期应该还有上涨的空间。

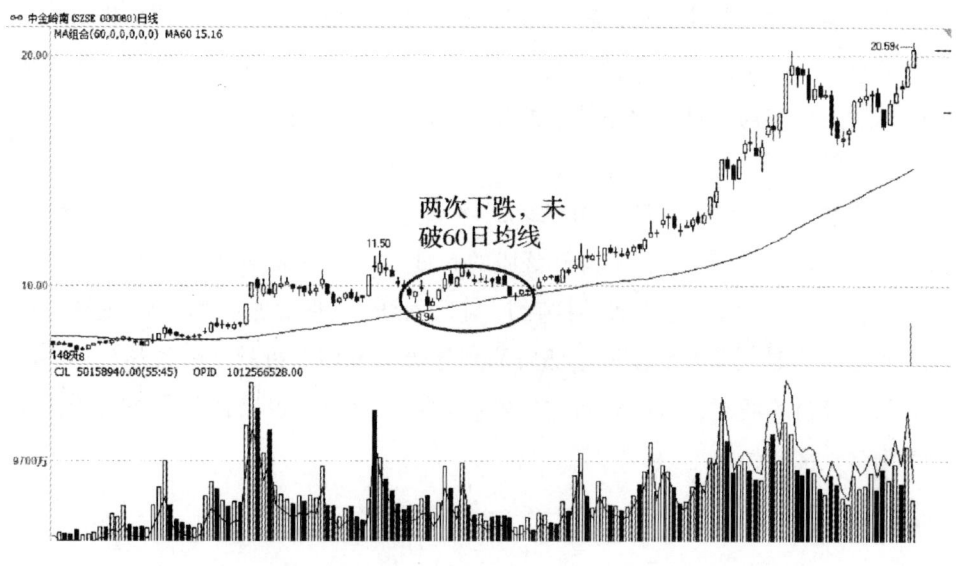

图2-4 中金岭南（000060）60日均线强力支撑

## 2.2.5 均线低位收敛

【形态描述】

均线低位收敛，是指个股在下跌过程中，各条均线（主要是短期均线，即5日、10日、20日均线）开始逐渐接近，最终形成汇聚到一起的形态。

【市场含义】

均线低位收敛，是一种下跌到底部的形态。从均线上来看，各种短期均线逐步接近，表示前期的大幅下跌已企稳，股价不再下跌，因此5日均线已率先停止下行开始横盘。随着交易日期的推移，股价在低位稳定，庄家在低位开始接盘，并控制着股价不致大幅上扬，这种走势也使得10日、20日均线都停止向下移动。

由于股价在10个左右的交易日中保持稳定，因此计算移动平均值时的数值非常接近，在均线图中就形成了5日、10日、20日均线逐渐贴近直至纠缠。所以，均线的纠缠形态说明股价此时已处于底部，而且庄家控盘力度很强，后续很可能有大的上涨行情。

需要注意的是，这种短期均线完全纠缠的形态一般出现在庄家非常强势的情况下，但这种情形较少见，较为常见的是均线近似收敛的形态，是指短期均线逐渐靠拢但没有完全纠缠到一起，此时也可以作为买入信号。另外，个股除权除息后走出的均线收敛形态是一种特殊情况，不能视作买入信号。

【个股实战】

以金融街（000402）2014年12月18日至2015年5月11日走势图为例，如图2-5所示，自2015年1月，该股的5日、10日、20日、30日均线先后向下收敛，并靠近、交会，最后纠缠到一起，形成了非常典型的"均线低位收敛"形态，这是庄家在下跌至底部后的强势吸筹及控盘过程，股价在狭小空间内运行。经过均线纠缠这段时间内的筹码收集，完成控盘后该股的庄家做出了连续强势上涨行情。

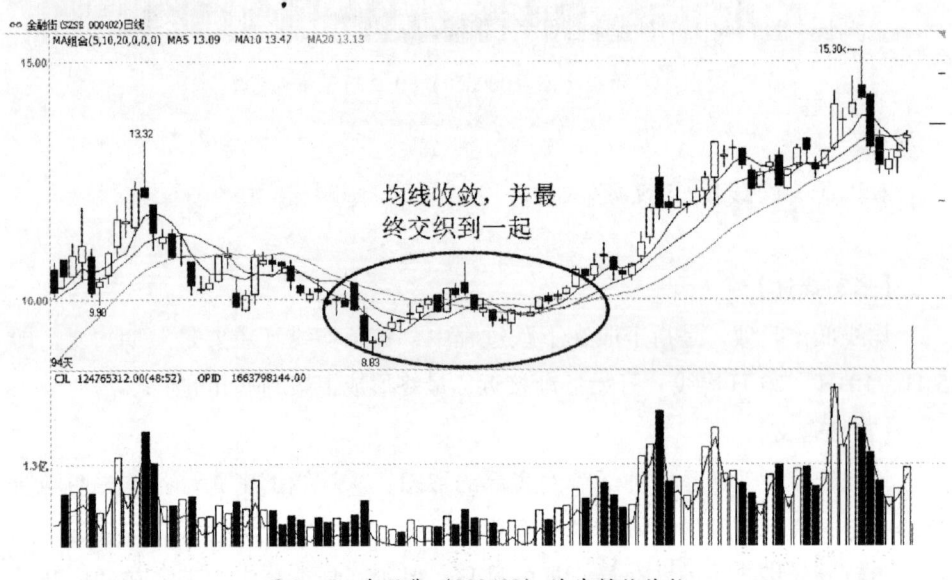

图2-5 金融街（000402）均线低位收敛

## 2.2.6 大跌后均线多头排列

【形态描述】

均线多头排列，是指均线与K线图的一种相对关系，当日K线在其走势过程中稳定地排列在5日均线的上方，即使偶然有日K线的下影线穿过5日均线，但收盘价格总是在5日均线之上，这样的一种形态可以称之为"均线多头排列"。而大跌之后的"均线多头排列",意味着个股已走出弱势,产生了新的机会。

【市场含义】

某一只股票大跌之后,一般都表示前一轮操作的庄家通过出货完成了一个周期的操作,通常情况下该股后期会走出很长一段时间的下跌走势,或者处在阴跌之中,呈现一种不死不活的形态,因为已经无庄了。在这种情况下,每天收盘价要么是低于前一日,要么是维持在前一日的水平上,导致该股的日 K 线必然与 5 日均线纠缠在一起,没法分清。

假如该个股的走势不是这一形态,日 K 线稳定地保持在 5 日均线之上,形成上文所说的"多头排列",那么可以确定该股的股价已经脱离了前期大跌的底部,逐日缓慢向上,才能出现多头排列形态。从这一形态去追根究底,是什么力量导致了股价缓慢上行呢?显然,是有新的庄家进入,正在缓慢吸筹,从而使股价温和向上。基于这样的判断,投资者可以择机介入,与庄共舞。

【个股实战】

以胜利股份(000407)2014 年 11 月 18 日至 2015 年 5 月 25 日走势图为例,如图 2-6 所示,该股经过了一轮大跌,在 5.89 元处触底。随后,该股开始企

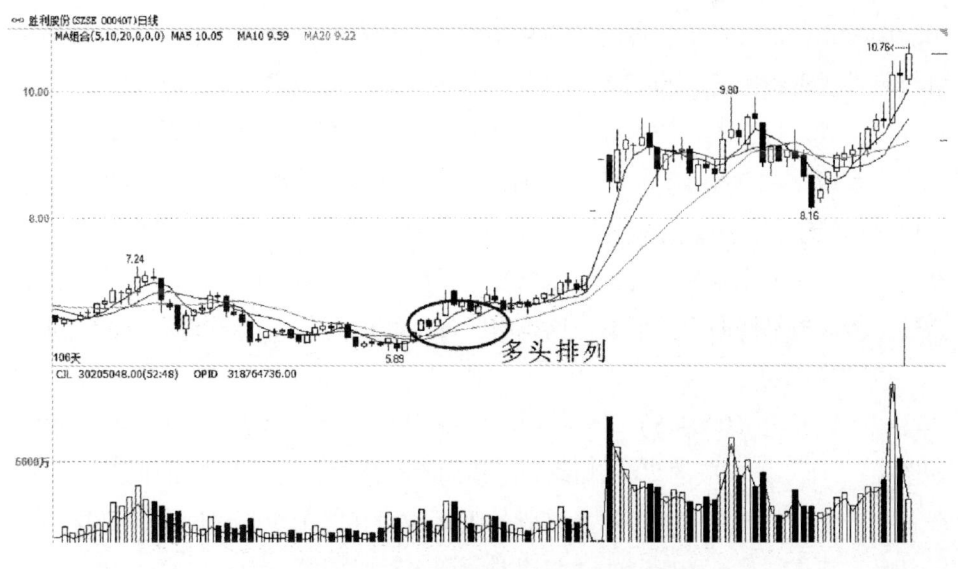

图 2-6 胜利股份(000407)均线多头排列

稳，更令人注目的是，经过 2 日 K 线与 5 日均线纠缠形态后，日 K 线如同破土而出的茁壮小苗，摆脱了 5 日均线的粘糊，每天都高于 5 日均线。这一形态确定了个股由弱转强的态势，是谨慎的投资者介入的良机。

### 2.2.7　20 日均线平滑向上

【形态描述】

20 日均线平滑向上，是指在个股几条均线趋势不易辨别股价发展方向时，根据 20 日均线的走势，当 20 日均线不受其他均线的影响，出现平滑向上的明显形态时，一般说明个股的中期强势已经确立，此时是稳健型投资者进入的时机。

【市场含义】

在股票软件的常用均线组合中，20 日均线由于其计算的时间区间相对比较合理，具有较好的中期趋势判断作用，在判断股票走势中对 20 日均线应该给予足够的重视。

根据均线的计算原理，如果均线周期过短，那么很容易受到短期（比如一天内）的股价波动的干扰，投资者据此操作易落入陷阱。反之，如果周期选择的时间过长，那么对于趋势的变动从均线图上看起来就比较迟钝，又容易错失机会。在这种情况下，20 日均线具有较好的平衡，它既具有较强的敏感性，能够反映出股价机会来临的趋势，又不至于被 1~2 天的短期恶意操作所影响。

庄家炒作一只股票，一般需要有一段时间的震荡吸筹期。在这段时间内，股价通常处于箱形整理过程，因此从 20 日均线来看，它一般处于横向平移的形态。而一旦庄家完成吸筹进入快速拉升，只要走出这样的形态，20 日均线就会扭转走势形成平滑向上的形态，这说明股价已经正式进入上涨阶段，可以进场。

【个股实战】

以东旭光电（000413）2014 年 10 月 22 日至 2015 年 5 月 25 日走势图为例，如图 2-7 所示，该股的 20 日均线处于横向平移之中，这一时期是庄家潜伏期，股价处于胶着整理之中。实际上该股的吸筹阶段在之前更长时间，但是这一时间是吸筹即将结束，即所谓的"黎明前的黑暗"时期。

但作为普通投资者无法判断吸筹是否已告结束，因此只有等待 20 日均线发出的信号。该股的 20 日均线平滑向上扭转，这说明主升浪已到来，投资者可以进入，跟庄上行。

当然，需要注意的是，当股价已累积到一定的上涨幅度后，20 日均线再向上发展，对于投资者而言一般是诱多的标志，此时宜静观其变。

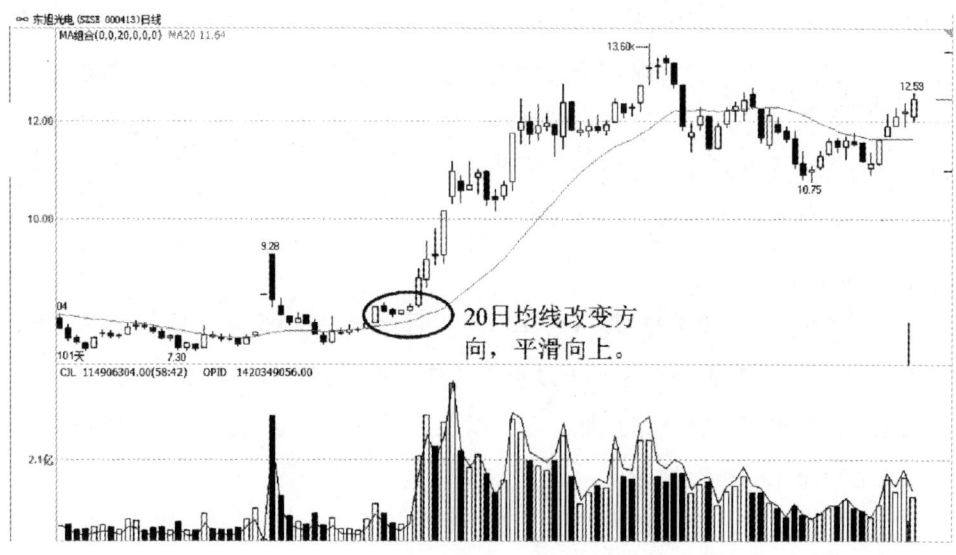

图 2-7　东旭光电（000413）20 日均线平滑向上

## 2.2.8　"低位井喷"

【形态描述】

"低位井喷"，是指当个股经过一段时期的下跌，股价处于相对低位时，随着庄家隐身进入，突然股价在低位出现了暴涨，短期内个股的股价迅速突破了 5 日、10 日均线的形态，从而形成了"低位井喷"的信号。

【市场含义】

当个股前期处于一路下跌的状态时，5 日、10 日均线是处于一种向下的走势，并且由于其计算过程还受到前 5 日或前 10 日股价参与平均的影响，一般在长时期下跌的情况下均线值会高于日 K 线。因此，当日 K 线始终走在 5 日、10 日均线之下时，说明个股的下跌尚未达到底部。

如果在这种前期走势下，个股的日 K 线突然跳空高开，走出非常积极的大幅拉升之势,同样由于均线计算原理的影响,5日、10日均线尚来不及改变走势方向,最多受其影响由下滑变平稳,这时就形成了日K线突然向上穿透5日、10日均线的"井喷"形态。

这种形态的出现,是有着十分积极的意义的,首先,它说明这一次个股的上涨力度相当大,足以突破5日甚至10日均线的走势,站到了5日或10日均线之上;其次,这一"井喷"形态发生于股价连续下跌之时,一方面打破了个股的悲观心态,另一方面也向股民显示了本股庄家还在,后续行情还有想象空间,从而可以凝聚人气。因此,对于勇敢的投资者而言,"低位井喷"这种信号,是一种虽有风险但值得一博的机会。

**【个股实战】**

以万华化学(600309)2014年12月31日至2015年5月5日走势图为例,如图2-8所示,该股一直处于下跌形态之中,股价的日K线处于5日、10日均线之下,似乎该股将一路走低。随后潜伏于其中的庄家突然发力,股价走出两天大涨形态,一举突破5日、10日均线。

这两日的上涨,通过其力度显示了庄家的决心,也吸引了人气,后期该股涨幅达到30%,对于利用"低位井喷"形态进入的投资者而言收益还是较大的。

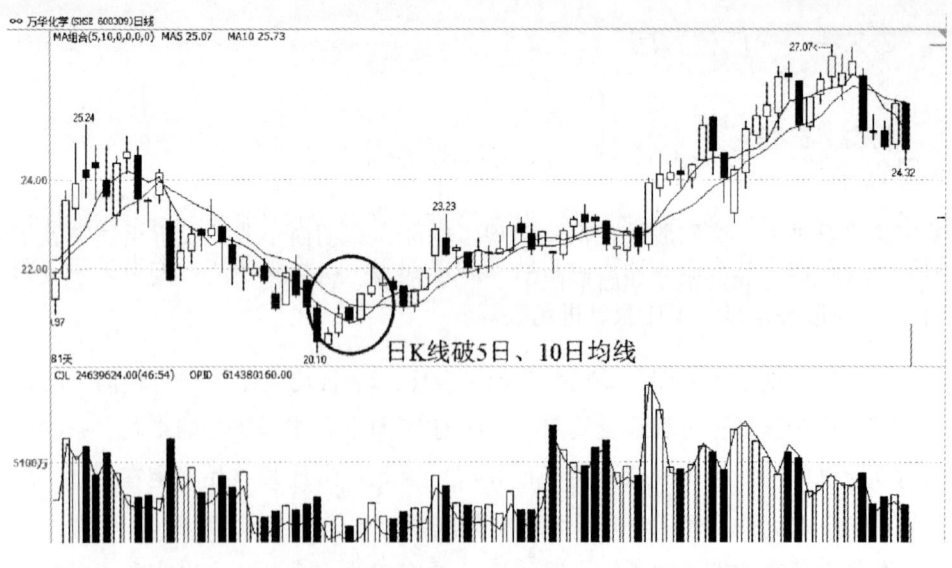

图2-8 万华化学(600309)"低位井喷"

### 2.2.9  5日均线W底

**【形态描述】**

5日均线W底,是指个股的5日均线在走势中形成了形如字母W的形态,而且这一W出现在股价相对较低的位置,也就是低位,因此称之为5日均线W底。

**【市场含义】**

5日均线W底,一般也是发生在股价经过一段时间的向下发展后,下跌动能已充分释放,个股进入低位筑底的过程。此时,庄家已悄然进场,开始吸收底部的低成本筹码。表现在股价上,个股不再是单边下跌的情况,而是在底部企稳后出现了小幅的上涨与小幅的下跌互相间隔发生的情况,这是因为庄家要吸收筹码而悄悄买进,引起了股价的上涨,同时庄家又不希望股价在他吸筹时出现较大的涨幅,所以会用少量的筹码进行打压股价操作。

这种股价的变化,会引起5日均线的形态变化,总的来说,就是走出了W底形态:股价的上升,使5日均线向上移动;而庄家打压股价,又使股价下行。因此,如果5日均线出现了W底,可以确认庄家正在吸筹,愿意参与庄家炒作的投资者可以在底部时进入,与庄共舞。

**【个股实战】**

以华发股份(600325)2014年11月21日至2015年4月24日走势图为例,如图2-9所示,该股出现了较长时间的下跌过程,股价一路向下,持有该股的股民完全没有了希望。然而到11.39元之后,股价开始在底部企稳,5日均线随之从一路向下变为温和向上,再转变为温和向下,连续两次,走出了非常明确的W底形态,显示了庄家已进场吸筹。

图 2-9 华发股份（600325）5日均线W底

## 2.3 均线卖出信号

前文曾经说过，均线表示前段时期大部分投资者的持股成本价位线，也就是说短线投资者盈亏与否，取决于当前股价与均线的相对关系。持有股票期间，每个投资者都期望着股价不断上涨，并拉动均线不断向上发展，但实际上由于各种因素的影响，均线却常常走出下行态势，准确识别这些形态释放的卖出信号，将有助于投资者躲过股票的下行周期。

### 2.3.1 均线死叉

【形态描述】

死叉，在股票技术分析中是一个与"金叉"相对应的常用语，是指在高位时短期技术指标向下穿过中长期技术指标的一种走势。均线死叉，通常是指5日均线下穿10日、20日均线。

**【市场含义】**

根据均线的原理，5日均线表征了近5日的股票均价，10日、20日均线表征了相应时间段内的股票均价。当个股的股价不断上升至相对较高位时，5日、10日、20日均线都保持着向上的形态。此时，如果突然出现了大幅下跌，5日均线就会改变原来的上升态势，转为下行，而10日均线受到的影响较小，仍然保持上行，这样就出现了5日线下穿10日线的"均线死叉"。随着股价继续下跌，5日均线还将继续下穿20日线，此时就意味着股价的短期头部已经形成，卖出的时机到了。

**【个股实战】**

以万科A（000002）2014年10月30日至2015年3月12日走势图为例，如图2-10所示，该股经过前期的上涨，已经达到了股价相对高位。5日均线第一次死叉10日均线，但随即在后5个交易日中被拉起。3月15日，该股的5日均线同时下穿了10日和20日均线，明确地告诉我们短期头部已经确立，是时候卖出该股了。

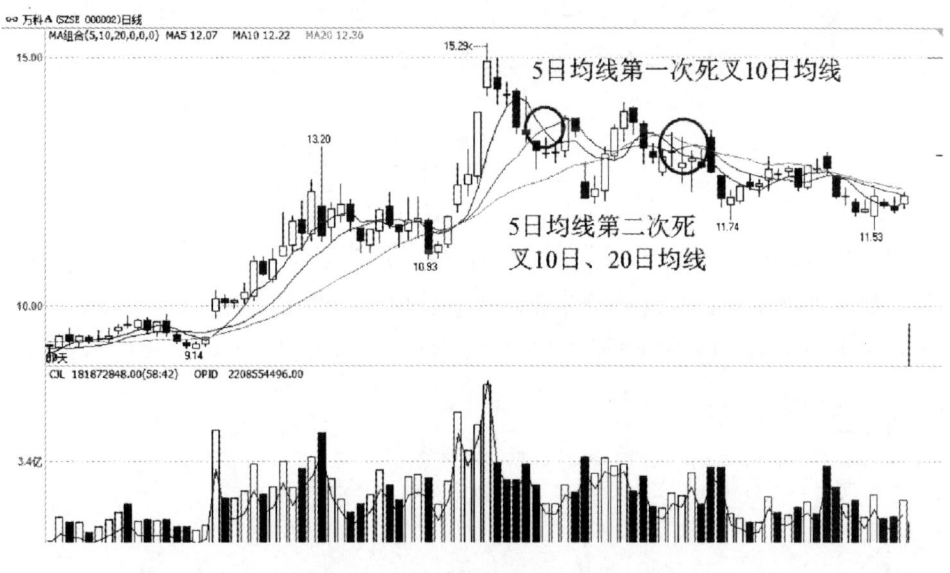

图2-10　万科A（000002）均线死叉

### 2.3.2 10日、20日均线横盘后向下

【形态描述】

10日、20日均线横盘后向下,是指个股的股价处于相对高位时,股价经过一段时间的横盘整理,均线也保持横盘整理后出现向下移动的形态,这种形态通常意味着头部的形成。

【市场含义】

个股出现10日及20日均线横盘的形态,对应于股价而言一般是处于箱形整理阶段,此时5日均线受股价短期波动的干扰较大,不宜用于判断后期走势,而10日及20日均线受箱形整理的股价走势的影响较小,可以作为趋势判断依据。均线处于横盘状态说明庄家还在护盘。但是,随后连10日、20日均线都出现了下行的态势,说明股价的下跌已经打破了箱形整理阶段的平衡,庄家已经不再护盘,而转变为不计成本出货,不再对股价实施控制,个股的阶段性头部已经形成,股价一段时间内必将呈现弱势,股民应该抓紧时机卖出股票。

【个股实战】

以沙河股份(000014)2014年5月30日至2015年1月20日走势图为例,如图2-11所示,该股一直处于箱形整理过程之中,10日、20日均线基本保持

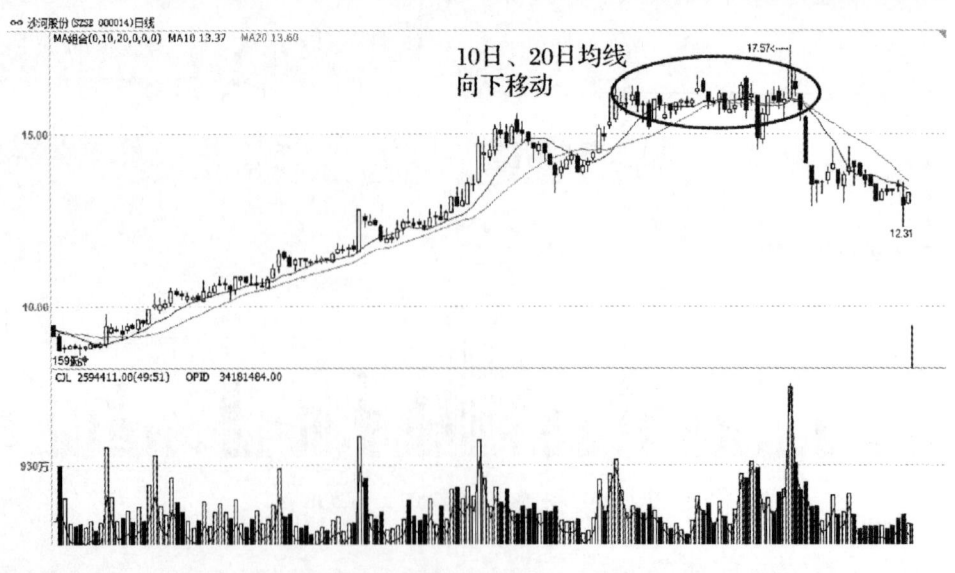

图2-11 沙河股份(000014) 10日、20日均线横盘后向下

在水平状态。随后开始出现了小幅下跌，尽管幅度很小，但是10日、20日均线受其影响开始从横盘变为向下移动，说明这一段时间内股价破位下跌多、恢复上涨少，庄家已开始出货了，因此投资者应该选择退出。

### 2.3.3 "渔夫撒网"

**【形态描述】**

"渔夫撒网"形态，是指股价在相对高位时，随着股价的变化，各条均线开始向下延伸，并且均线之间的距离逐步增大，形成向下扩散的形态，就像渔船上的渔夫撒开了大网一样。

**【市场含义】**

"渔夫撒网"形态，是个股股价开始加速下跌的典型形态。

当个股股价处于相对高位时，如果上升乏力、开始下跌，随着下跌幅度逐步加大、下跌的交易日增多，个股的5日均线会首先发生扭转，从上升转为向下；接着10日、20日均线也会由向上延伸转为向下延伸。随着股价继续破位下跌，经过均线系统的公式计算后，5日、10日、20日均线之间的差距越来越大，出现了向下扩散的形态。一旦出现这样的形态，说明股价处于加速下跌的过程之中。

推断股价加速下跌的原因，不外乎是个股处于弱势，或者庄家正在加速出货。所以如果看到"渔夫撒网"这样的均线形态出现，股民应该及时卖出该股。

**【个股实战】**

以丰原药业（000153）2014年9月11日至2015年2月5日走势图为例，如图2-12所示，该股从阶段性高点处，5日均线转头向下；接着，10日均线转为向下，20日均线开始向下，此后这些均线之前的距离逐步拉开，宛如渔夫撒开的大网，这说明该股股价短期跌幅加快，个股已进入持续下跌通道。

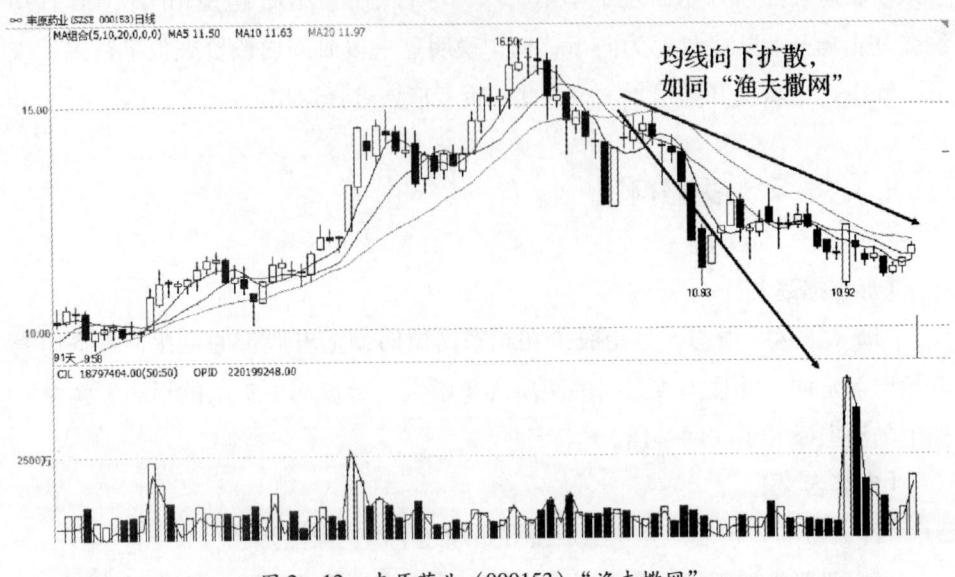

图 2-12 丰原药业（000153）"渔夫撒网"

### 2.3.4 60 日均线压制

【形态描述】

60 日均线压制，是指在下跌反弹过程中，无论怎样反弹，个股的股价走势始终在 60 日均线之下，给人的感觉就像 60 日均线压制着股价一样。这种形态下的个股处于下降通道之中，应该尽早卖出。

【市场含义】

60 日均线说明了前 60 个交易日市场的平均持股成本。如果 60 日均线高于股价，说明前 60 日的股价处于相对高位，目前的股价经过短期快速下跌后已经处于比前 60 日均价还要低的位置（此时 5 日、10 日等均线应该都在 60 日均线的下方），市场上 60 日内介入的投资者眼下大多数处于亏损被套的状况。在后期的走势中，如果股价反弹后仍然不能有效突破 60 日均线，说明反弹的力度较弱，60 日均线附近的抛盘对股价的压力沉重。如果需拉高股价，必须吃下大多数 60 日均线处的抛盘。

在这种情况下，如果股价多次反弹却始终不破 60 日均线，说明庄家根本没有拉升之意，或者实力有限没法消化抛盘。那么短期内后市股价没有上升动能，只能是一路下跌。所以，当某只个股出现，确定了60日均线压制的形态后，投资者应该及时卖出该股。

**【个股实战】**

以深赤湾A（000022）2014年1月8日至7月25日走势图为例，如图2-13所示，几根连续阴线一下子把股价打到了60日均线以下。股价在60日均线下运行，两次反弹都被60日均线压制，在没有成功突破60日均线之前，任何反弹都不能确定为下跌反转确认。

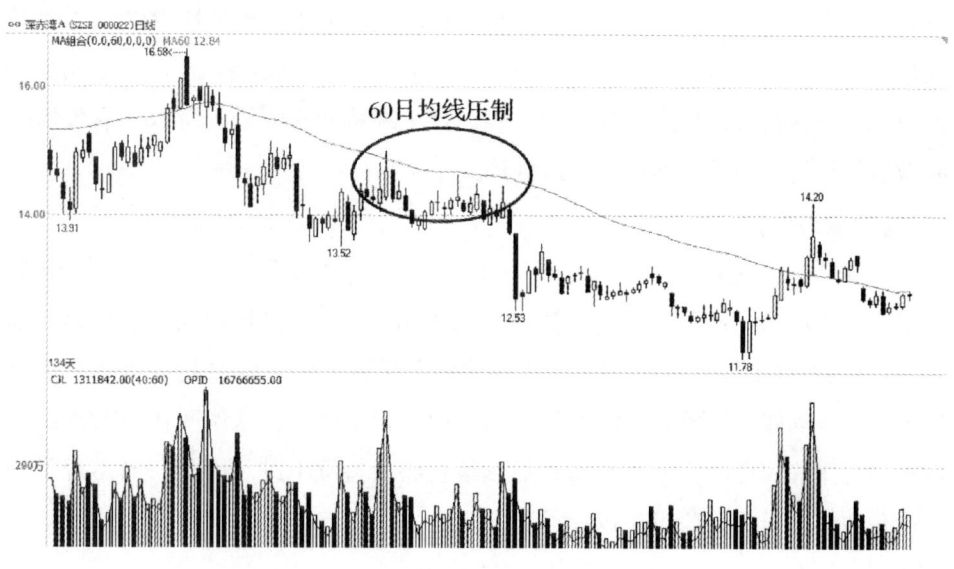

图2-13 深赤湾A（000022）60日均线压制

## 2.3.5 高位均线收敛

**【形态描述】**

高位均线收敛，是指当个股股价经过拉升后处于相对较高的价位时，5日、10日均线不再昂首向上，改为平缓行走，同时20日、30日均线仍然保持抬升，从形态上看各条均线开始接近、收拢，最终聚焦到一起。最后短期均线出现向下的走势，形成卖出信号。

**【市场含义】**

个股均线出现高位收敛，这是短期上涨乏力的表现。当股价在前期快速拉升时,5日均线翘首向上,引领着10日、20日均线缓步向上。而随着股价不再大幅上升,改为在高位横盘整理,5日均线率先停止向上,这说明庄家的拉升操作遭遇到了抛压,或者是庄家根本就是在悄悄地出货,总之股价开始踌躇不前。随着横盘交易日的增多,10日均线也开始横盘,而20日、30日均线因为受短期股价波动的影响相对较小,仍然缓步向上,于是几条均线开始收敛到一起。

一般而言,出现均线在高位收敛的个股,都表示股票处于躁动之中,蕴藏着后市的方向。如果均线收敛后5日均线再次发力向上,说明庄家经受了大量抛盘的考验,股价横盘只是一个阶段平台。但是如果均线收敛后5日均线掉头向下,说明横盘其实是庄家的出货过程,接下来将迎来大跌。所以,高位均线收敛后短期均线向下,形成了卖出信号。

【个股实战】

以浙江广厦(600052)2014年7月21日至2015年2月11日走势图为例,如图2-14所示,该股经过前一段时间的单边上涨后,5日均线开始横盘,随后10日均线逐步接近5日均线。10日均线也开始横盘,20日均线也逐步接近5日、10日均线。三条均线汇集到一起,均线开始向下,这说明在该股均线收敛的过程中庄家已经完成了出货,后续股价将会持续下跌。因此,当出现了均线高位收敛信号后,股民应该及早卖出。

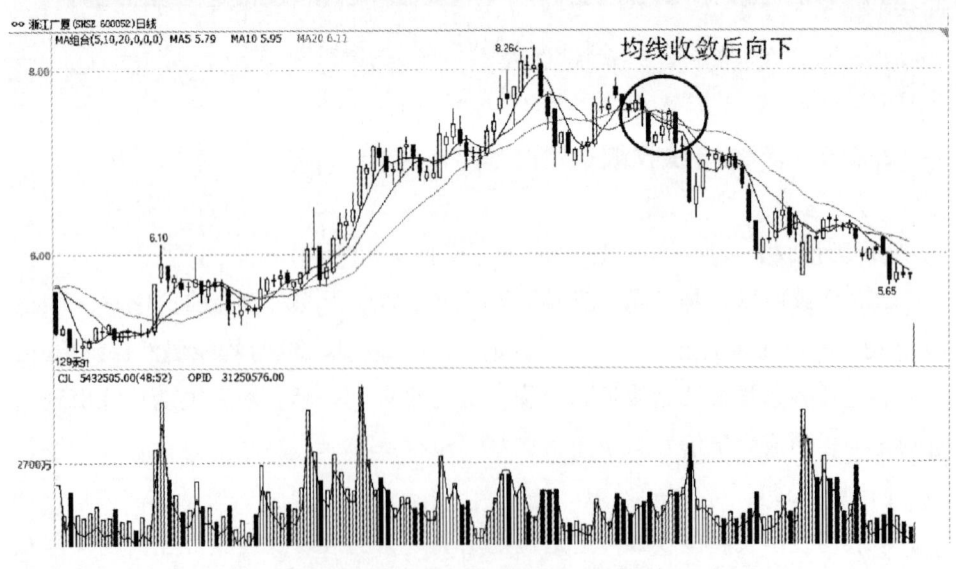

图2-14 浙江广厦(600052)高位均线收敛

### 2.3.6 均线空头排列

【形态描述】

回调时均线空头排列,是K线形态与均线相结合形成的一种卖出信号,从形态上看,它是指个股的股价经过一段时间上涨后,股价开始出现下跌,回调过程中日K线形成的柱体始终处于5日、10日均线之下依次排列,形成"空头排列"的形状。一旦走出这种形态,说明个股的上涨已经结束,将开始破位下行,需要尽快卖出。

【市场含义】

个股经过一段时间上涨后,庄家已经获利了丰厚的账面盈利,最要紧的是把账面盈利转化为实实在在的货币收入,所以需要把手中的股票在高位卖出。为了让散户接盘,庄家需要做的是不断压低价格卖出,有时甚至不计形态。上涨后的均线空头排列,就是这样一种情况,庄家由于持筹成本很低,或者需要尽快实现货币盈利,在抛售股票时蓄意以低价出手,从而使股价不断快速下跌,低于5日、10日均线的成交均价。从图形上看,就会出现5日、10日均线都在日K线图的上方的情况。

这种情况有时还可能是一种庄家的洗盘操作,庄家在拉抬了一段时间后,为了清洗掉跟风进入的散户,故意用1~2个交易日做出大幅下跌的形态,让散户惊恐出货,从而减轻上行压力。判断是否卖出信号或者是庄家洗盘,可以根据持续时间长短,一般连续3个交易日以上的空头排列形态,就基本可以确定是卖出信号了。

【个股实战】

以宋都股份(600077)2014年6月9日至2015年1月29日走势图为例,如图2-15所示,该股呈现一路上扬的形态,股价在一个小波段下跌后,开始出现两三根阳线的反弹势,但这些反弹也仅仅是调整了均线的走向,使它重新黏合,当股价开始下跌,均线也随之压制,形成了空头排列,让人看不到成气候的阻止下跌的"抵抗"。像这样的无支撑下跌形态,说明该股庄家正在无所顾忌地出货,每一天都以比前一天更低的价格卖出,并且不做小幅的回抽以修复形态。

面对这样的股票,当然应该及时卖出,避免损失。

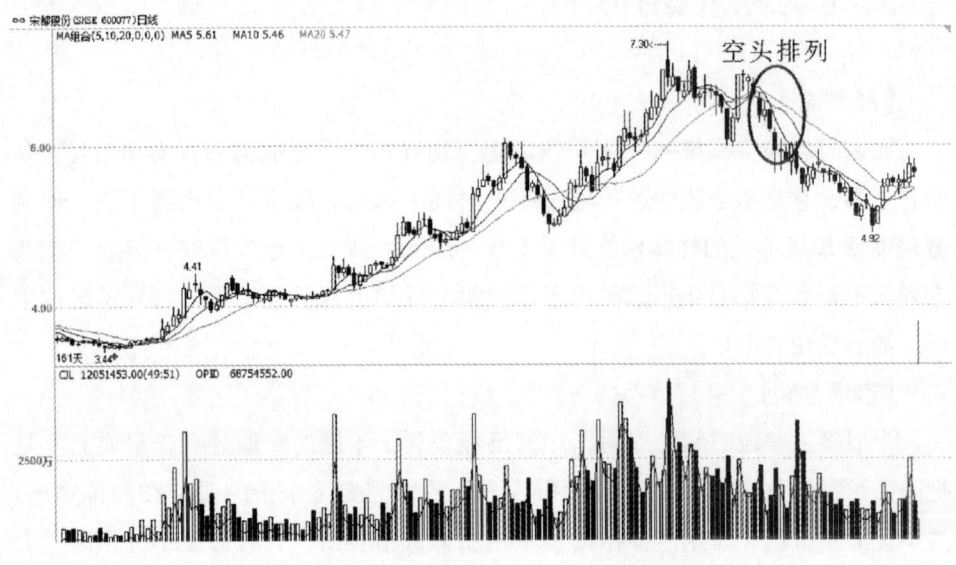

图 2-15 宋都股份(600077)均线空头排列

### 2.3.7 20日均线转折向下

【形态描述】

20日均线转折向下,是指在个股的走势过程中,其20日均线从上升状态转变为掉头向下的状态,这种形态是该股中期走势发生向下转变的信号,应该卖出股票。

【市场含义】

前面我们已经提到过,20日均线是最接近反映出个股中期走势的均线指标,因为它既可以过滤掉1~2天的短期无序波动造成的干扰、减少过于频繁的操作带来的踏空失误,又不至于像60日均线那样对于趋势性情况的反应过分迟钝而错失机会。

20日均线从上升形态发生向下的转折,根据其意义,说明股价已经出现了连续的下跌,近20天以来计算股价的平均值出现了低于前一日均值的情况,说明下跌的程度较大。

从而我们可以得出结论:一方面,股价下跌的频率大大增加;另一方面,股价下跌的程度也在加剧。这两个方面结合到一起释放出的信号表明：空方的力量相当强大，庄家很有可能正在开始往外出货，短期甚至中期内，该只个股上涨的可能性很小。既然如此，投资者应当卖出股票，规避风险。

【个股实战】

以澄星股份（600078）2014年5月5日至2015年2月11日走势图为例，如图2-16所示，该股的20日均线一直是处于缓慢向上的形态趋势之中，似乎还有上升的可能。但在到达9.7元高点后，股价出现了几根小的阴线，随之而来的就是20日均线出现了转头向下的走势。

在这次20日均线的转折点上，从日K线可以看出，该股已经出现了几天的连续下跌，股价也呈现加速向下的情况。由于20日均线较为准确地释放了卖出信号，如果投资者此时卖出，可以规避掉后期大幅下跌的亏损。

图2-16 澄星股份（600078）20日均线转折向下

## 2.3.8 "高空闪电"

【形态描述】

"高空闪电"，是指当个股的股价经过一段时间上涨、达到近期高位后，日K线突然出现了大跌，迅速击穿了5日、10日均线，从形态上看，很像高空发生的闪电击穿了厚厚的云层,因此称之为"高空闪电"。正如自然界的天气现象那样,当云层密布、高空发生闪电之时,往往就是大雨将至,对应于股票价格,也将会发生下跌走势,因此这是一种卖出信号。

**【市场含义】**

"高空闪电"发生的基础是个股的股价已经积累了一段时间的涨幅,有大量的跟风获利盘,此时庄家再往上拉抬股价,无异于在"学雷锋做好事",这是庄家绝对不愿意去做的。这种情况下,庄家必定会采取剧烈的下跌操作,打破上涨的形态,击碎众多散户跟风的心态,才能减轻上行的压力。所以,从庄家炒作股票的角度,很愿意在这时用大幅打压,让散户以为庄家即将出货,从而卖出股票,正好达到了庄家"洗盘"的目的。当然,此后一段时间内,在庄家打压、散户出货的作用下,股价必然会走出一段下跌形态,投资者还是可以先撤出观望。

此外,如果庄家是真正的出货,由于它在很低的价位建仓,持筹成本很低,当股价拉到较高位置时,对于庄家而言出货的空间是非常大的,因此它在出货之时一定是走量第一,不太顾忌价格和形态。一方面这将会导致下跌的幅度大,下跌的突然性强,5日、10日均线还未能反映,日K线就已经击穿均线;另一方面,当个股的走势出现"高空闪电"形态之时,如果当天或之前或之后几个交易日曾发生过"天量"成交信号,则此次"高空闪电"必然是出货信号而不是洗盘信号。此时投资者应该坚决卖出股票、离场观望。

**【个股实战】**

以道博股份(600136)2014年3月7日至2015年1月21日走势图为例,如图2-17所示,该股经过一段时间的拉抬后,股价最高时达到18.84元。该股在盘整1~2日之后突然走出较大的跌幅,一根较长的阴线带着长下影线击穿了5日、10日均线,形成了"高空闪电"。

为了准确判断庄家到底是出货还是洗盘,首先应观察其成交量,如果发现前几日出现过"天量"成交的现象,那么就可以确定是庄家要出货了(至少是阶段性出货),所以投资者宜在此时卖出。

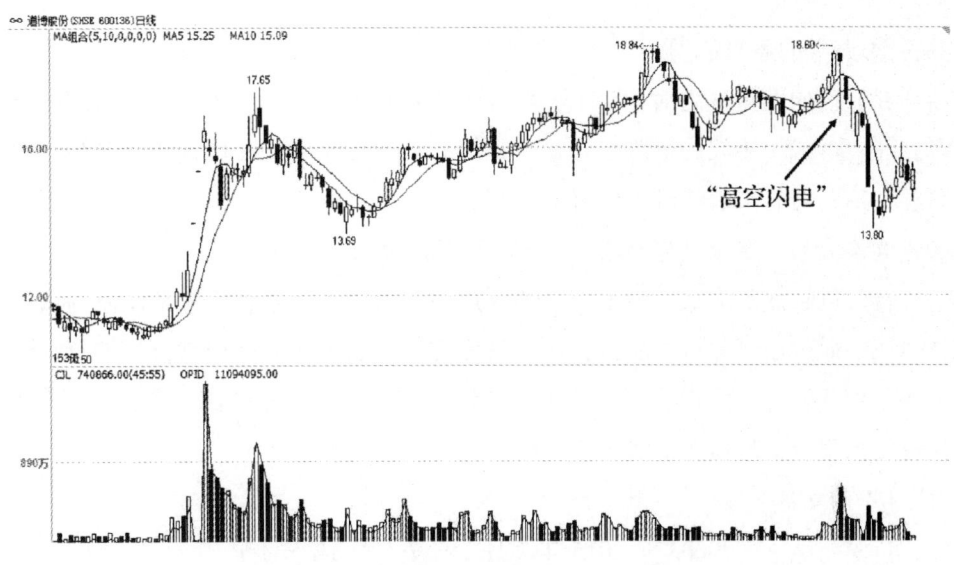

图 2-17 道博股份（600136）"高空闪电"

## 2.3.9 5日均线高位 M 头

【形态描述】

5日均线高位 M 头，是指个股经过一段时间上涨后，股价已积累了一定的涨幅，这时往往面临着大量的获利筹码卖出股票落袋为安的压力，怎么判断卖出的时机？当该股的5日均线走出了形如英文字母"M"的形态时，即5日均线先向上走，然后小幅下探后转为小幅上升，接下来开始转头向下，这就是卖出的信号。

【市场含义】

我们知道，5日均线主要反映了短时间内股票的成交均价的变化，当股价经过一段时间上涨后形成了较多的获利盘时，盘口上来看投资者的心理属于比较敏感的状态，一方面希望股价继续上涨，另一方面又担心庄家出货。同时，这一段时间内庄家也正在考虑，是继续向上还是就此结一段炒作行情。我们曾经分析过，当股价拉抬到一定的高度后，相对于庄家较低的持筹成本，它的盈利空间是非常大的，但是如果接盘的力量不足时，再向上拉抬股价对于庄家而言存在难以顺利出货的风险，有的庄家很可能就在相对较低时结束炒作。所以这段时间内投资者对于股价短期的变化应更多予以关注，这就是"5日均线高位 M 头"的逻辑依据。

在股价向上行进之时，5 日均线延续升势继续向上，突然股价因为部分卖盘打压，形成了小幅的下跌，导致 5 日均线从升势转变为小幅向下；随后，股价在一部分对未来趋势继续看好的投资者的买入下恢复了上涨，但是这一部分力量并不太强，所以升势有限，令 5 日均线再次向上。

其实第一次的下跌，除了少量的散户获利盘以外，更多的应是庄家的试探性筹码。通过小幅的打压股价，庄家已经发现了股价相对处于高位，接盘力量不足，因此转为出货操作。后续股价开始大幅下跌，庄家开始出货，5 日均线也就走出了"M"最右边的下行态势。

**【个股实战】**

以深南电 A（000037）2015 年 2 月 2 日至 5 月 12 日走势图为例，如图 2-18 所示，在 13 元上方该股还在延续前一段时期的上涨态势，5 日均线向上行走。至 13.38 元的高点后，该股股价出现了小幅的下跌，受其影响，5 日均线转头向下。根据上文的分析，这是一部分的散户获利盘，大部分还是庄家的试探性抛盘。随后的 4 个交易日，该股的股价出现了小幅的上涨，但上涨幅度很小，说明被吸引进入的买盘力量并不强大。由此庄家确定了下一步的行动计划，即出货。

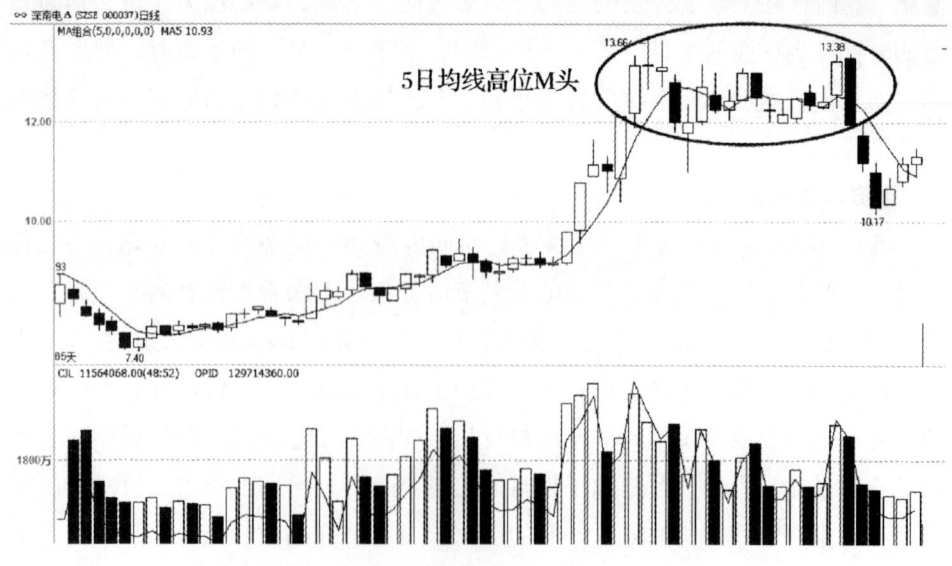

图 2-18　深南电 A（000037）5 日均线高位 M 头

# 第 3 章 成交量指标买卖点详解

前面我们曾经把均线比喻成"水能载舟，亦能覆舟"，那是形态上的一种比拟。从股市运行的内部规律上来讲，真正对股价形成"载舟""覆舟"的，其实是成交量指标。股价与成交量两项指标，构成了很多技术分析方法的基础。本章我们将了解成交量指标的原理，以及如何利用成交量指标来进行股票的买入和卖出时机的判断。

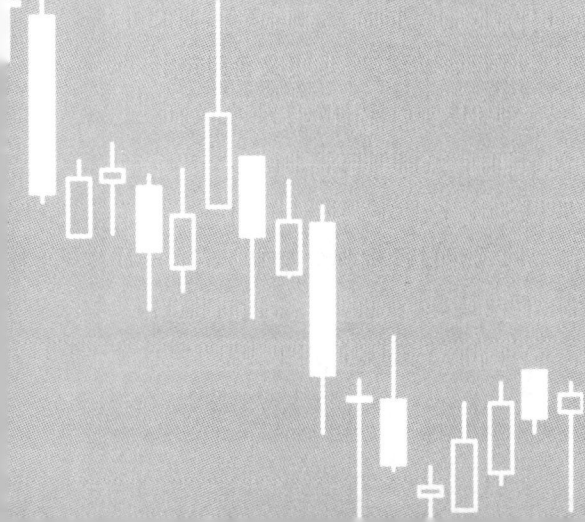

## 3.1 新股民学成交量

**【历史】**

在人类股票市场的发展历史上，是谁最早开始使用成交量这一指标的，这一点已经无从考证。但是，交易数量（即成交量）和价格这两项参数，长久以来一直是古典经济学家们用来研究微观经济现象、构建大量数学模型的两个维度，从这一点可以看出："量"与"价"在人类经济活动、金融运行规律中的重要地位。

**【原理】**

具体到股票市场中，成交量是指一个特定的时间单位内某只股票的成交数量，一般以"手"为单位（1手＝100股），它反映了在一定的时间单位内股票买卖双方成交的数量，表征着市场上多空双方在某一时刻对于股价的认同程度。从另一角度来理解，也可以看作是某只股票人气的指示灯，成交量的高低说明该股人气是否旺盛、交投是否活跃，缺少成交量的个股往往缺少关注度。

在一般的炒股软件中，成交量可以在分时图中绘制出来，也可以在日K线、周K线图中表现出来。通常，在分时图中以黄色、蓝色的线条表示即时成交量；在K线走势图中用条形实体表示，条形的高度表示成交量的高低，同时根据股价走势的涨跌，成交量也相应表示成红绿两种颜色，股价上涨，成交量以红色条形图表示，股价下跌，成交量以绿色（或粉蓝色）条形图表示。

**【种类】**

成交量分为广义和狭义两种，其中狭义的成交量仅指成交股数，广义的成交量除股数之外，还包括成交金额、换手率两项指标。

成交股数是最常用的成交量指标，表示单一的个股成交手数，可以简单地显示出与历史情况相比较某只个股的成交活跃程度，所承载的信息量相对有限。

在成交股数的基础上，人们又开发出了成交金额这一指标，即某一段时间单位内（通常以一天为计算单位）累计成交的金额，包括买入和卖出的金额。成交金额可以近似地以某一天的股价与成交量的乘积来表示。成交金额反映出了参与某只个股或整个大盘的资金数量，而资金是股市的血液，就像从一个人是否贫血可以判断其是否健康，通过成交金额的变化，我们也可以初步判断股市、个股所具有的"能量"是否处于一种"健康"的上涨过程。

换手率，是指在一段时间单位内交易成功的股票数量占可流通股票总股数的比例，公式为：换手率＝成交量÷总流通股数×100％。换手率的引入，使不同行业、不同价格之间的股票成交情况具有了可比性，还能进一步用于判断主力的动向。所以，换手率是一项相当重要的指标。

**【实践应用】**

成交量指标用于实战之中，其主要理论依据是"量价理论"。

量价理论，最早出现在美国股市分析家葛兰威尔的《股票市场指标》一书中。在这本书中葛兰威尔提出：成交量是股市的能源，成交量的变动直接体现了股市交易是否活跃、人气是否旺盛，而且显示了市场中供给与需求双方的动态实况。没有成交量的发生，市场价格就不可能变动，也就无股价趋势可言，成交量的放大或萎缩都表现出一定的股价趋势。根据这一理论，我们可以应用成交量指标所蕴含的信息来判断股票的买入和卖出时机。

## 3.2 成交量买入信号

绝大多数的技术分析理论都认为，成交量是所有指标中最难以人为操纵的。因此，通过成交量的走势分析，我们可以较有把握地发现有价值的个股的买入时机。

### 3.2.1 放量上涨

【形态描述】

放量上涨,是指个股在股价大幅上涨的同时,在成交量的走势图上也出现了远远超过前期成交量的长条形,宛如"一柱擎天"。

【市场含义】

放量上涨一般都是与前期股票成交量相比较而言的,并且一般使用狭义的成交量定义,即指成交股数与前期成交股数相比有了相当大的增幅,同时股价也在积极上涨。

出现这种形态,说明个股在前期的低成交量过程中,庄家已对个股实施了控制,但控制的筹码量还显不足,而要想进一步提高控制的筹码量则需利用拉升的机会完成。于是庄家开始拉升股价,股价升高后有大量的卖盘出现,庄家趁机大量买入,因此股价稳步上涨,成交量相比过去发生了很大的增长。

出现这一信号,一般都是庄家加快拉升股价的序幕,股民这时也应该及时买入。

【个股实战】

以中洲控股(000042)2015年1月12日至4月15日走势图为例,如图3-1所示,价涨量升是成交量与价格的最佳配合,在股价长时间以小K线向上

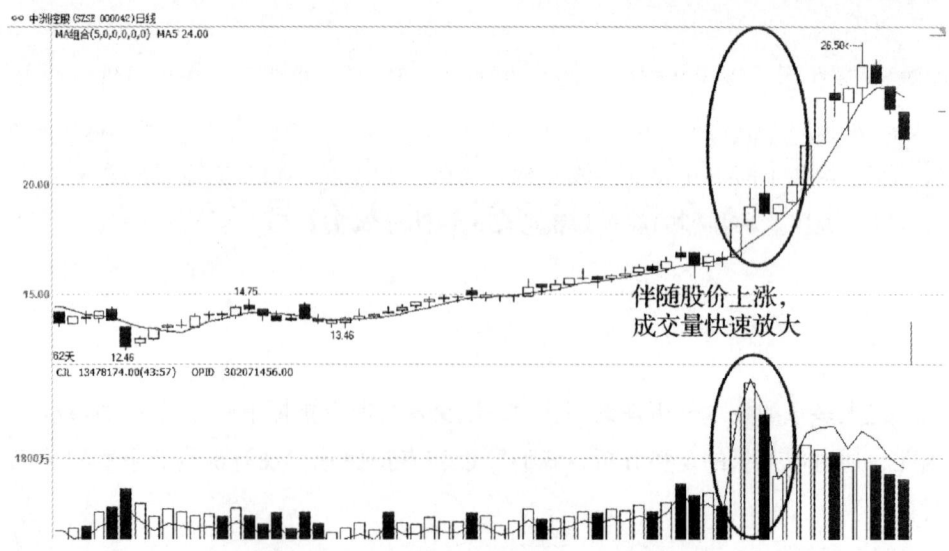

图3-1 中洲控股(000042)放量上涨

震荡的时候,成交量并不显示,但当价格发力向上时,K线开始变长,成交量也开始放大,说明此段上涨是具有坚实的基础的。

### 3.2.2 放量盘整

【形态描述】

放量盘整,是指个股的股价处于横盘整理阶段,与此同时成交量却比历史成交量大幅增长,不时出现"天量"的交易日,但是股价却处于不温不火的状态,甚至略有下跌。

【市场含义】

股价盘整,这说明个股的股价处在"上行乏力、下跌有托"的状态,其原因有二:一方面是因为下跌时有庄家护盘,能把股价拉起来;另一方面是因为庄家筹码控制得不够,或者是因为前期已经积累了较多的获利盘,往上推高股价时会受到卖盘的冲击,需要用一段时间来消化获利盘,逐步吸收更多的筹码。

庄家消化获利盘吸收筹码的过程,会体现在成交量指标上。由于庄家对筹码的大量接收,促成了交易增加,使成交较以往有大幅增加。同时从股价来看,阳线居多、形态积极向上(这也是庄家接盘的必然结果),由此可以推断有庄家在抢筹,后期将有上涨行情。

【个股实战】

以德赛电池(000049)2014年12月18日至2015年5月26日走势图为例,如图3-2所示,该股在震荡区间一直在38~46元之间波动,并且股价保持着一种很克制的上涨态势:十字星频频出现。但是,这段时间股价对应的成交量,却出现了相当于前十几天日均成交量7倍的大幅增长。根据成交量的意义,我们可以推测:这种强烈的放量盘整形态,说明显然有人在一边控制着股价走势,一边在不断地接下中小股民的抛盘。因此,出现这样的成交量形态,后期的上涨机会是可以预期的。

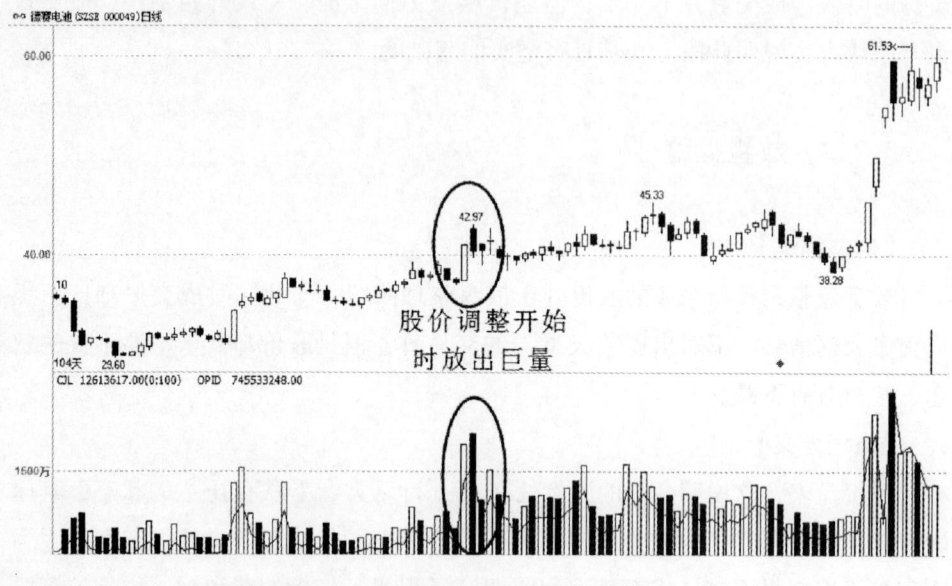

图 3-2 德赛电池（000049）放量盘整

### 3.2.3 成交量金叉后扩散

【形态描述】

在炒股软件的成交量条形图上，除了条形成交量以外一般还有两根曲线，一根表示 MAVOL5，其含义是 5 日的平均成交量；另一根表示 MAVOL10，也就是 10 日的平均成交量。这两根曲线其实就是成交量的均线。

成交量金叉后扩散，是指当两根曲线处于低位时，MAVOL5 曲线自底部向上穿过 MAVOL10 曲线，形成金叉，然后两根曲线的距离不断拉开，保持扩散状态。

【市场含义】

和第一章介绍过的 K 线图均线含义相似，5 日成交量均线反映了短期内的成交量变化，而 10 日成交量均线反映了稍长一段时间的成交量变化。当 MAVOL5、MAVOL10 同步处于低位时，说明该股的成交量在前 10 日有一个较高数量后，最近 5 日出现了一段急剧缩量，导致 5 日成交量均线低于 10 日成交量均线。放量之后的缩量，说明庄家对该股的吸筹已接近尾声，或者通过打压股价

## 第 3 章 成交量指标买卖点详解

已无筹可吸，只能在拉抬过程中再吸收筹码。

接着，5 日成交量均线（MAVOL5）开始向上，并突破 10 日成交量均线（MAVOL10），这说明个股的成交量已开始方向性的扭转，而 10 日成交量均线尚未能反映出这种变化，于是两条曲线形成金叉。这时一般是庄家开始正式拉升股价，首先以少量的对倒操作使股价上涨，一旦有股民卖出，庄家会把抛盘全部接下以保持股价，因此成交量会有大幅放大。

另外，5 日成交量均线与 10 日成交量均线不断扩散，也说明成交量在 1~2 个交易日内急剧放大，庄家可能正在以大量资金进入个股，炒作力度惊人。

综上所述，成交量金叉后扩散信号是庄家拉升开始的信号，借此机会我们可以买入。

**【个股实战】**

以国农科技（000004）2015 年 2 月 9 日至 5 月 26 日走势图为例，如图 3-3 所示，该股的成交量 5 日均线 MAVOL5 从底部向上穿过了 10 日成交量均线，形成金叉。此时的股价正处在上涨的启动阶段。随后该股放量上攻，MAVOL5 与 MAVOL10 两线的扩散形态非常明显，股价也自 16.72 元上涨到了 36.78 元。

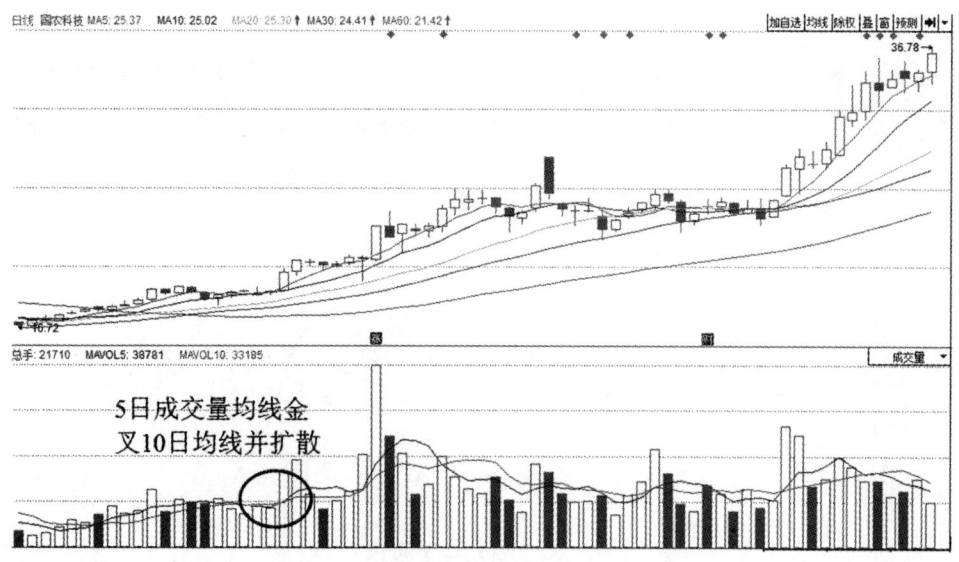

图 3-3　国农科技（000004）成交量金叉

### 3.2.4 低位"大换血"

【形态描述】

低位"大换血",是指个股的股价处于相对较低状态(或前期处于逐步下跌过程中),此时突然出现了放量,个股单日的换手率达到5%左右,股民进出该股的交易十分频繁,持有该股的股民就像"换血"一样发生了变化。

【市场含义】

一只个股如果在低位"换血",其主要原因一方面是大量的股民对该股后期走势并不看好而抛出股票;另一方面是有人暗中分批把大量抛盘接下,使其成为自己的筹码,并控制着吸纳的节奏,从而保持股价不至大幅上涨。

这显然是有庄家在其中操作,因为如果只是散户之间的"交换",随着交易达到一定的换手率后必然会推高股价,而只有在控制了一定筹码的庄家的操纵下,股价才能在低位稳定。因此,一旦出现股价低位的高换手率,即可以认为是买入信号。

【个股实战】

以德赛电池(000049)2014年7月3日至2015年3月18日走势图为例,如图3-4所示,该股在低位温和放量以来,每天的换手率达到4%~5%,而股

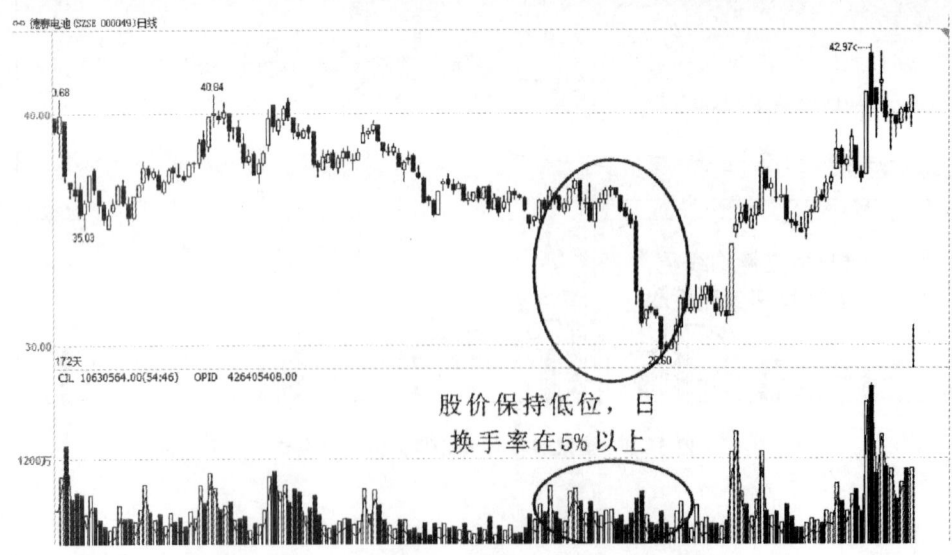

图3-4 德赛电池(000049)低位"大换血"

价基本稳定在低位,并且其在最后几天还快速下跌。在大量的抛盘打压之下,该股的换手率累计达到25.55%,可见庄家在这个价位附近吸收了充足的筹码,后市该股开始了一轮上涨行情。

### 3.2.5 持续低换手

**【形态描述】**

持续低换手,是指个股在股价下跌过程中,成交量一直保持较低水平,换手率持续保持在1%以内,这样的形态出现后可以判断为买入信号。

**【市场含义】**

个股出现股价下跌的情况,如果此时成交量能够保持在较低的水平,以换手率来衡量,经常保持在1%以内,说明此时的下跌很可能是庄家的洗盘行为,并不是庄家在出货。庄家的目的是通过不断地小幅下跌击破普通投资者的耐性,使其不计亏损抛出股票。

由于股价逐步下跌,其他投资者也并不看好,无意介入,只有庄家在盘中逐步接过股民低价抛售的股票,因此成交量低迷、换手率低。在具体操作中,庄家通过把股价打压到较低水平,吸纳尽可能多的低价筹码,为自己后期的拉升炒作打下了良好基础。

洗盘完成后,庄家就会开始实施拉升操作。所以,通过成交量指标中出现持续低换手率的信号,基本可以确定短期底部。

**【个股实战】**

以深赛格(000058)2014年1月29日至2015年5月26日走势图为例,如图3-5所示,该股自2014年1月起成交量达到"地量",并且换手率一直保持在1%以内,说明该股的成交量稀少、换手率低。持续几个交易日的低换手率后,2014年6月该股开始由庄家悄悄拉升,行情启动。

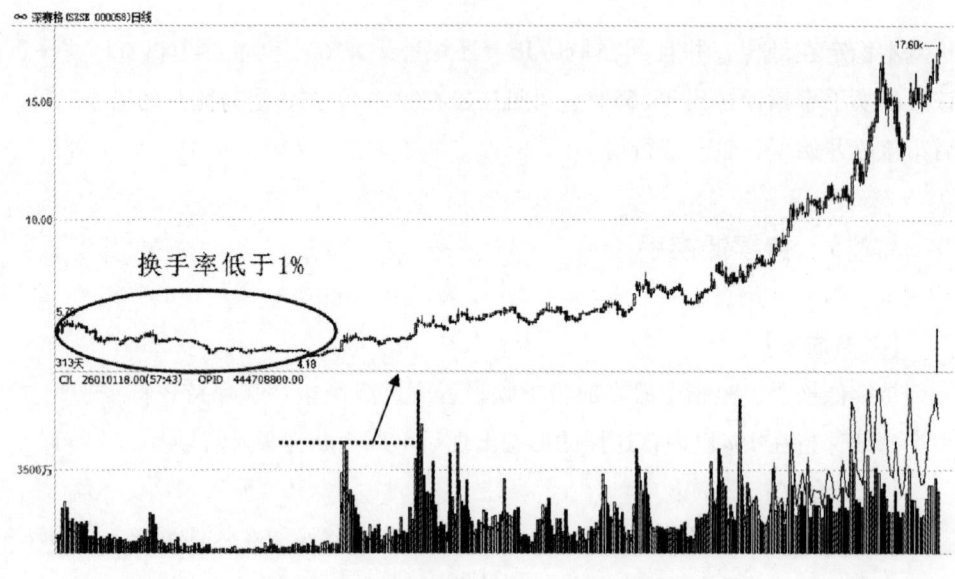

图3-5 深赛格（000058）持续低换手

### 3.2.6 低位低换手

**【形态描述】**

低位低换手，是指股价下跌后到较低价位后，换手率迅速减小至1%以内，此时一般可以判断为底部形成，适合进入该股持仓。

**【市场含义】**

股价下跌过程，对于没有持有该股的股民而言其实是一次机会，能在该股的底部"逢低吸纳"是每个股民的期待。在这个过程中，最重要的是大致判断出什么时候是"底部"，在真正的底部进入才能降低风险。一般情况下，通过极低的换手率指标，我们可以大致判断出个股的底部是否确立。

因为当股价下跌到换手率极低时，说明虽然庄家不停打压，但是大部分股民都已经不再愿意抛出股票了，庄家也已经吸不到大量筹码了。实际成交量萎缩，庄家已经不能继续打压股价（除非采取对倒方式，但会增加操作成本）。面对这样的情形，庄家通常会选择开始拉高股价，在拉高过程中完成吸筹甚至出货。因此，当个股出现低位低换手的形态时，即可确定为底部，此时一般是相对安全的进入时机。

## 【个股实战】

以宝利来（000008）2014年1月至2015年5月走势图为例，如图3-6所示，从2014年开始，该股自下跌后出现了换手率低于1%的情况，一直到6月换手率才重新回到1%以上。这期间股价也保持在低位箱形整理，说明庄家处于观察期，静待各方面条件具备后开始拉升。如果我们在这一段低位低于换手率进入，基本上就是在底部买进，可以期待后期股价的上涨。

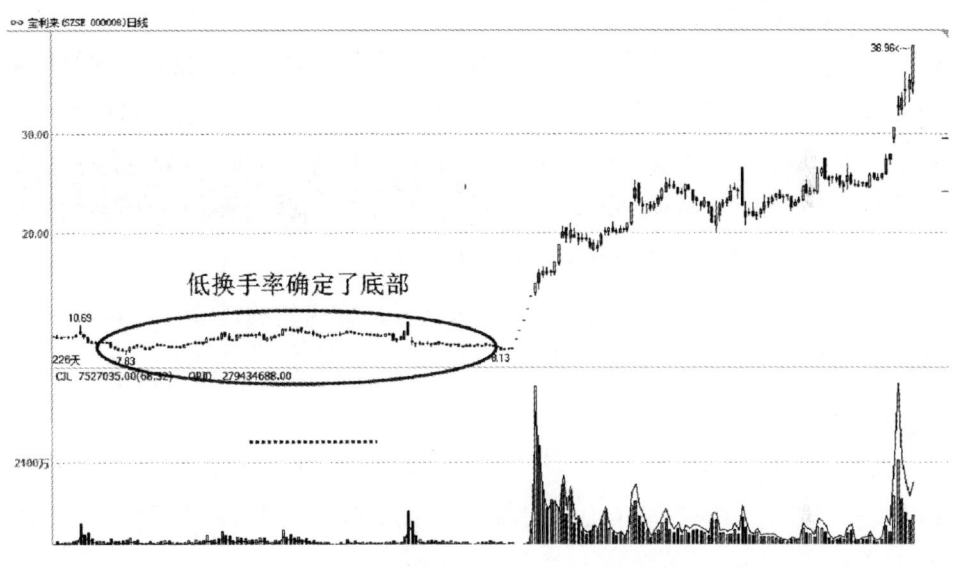

图3-6 宝利来（000008）低位低换手

# 3.3 成交量卖出信号

人们公认成交量是最难以操纵的技术指标，因此，对于持有某只股票的投资者而言，除了关注股价趋势之外，还应关注成交量指标。根据成交量指标形成的卖出信号，在合适的时机卖出股票，从而把账面盈利转化为实际的收益。

### 3.3.1 高位放量

【形态描述】

高位放量,是指个股股价经过一段时间的上涨并达到了较高位置后,成交量突然出现极大的增长,这种走势形态一般是顶部信号。

【市场含义】

股价达到高位时,除了前期买进的散户形成了一部分获利盘外,同时庄家也正在盘算着出货事宜。此时如果成交量突然出现大幅放大,极有可能是庄家已经开始出货。因为随着股价处于高位,大量的股民受股价上涨的吸引挂出买盘,如果仅有获利的散户在卖出,是不会产生巨大的成交量的,只有控制了大量筹码的庄家大量卖出时才能形成"天量"成交。

因此,股价高位时出现放量成交,大多是庄家出货的迹象,一旦形成后,股民应尽快卖出。

【个股实战】

以沙河股份(000014)2014年5月26日至2015年1月22日走势图为例,如图3-7所示,该股在前期上涨的高位17元左右处,突然形成了巨大的成交

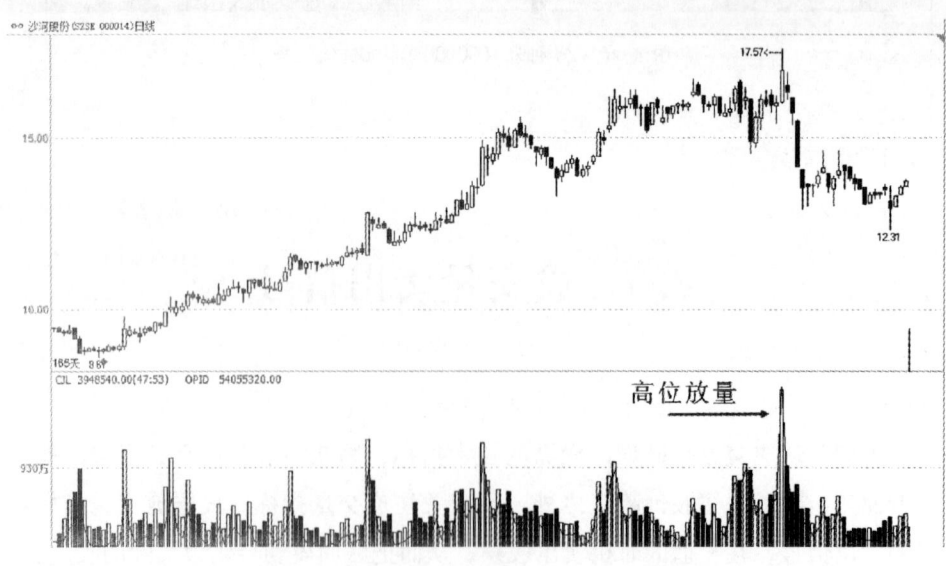

图3-7 沙河股份(000014)高位放量

量,当天换手率也达到8.74%。如此的巨量成交,显然不是中小股民所能完成的,可以判断是庄家盘中出货了。随后三个交易日,该股走出了带着长长的上下影线的小阳线,成交量有所减少,说明庄家减小了出货力度,勉强控制着股价的形态。由于庄家去意已决,该股在随后较长一段时间内一直保持着下跌之势。

### 3.3.2 放量下跌

【形态描述】

放量下跌,是指在个股股价下跌过程中,伴随着股价的走势,成交量也大幅增长。放量下跌形态是一种典型的庄家出货形态。

【市场含义】

放量下跌一般出现在个股经过一段时间的拉升后,股价从高位开始向下行走。与此同时,成交量也迅速放大,超出前期日均成交量的数倍,这是庄家在大量出货的信号,说明庄家正在以低于开盘价的价格分批卖出前期吸纳的筹码,将账面盈利转为实际收益。

在这个过程中,庄家为了出货的顺利,有时候也会在后续的交易中做一些小幅反弹,吸引散户进入抢反弹。但是在股价拉高后最终仍会大量出货,让中小股民接下高位卖盘。所以,一般在第一次出现放量下跌之时,就可以考虑卖出了,后续的反弹往往是虚弱无力的。

【个股实战】

以深大通(000038)2014年6月16日至12月30日走势图为例,如图3-8所示,该股经过了一轮拉升操作后形成了100%的涨幅,对于庄家而言是出货的时候了,于是该股出现了转折,下跌中出现阳线的时候成交量还不是很大,这是庄家在有节制地出货。而下跌中出现阴线时,就会大幅放量,这就是放量下跌的信号。这一信号明确了庄家出货的意图,对于中小股民而言,应该尽快离场。

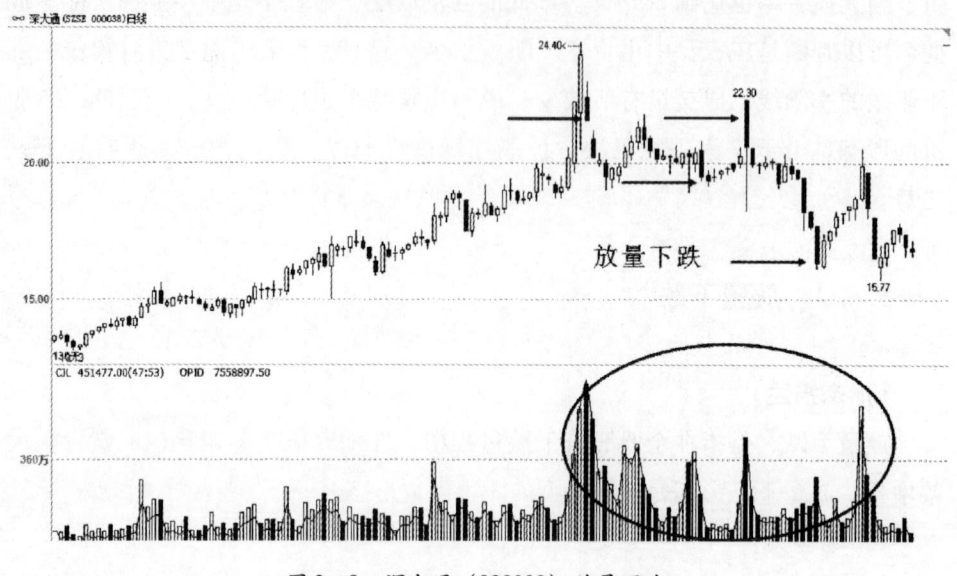

图 3-8 深大通 (000038) 放量下跌

### 3.3.3 成交量高位死叉后扩散

【形态描述】

成交量高位死叉后扩散，是指 5 日成交量均线 MAVOL5 与 10 日成交量均线 MAVOL10 在高位形成死叉图形，即 5 日成交量均线向下穿过 10 日成交量均线，然后两条线之间的距离逐步拉开，形成扩散走势。

【市场含义】

个股的成交量处于高位时，说明前 10 日的成交量处于放量的状态，并且这 10 日之中后半段（5 日）的成交量显著高于前半段的成交量，这样才能使 5 日成交量均线处于 10 日成交量均线之上，为后来的死叉创造条件。

接下来，由于当天的成交量迅速萎缩，致使 5 日成交量均线下穿 10 日成交量均线，形成死叉。同时成交量继续萎缩，5 日成交量均线加速向下，与 10 日成交量均线拉开距离，形成扩散形态。

在这一完整的过程中，可以看出经过前期的放量后，成交量已经大幅萎缩，无论股价是上涨还是下跌，已经无人接手。如果前期是上涨放量，随后出现成交量死叉扩散，说明股价已经上涨乏力，即将下行；如果前期是下跌放量，说明个股已经被庄家出货,后期交投清淡,将进入弱势阴跌行情。无论"成交量高位死叉后扩散"这一形态之前是什么走势,此形态的出现都预示着需要卖出股票以避开下跌。

【个股实战】

以深物业A(000011)2014年6月16日至12月30日走势图为例,如图3-9所示,该股的成交量在高位发生了"死叉"现象,5日均线下穿10日均线。该股在高点之前一直处于冲高赶顶阶段,但成交量不大,说明该股庄家在有策略地逐步出货。

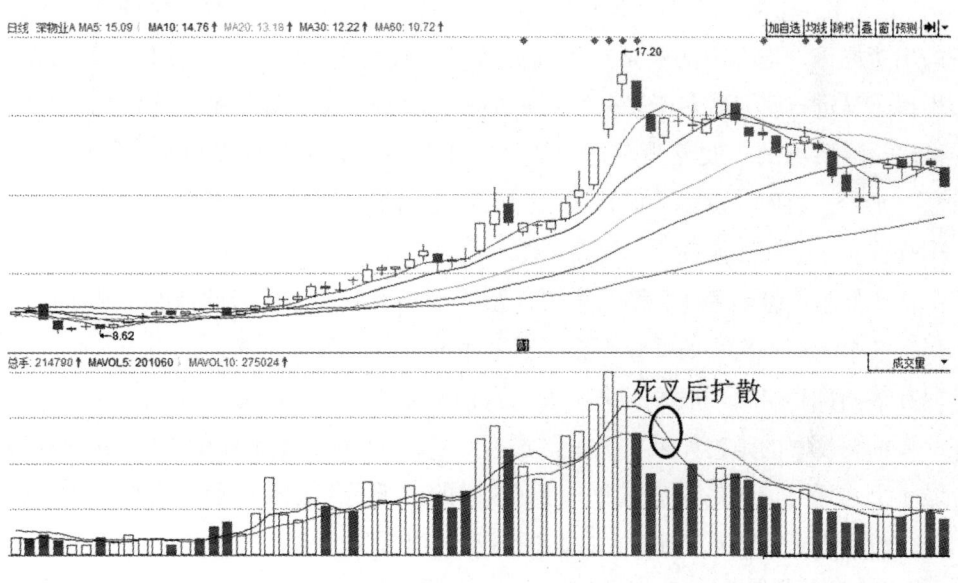

图3-9 深物业A(000011)成交量高位死叉后扩散

## 3.3.4 "天量"重现

【形态描述】

20世纪80年代,美国歌星卡伦·卡本特曾经有一首英文歌曲 Yesterday once more 风靡全球,译成中文后名为《昨日重现》,这首歌曲回忆了美好的时光,希望昨日可以重来。但是在股市上,往往昨日重现之时带来的并不是美好的结局。"天量"重现就是这样一个信号,它是指个股在股价处于相对高位时,成交量出现了一次"天量"后不久,再次形成了"天量"成交的形态。两次"天量"出现后,个股将出现下跌的走势。

【市场含义】

股市上任何一只股票,在只有中小股民交易的情况下,其每日成交量一般不会超过流通盘的一定比例,以换手率计算,股性活跃的股票换手率在3%左右,走势平稳的股票换手率一般在1%左右。一旦出现"天量"的成交,换手率大幅超过3%的平均位,而且股价又处于相对高位时,一定是有持股量大的人在卖出股票,显然是庄家所为。

"天量"重现的形态,表示庄家在第一次"天量"成交时,即进行了大量的出货操作,把手中的股票在不同的价位分批卖出;同时为了保持股价形态,不得已又进行了一些对倒操作以拉升股价。这样下来,导致第一次出货不是很彻底,需要再做一波反弹后进行第二次出货,所以不久后又出现了一次"天量"成交。这时庄家手中的持股大部分已经出清,后续该个股自然没有大的资金炒作,只能是随波逐流,逐渐下跌。

当然,庄家也可能在第二次"天量"后仍有股票未出清的情况,那么该股后续还会走出一次小的反弹,让庄家采用第三次"天量"出货。由于大部分筹码在前两次卖出,一般第三次"天量"的幅度会小于前两次。

需要注意的是,如果"天量"成交之后,5日成交量均线和10日成交量均线不形成死叉,而是保持向上扩散,这时的"天量"成交一般是有新的资金进场,投资者可以暂不卖出,后期股价甚至可以看高一线。

【个股实战】

以华数传媒(000156)2014年1月至2015年1月走势图为例,如图3-10所示,经过前期的上涨,该股在走出36.5元处出现了第一次"天量",换手率达到8%,让中小股民误认为有主力在强攻,但实际上这是庄家用一部分筹码操纵股价,掩护其他筹码撤出。这也导致在第一次"天量"成交后,庄家出货并不彻底。

随后,庄家不再拉高,直接出货,股价一路下跌,从36.5元处一路下跌。然后庄家又操作了一次反弹,于33.89元处再次出现"天量"成交信号,换手率达到3.39%,可以看到经过前期出货,庄家持股已经不多,并且当天的出货手法依然是用一部分筹码做高股价掩护另一部分出货,所以出货还是不够彻底。

接下来，在31.18元处又做了一次"天量"形态，终于出得差不多了。

可以看到，三次"天量"重现，规模一次比一次小。所以为了抢在庄家之前出手，一般在个股的第二次"天量"出现后，即可以判定庄家出货基本完成，下跌即将开始，应该卖出了。

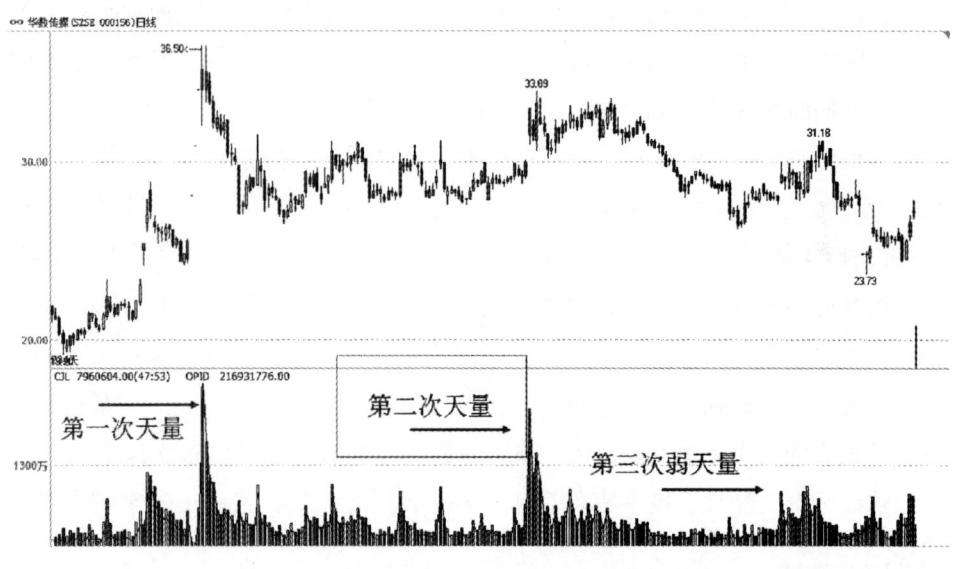

图3-10 华数传媒（000156）"天量"重现

### 3.3.5 高位大换血

【形态描述】

高位大换血，是指个股的股价经过一段时间上涨后达到较高位置时，在股价处于横盘整理、变化不大的阶段，成交量上却出现了异动，换手率大幅增加，超过6%以上。这一信号也是阶段性顶部的标志。

【市场含义】

当股价经过拉升达到高位时，一方面是庄家在考虑出货变现，另一方面是其他股民受前期拉升形态的鼓舞，准备积极买入该股获取新的上涨。可以说这时候是出货的好时机，而是否出货完全取决于庄家对本次炒作获利的期望值。

在这样一个敏感的时点上，股价不一定是最好的信号，而成交量相对可靠得多。如果此时股价保持在一定的价位波动，而成交量突然出现了大的换手率，达到6%以上，这说明庄家已经在悄悄地撤退，把大量的高位筹码换给热切希望买入追涨的其他股民。因此，这一信号只能意味着该股的阶段性顶部已经形成，短期内将以下跌为主，应该卖出。

需要注意的是，"高位大换血"的盘整状态，有时容易和买入信号中的"放量盘整"形态混淆，因为二者从成交量来看，都是在一个股价区间内放量、出现高换手率。那么怎样区别呢？这时需进一步参考第二章的均线信号：如果股价盘整同时均线信号呈现的是卖出信号，就可以确定是"高位大换血"；反之，股价盘整成交放量，均线系统发出买入信号时，一般是"放量盘整"的买入信号。

【个股实战】

以楚天高速（600035）2014年5月至2015年5月走势图为例，如图3-11所示，该股的股价一直处于小幅上升的过程中，涨一跌二、跌二涨一，小阴小阳线纠缠不清。直到股价开始快速拉升至10.47元前后时，该股成交量也逐渐放大，相应的换手率也开始放大。换手率的放大说明主力正在全力出货。

连续三个交易日，换手率均高达6%以上，这说明大量由庄家掌控的筹码

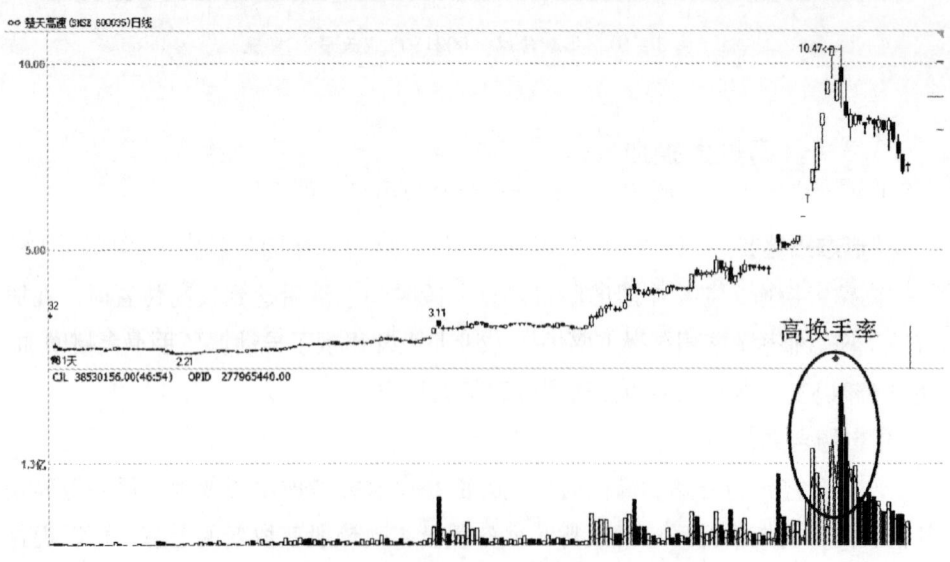

图3-11　楚天高速（600035）高位大换血

已经在这三天之中变换了主人,尽管股价暂无大的变化,但是也只能归结为庄家相当耐心的出货手法,没有破坏股价的形态而已。在这样密集的高换手率情况下,我们应该洞穿股价的迷雾,发现庄家出货的实质,坚定地卖出。

### 3.3.6 换手率"高台跳水"

【形态描述】

换手率"高台跳水",是指伴随着个股的股价小幅上升,成交量逐步放大,在这一过程中,换手率也一步一步大幅放大,最终出现了近期少见的"峰值"(最大值)后,又突然跌回到前期的平均成交量附近,就像是高台跳水项目的运动员,由台阶走上跳台后向下跳水。

【市场含义】

前文说过,换手率是最具可比性的成交量指标。如果一只个股在股价的小幅上升过程中,换手率逐步放大,说明一方面有大量的股票在交易、交换,另一方面股价却没有形成较大的上涨。可以判断:成交的股票之中有大量的股票属于压低股价的卖盘,这种有组织的卖盘只能属于庄家所为。

此外,换手率是逐步增大,而非一步到位,显示盘中接盘的力量稍显不足,还需要庄家维持好股价形态,吸引更多的人买入,才能完成出货。因此,这时庄家会选择边小幅拉高边卖出。而最后的峰值换手率一定是"最后的疯狂",股价先做出上涨的态势,吸引到大量的买单后,庄家立即以巨量大单卖出,让所有的买方措手不及,股价K线图上也会被拉出长长的上影线。

按上述方法操作后,庄家基本完成出货,后期交易的只是中小股民,因此换手率也迅速回落至正常的水平。

所以,如果投资者发现个股呈现"换手率持续放大至峰值"的高台跳水形态,以卖出股票为宜。

【个股实战】

以中国宝安(000009)2014年4月21日至11月24日走势图为例,如图3-12所示,该股在冲高时的成交量开始放大,换手率达到6%,已经超出前几个交易日的平均换手率(2%)的2倍以上;高点处该股股价出现很吸引人的大阳线,同时换手率达到10.32%,这已是一个危险的信号,说明受股价的吸引有大量的股民进入接盘,庄家通过做高股价吸引人气的目的已经达到。于是在下一个交易日即3月7日,该股被放量出货,当天成交量换手率达到12.18%,庄家将大量的筹码脱手卖出,股价走出了带着长上影线的小阳线。后期该股股价虽然略有反弹,但最终仍然是黯然下行。

因此,当投资者发现换手率持续提高然后突然回落的形态后,就可以判断出庄家的意图,在庄家退出之前抢先一步全身而退。

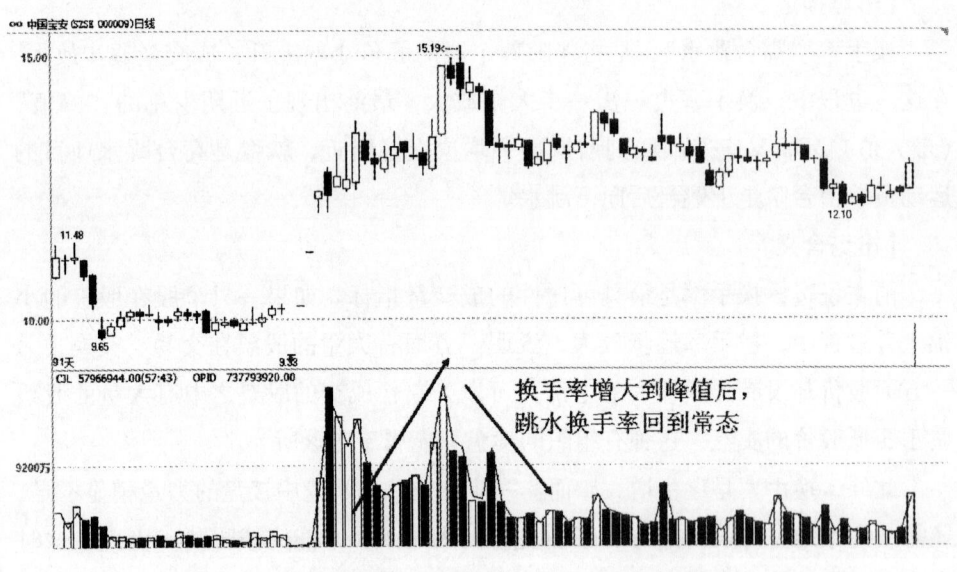

图3-12 中国宝安(000009)换手率"高台跳水"

# 第4章 PSY指标买卖点详解

股票市场最有名的一句话是什么？当然是股神巴菲特所说的："当别人贪婪时我恐惧，当别人恐惧时我贪婪。"这句话说明，要想从股票投资中获利，一定要有与正常人不同的心理，在大家都看好时保持清醒，在人们都悲观失望之时抓住机会买入。

这句话说起来简单，但做起来却很难，尤其在股票持续大涨或持续大跌、人们一致看涨或看跌之时，投资者很难保持清醒的头脑。不过，有一项技术指标，可以揭示市场买卖双方的心理对比，为我们的操作提供指导，让我们清醒地看到市场的风险和机会，这项指标就是PSY指标。

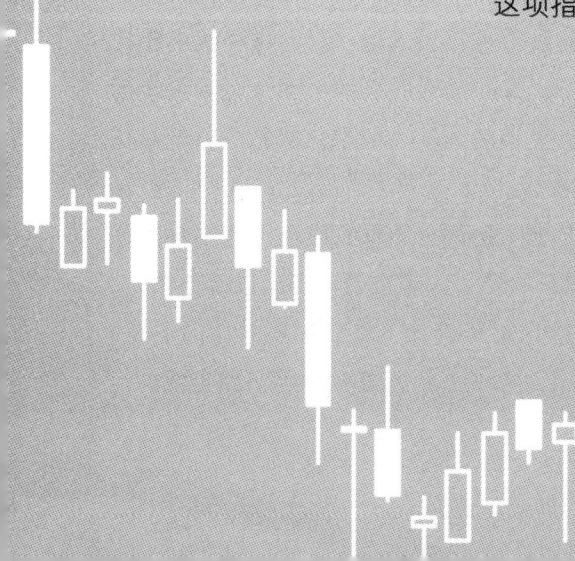

## 4.1 新股民学 PSY 指标

**【历史】**

PSY（Psychological Line）指标，中文称为"心理线指标"，它是一项反映投资者心理情绪的指标，其发明者已不可考。但是从这一指标的设计初衷来说，无疑是直接指向股票投资的本质：人类以及人的心理。

股票投资是人类行为中不涉及其他生物的一种"游戏"，或者可以称为一场规模庞大的牌局，参与的人群有着各种各样的不同人格、心理特点，但都是为了同一个目的：投资、增值、获利。而成千上万的投资者在不同的心理因素作用下，会采取的操作行为无非有三种：买入、观望、卖出。这些行为汇聚在一起，构成了股票市场的涨跌起伏。因此，心理因素其实是股票投资者行为的根本原因，也是股票市场趋势的根本原因。

**【原理】**

从人的心理上看，股市的上涨和下跌会对股市投资者的心理产生影响，当一只股票连续上涨，或者涨多跌少（K 线阳线多于阴线）时，人们普遍认为这只股票还会再涨，因此也愿意跟随上涨的股价进行买入操作。而这种买入操作的人数增多以后，形成较强的买方力量，就真的推动股票的上涨，对买入者形成了"果然如此"的正向激励，后期会有更多的人买入股票，从总的力量对比上来看，买方处于控制地位，上涨走势得以延续。

反过来讲，当一只股票连续下跌，或者跌多涨少（即 K 线图上阴线多阳线少）时，一般情况下大家会觉得这只股票还会下跌，需要及时卖出以避免损失，因此卖出的人增多，为了顺利卖出，大家竞相压价，于是股价真的再向下跌，形成了下跌的一种"循环"，此时卖方居于主导地位，股票价格将一路走低。

通过以上分析，可以看出，一段时间内上涨天数的多少会影响股票后市的走势情况，这就是 PSY 指标的设计理念。

PSY 指标的计算过程如下：

首先确定一段计算的周期，一般选择 12 个交易日为一个计算周期。然后计算这一周期（如 12 个交易日）内的上涨天数 N。

PSY = N ÷ 计算周期（12 个交易日）× 100

股票软件将每日的 PSY 指标连接成一条曲线，就是 PSY 指标线。

因为该计算过程非常明确，所以我们来试着分析一下 PSY 的值的情况。在 12 个交易日内，股票出现上涨的天数为 0~12 天，那么，PSY 指标的结果一定是以下几个数值之一：

| 上涨天数 | 0 | 1 | 2 | 3 | 4 | 5 | 6 | 7 | 8 | 9 | 10 | 11 | 12 |
|---|---|---|---|---|---|---|---|---|---|---|---|---|---|
| PSY 数值 | 0 | 8.33 | 16.67 | 25 | 33.33 | 41.67 | 50 | 58.33 | 66.67 | 75 | 83.33 | 91.67 | 100 |

从上表中可以看出，当数值为 50 时，过去 12 个交易日内上涨天数与下跌天数平分秋色，说明买方力量与卖方力量基本处于平衡态势。所以，50 这条线可以作为 PSY 指标的强弱分界线，高于 50 时，说明股票处于强势，数值越高，上涨的天数越多，股票越来越趋向于"超买"的情况。当数值在 91.67 时，说明股票已经连续上涨了 90% 以上的时间，超买情况达到极致。

反过来说，低于 50 时，12 个交易日内下跌天数超过上涨天数，卖方力量占据主导地位，数值越小，越趋向于"超卖"，当 PSY 达到 10 以内（即 8.33）时，说明下跌了很长一段时间，股票已经处于严重超卖。

为了减少波动值对趋势判断的影响，还设计了一个与 PSY 指标相关的移动平均值：PSYMA 值，一般是以 6 个交易日的 PSY 指标来进行移动平均计算，其结果与 PSY 值的走势基本相符。

【种类】

严格意义上的 PSY 指标包括两条曲线：PSY 线和 PSYMA 线。也会出现交叉等形态，早期的钱龙软件等常用两条线的 PSY 指标线。但实际上因为两条线的走势基本相符，只是移动平均线 PSYMA 的走势略有滞后，因此后期像大智慧、同花顺等股票软件一般只采用单条线的 PSY 指标，不再显示 PSYMA 曲线。

【实践应用】
本书以单条线的 PSY 指标为例,讲解怎样利用心理指标线 PSY 指标,判断股票的买入和卖出。需要注意的是,单线指标虽然简洁明了,但需结合 K 线指标才能更准确地进行趋势判断。

## 4.2 PSY 指标买入信号

PSY 指标以上涨天数占计算周期的比例来判断股市是买方还是卖方占据控制地位,符合人们的普遍心理。通过 PSY 指标线的走势,并结合 K 线图的走势,可以判断股票买入时机。

### 4.2.1 买方主导

【形态描述】
买方主导,是指个股的 PSY 指标线在一段时间内,大部分时间在 50 以上移动,即使偶尔有下滑到 50 以下的情况,也会很快地反弹到 50 以上。

【市场含义】
前文介绍 PSY 指标的原理时曾经提到,50 线是 PSY 指标的强弱分界线。在本形态中,个股的 PSY 线在一段时间内持续保持在 50 线上,说明在最近 12 个交易日内,上涨的天数总是多于下跌的天数,因此个股处于强势区域,买方力量占据上风。

在这期间,即使发生 PSY 指标降低到 50 线以下的情况,但由于买方的力量强大,股价立刻回补下跌缺口,PSY 指标重新回到 50 线以上,形态也没有被破坏。

在这种情况下,依照投资者的心理习惯,"买涨不买跌"的观念占据市场主动,会进一步推动股价逐步走高,因此可以买入。

【个股实战】

以沙河股份(000014)2015年2月10日至5月12日走势图为例,如图4-1所示,2015年2月26日,该股的PSY线从低位向上突破50线,此后一段时间直到4月23日,PSY值一直保持在50线以上,这说明该股在这一段时间内都是买方力量控制着盘面,投资者于2月1日PSY线向上突破、在50线上方保持稳定后即可进入。该股后期上涨近100%。

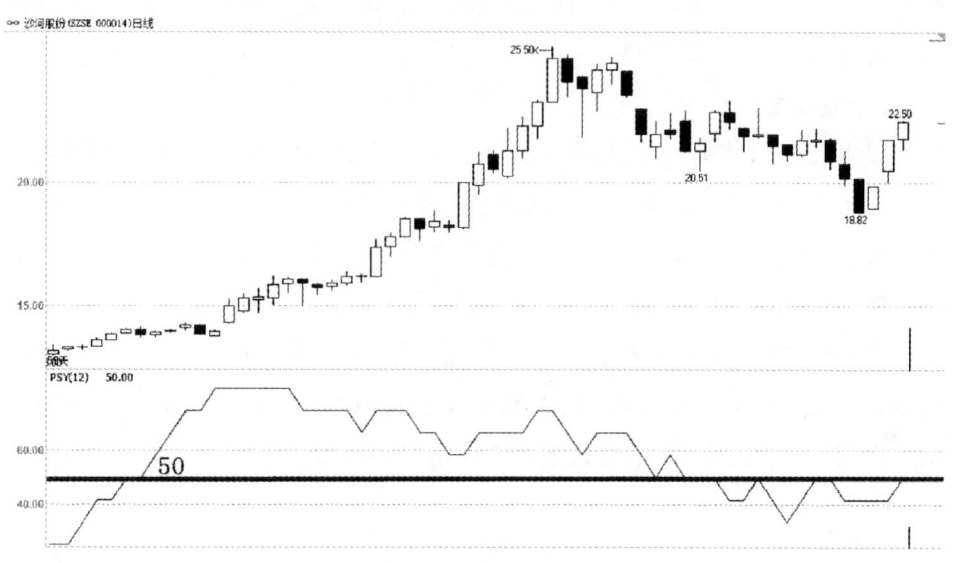

图4-1 沙河股份(000014)买方主导

## 4.2.2 W底形态

【形态描述】

W底形态,是指个股的PSY指标曲线在低位(即低于50线以下的位置),走出了向上行、向下行的多次快速转换过程(从曲线形态上看就像英文字母"W"),并且最终选择了向上移动。

【市场含义】

W底是股票技术分析中常见的一种底部形态,符合"波浪理论"的原理。

在 PSY 指标线中，W 底形态的第一个条件是出现于 50 以下的弱势区域，在这一区域中走出的 W 形态可以比较准确地反映底部突破，因为当 PSY 线处于 50 以下的区域时，说明近一段时间股价一直是跌少涨多，卖方力量居于主导地位，买方人心不齐，股价还处在寻求底部的过程中。

随后，PSY 线向上走出了上升趋势，说明股价于下跌之中出现了反弹的曙光，已有买方开始进场买入了（这时多半是庄家开始吸筹），但此时卖方力量还很强大，因此这一反弹很快又被打压下去，PSY 线转为向下。

如果这时 PSY 线不再反弹，说明刚出现的触底反弹被卖方彻底扑灭，但是在 W 形态中最终又出现了向上移动的形态，这说明买方拉升的心理坚定不变，股价将完成下跌，重拾升势。

**【个股实战】**

以中冠 A（000018）2015 年 1 月 4 日至 5 月 26 日走势图为例，如图 4-2 所示，2015 年 1 月，该股的 PSY 线随着股价下跌先向下行，卖方气势很强。2 月该股 PSY 线出现了向上反弹，但是这一次反弹略显薄弱，第二日就被阴线打压，PSY 线也向下走，说明此时卖方还没有完全失去力量。

PSY 线再次向上，突破 50 线后依然保持向上的形态，这说明买方已经全面进场，买入的心理占据主动。从 K 线图上也可以看出，这几天 K 线一路小阳线。在买方占优的情况下，该股后期涨幅达到 150%。

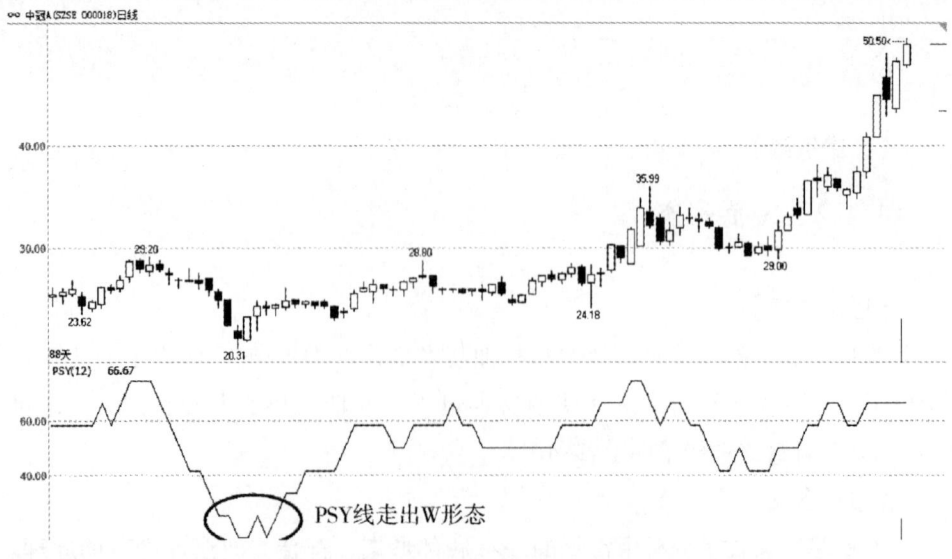

图 4-2 中冠 A（000018）W 底形态

### 4.2.3 底背离

**【形态描述】**

底背离,是 PSY 线结合 K 线图的一种形态,具体是指在个股下跌一段时间后,股价虽然继续保持下跌的形态,但是 PSY 线已经在底部区域出现了向上运动的趋势,形成了心理线与 K 线图的"背离"。

**【市场含义】**

底背离形态,常用于判断股价是否下跌到位。因此,在出现底背离之前,个股的股价一般都有一段时间的下跌过程,此时,大量的筹码被不计成本地恐慌性抛售,股价持续创出新低。正如巴菲特所言,"在别人恐惧时我贪婪",有心炒作这只股票的人(比如传说中的庄家)却在恐慌之中看到了投资机会,于是悄悄展开了吸筹。

随着股价的下跌,庄家的吸筹加快了步伐,之前被下跌阴线掩藏的买盘逐渐加大,同时卖盘逐渐减少,买卖力量的此消彼长使得股价开始出现夹杂在大阴线中的小阳线。灵敏的 PSY 线反映出了这种变化,它从低位开始悄然向上。但是,由于还处在吸筹初期,庄家会十分小心地不把股价拉得过高而暴露自己的意图,因此在 K 线图上股价仍保持缓缓下跌态势。这样就出现了心理线 PSY 与 K 线图走势的背离。

得益于 PSY 指标的灵敏反映,我们发现了这种吸筹行为,此时当然要买入跟庄。

**【个股实战】**

以深赤湾 A(000022)2014 年 11 月 26 日至 2015 年 4 月 22 日走势图为例,如图 4-3 所示,当股价逐步向下达到低点 17.5 元时,PSY 却没有随着股价继续创出阶段性的新低,此时的 PSY 值反而高于前方的 PSY 值。PSY 与股价没有同步向下,且 PSY 与股价产生了底部背离,预示着股价将触底上涨。

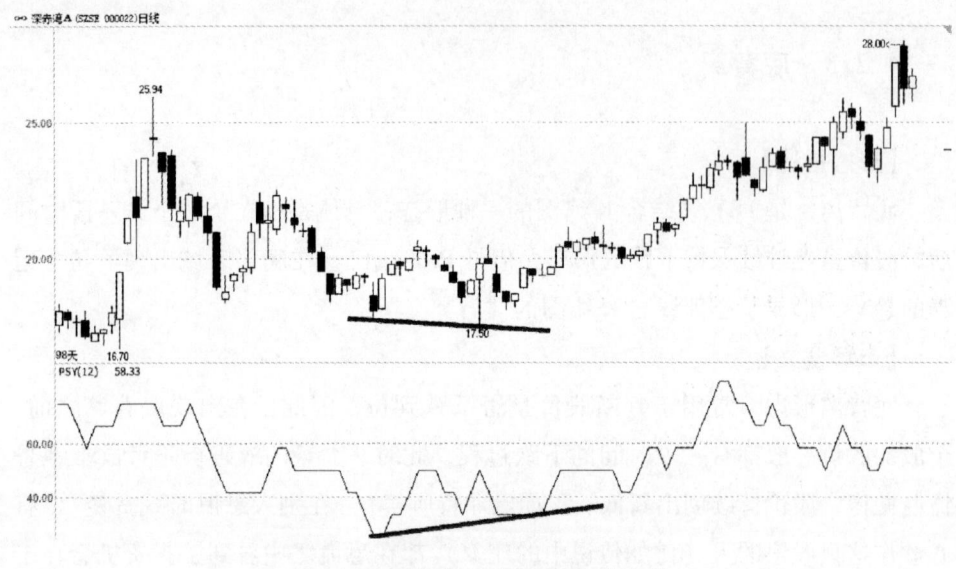

图4-3 深赤湾A（000022）底背离

### 4.2.4 "探戈舞步"

**【形态描述】**

"探戈舞步"，是指个股的PSY线在股价上涨过程中，出现了从高位快速向下滑落到50以下，但很快又反弹向上，回到50以上的位置，同时股价仅出现小幅的回调。借用探戈舞步"三步一回头"的特点，这一形态我们称之为"探戈舞步"。

**【市场含义】**

在个股的上涨过程中，经常出现回调，那么股民在面对这些回调过程时比较困惑：到底是庄家洗盘，还是庄家不再拉升、顺势出货呢？面对这种疑问，PSY线可以作为判断、回答的依据之一。

首先，随着股价上涨，PSY线必将较长时间位于50以上的位置，说明买方的力量在较长时间内处于强势。但是随着股价上涨，获利盘、跟风盘也将会大幅增加，庄家拉升股价的阻力越来越大，因此庄家很容易选择"洗盘"，震出一些获利盘，为后期拉升减轻压力。

其次，为了洗盘，庄家要做出一些下跌阴线，因此PSY线迅速下降到50以下,卖方的力量看上去增强了。但是实际上这些阴线不会太大,因为庄家会在较低价位上接盘,形成对股价的稳定支持。

再次,由于庄家的存在,股价虽然下跌,但会快速回到庄家的控制点附近,从 PSY 曲线上来看,就又回到了 50 以上。

在这个过程中,由于庄家要避免上升形态的破坏,因此股价一般不会出现大跌,连续下跌过后也会在某一点处形成支撑,这一特点也揭示了出现的"调整"仅是上涨过程的"探戈舞步",可以买入。

**【个股实战】**

以深圳能源(000027)2015 年 2 月 4 日至 5 月 26 日走势图为例,如图 4-4 所示,2015 年 5 月 6 日,该股在上涨一段时间后出现了下跌的阴线,此时 PSY 线从 50 以上快速下滑到 5 月 7 日的 41.67。

接下来就是 5 月 12 日,该股的 PSY 指标线又反弹回到 50 的水平,在这一过程中股价下跌幅度在 2.5 元左右,并随后形成了横盘支撑,所以 5 月初的这一波小幅下跌,实际上是庄家的一次洗盘行为,洗盘完成后,该股又继续上涨了 50% 有余。

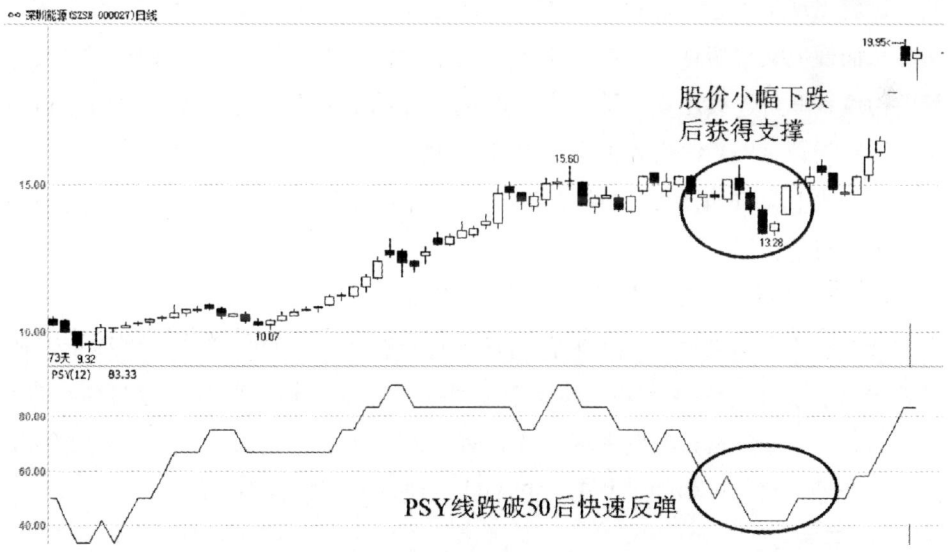

图 4-4 深圳能源(000027)"探戈舞步"

### 4.2.5　V形反转

**【形态描述】**

V形反转，是指个股的PSY线先快速向下，其值达到极低，接近于0的程度；在达到极低值后，PSY线迅速转头向上，快速拉升，突破50这一强弱平均值，实现由弱转强的快速转换。这一过程从PSY线的形态上来看，走出了一个漂亮的"V"形反转形态，是一种买入信号。

**【市场含义】**

PSY线V形反转信号分为两部分：左侧的下行，根据其意义，表示股价不断下跌，阴线连续出现，上涨天数日渐减少，市场人气受到较大影响，因此PSY线迅速向下，达到近期的最低值，极端情况下甚至接近于0。此时股价已下跌多时，卖方力量达到极致，俗语云"物极必反"，当卖方力量释放一空后，其实就孕育着新一轮上涨的机会。

在PSY线下行至底的过程中，庄家已经关注到机会的形成，开始介入吸筹。这就出现了V形反转的右侧部分。由于庄家的介入，卖出的筹码很容易成交，从而使成交价格逐步抬高，也就出现了股价上涨的情况。随着庄家加大吸筹的力度，股价连续出现上涨，在PSY的统计周期内上涨天数逐步增加直到超过了下跌天数，PSY线也就上穿了50这一均值。

PSY线上穿50值后，保持在50之上，印证了股价转强的态势，后期必有一轮上涨行情，因此可以介入。

需要注意的是，只有尖顶的"V"字形反转，才能证明个股实现了由弱转强的转换过程，如果PSY线在底部出现了较长时间的横盘，形成了实际上形如"U"形的走势，这一形态并不能完全说明强弱反转，还需要进一步观察确认。

另外，V形反转只有发生在下跌过程中时才可靠，也就是说，一定要触及底部，股价上涨过程中的"V形"PSY线一般不能判断为进入信号。

**【个股实战】**

以华联控股（000036）2015年2月4日至5月26日走势图为例，如图4-5所示，2015年5月4日，该股的PSY线从前期的一路下滑突然发力，转变为向上移动，走出了一个漂亮的"V"形反转形态，这一形态说明该股一路漫长的下跌走势终于走到了尽头，人们盼望已久的庄家开始进行拉升操作。这时投资者可以确定底部走势，积极进入该股，后期可获得较好的盈利。

图 4-5　华联控股（000036）V 形反转

## 4.2.6　"三阳开泰"

PSY 线源于统计方法，本质上受到 K 线形态的影响，因此短期内容易出现"骗线"的情况，为了提高判断的可靠性，此时宜结合成交量、K 线图、均线等技术指标，实施组合判断。

【形态描述】

"三阳开泰"，是指在个股的走势过程中，出现了 PSY 线向上移动、股价不断上涨，同时成交量也逐步放大的情况，PSY、K 线、成交量三项指标均走出了积极向上的形态，因此命名为"三阳开泰"，寓意个股的春天即将到来，后期行情看好，可积极买入。

【市场含义】

"三阳开泰"是以三种信号的同步向上来判断行情走好，从而提高了判断的准确性，是一种相对比较稳健、风险较小的判断方式。

首先，PSY线逐步向上移动，说明个股在近期的走势中，上涨的天数逐步增加，股价每日的收盘价是高于开盘价的，这将维护市场人气、增强投资者买入的信心。

其次，K线形态也逐步向上，进一步证明了随着PSY线的积极上行，股价是逐步上涨的，这说明庄家是处于吸筹阶段，后期还会继续拉升。

再次，成交量也出现了温和放大，也说明了庄家在积极地接收市场上的浮筹，为后续的控盘操作准备"弹药"，因此整体的炒作阶段上还处于相对早期阶段，适合投资者跟庄介入。

总体来看，"三阳开泰"是三种信号整体向上的叠加，其可靠性相当强，但由于形势已经整体明朗化，所以一般是在庄家开始快速拉升阶段出现，这一信号对于投资者而言，稳健有余但不够积极，适宜求稳的投资者采用。

【个股实战】

以中集集团（000039）2015年1月4日至5月26日走势图为例，如图4-6所示，3月12~19日，该股的PSY值从41.67逐步上升到75，呈现稳步上升

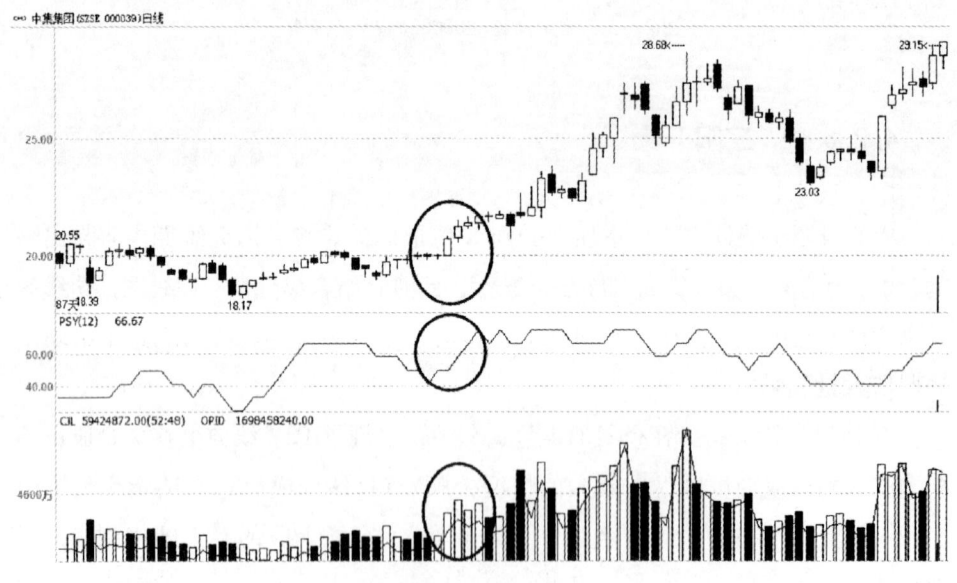

图4-6 中集集团（000039）"三阳开泰"

的形态。与此同时，成交量也在温和放大，换手率从1.3%左右提升到2.9%左右，并且从K线图上也可以看出，随着PSY线逐步上升，股价也随之上涨。也

就是说，在这一段时间内，该股的 PSY 线在量、价的配合下走出了良好的"三阳开泰"形态，三重良好形态进一步确认了该股走强的信号，稳健型投资者可以在此时进入。

### 4.2.7 "地涌金莲"

【形态描述】

"地涌金莲"，是指在个股下跌后期，随着 PSY 线从底部转为向上，股价出现了向下急跌的现象，同时成交量也急剧放大，借用形象化的描述，是在股价处于"地面"时涌出了金子般的买入机会。

【市场含义】

个股处于下跌过程之中时，一般在股价高位时，会发生 1~2 个交易日的放量成交情况，这是庄家在高位甩卖筹码的表现。随之股价一路下跌，PSY 线也绵绵向下，触及底部，在这一过程中，其实一般而言成交量是逐步萎缩的，因为庄家出货之后剩下的只是散户行情，而散户接盘的力度有限，因此成交量难以放大。

当股价跌到足够的程度时，在庄家眼中，新的机会已经出现，于是又悄悄进入，在底部开始吸筹，反映到 K 线上则出现了收盘价高于开盘价的阳线，PSY 线在底部企稳甚至于逐步开始转为向上。

随着庄家可吸纳的筹码减少，强力的庄家采用了另一种吸筹方法：利用对倒大幅打压股价，形成急跌的形态，令投资者认为股价还将大幅下跌，导致大量恐慌性抛盘出现，而庄家趁机在低价位时接下大量筹码，所以成交量出现了近期"天量"。

出现这种信号，一般来说，表示庄家已经接近完成吸筹操作。在恐慌性的市场之中其实蕴藏着很大的机会，胆大的投资者可以买入。

【个股实战】

以金融街（000402）2014 年 4 月 23 日至 2015 年 5 月 6 日走势图为例，如图 4-7 所示，该股的 PSY 线一路漫漫向下移动，一直到达极低值处。但是 2 月 9 日股价达到了阶段性低点，这是庄家在底部吸筹不成功的情况下，利用少量筹码打压股价，意在制造恐惧性气氛。果然，在长长的阴线巨压下，成交量迅速放大，这表示有大量的恐慌性抛盘出现，庄家借势大批吸纳，因此导致了成交量比前几日放大了好几倍。

图4-7 金融街（000402）"地涌金莲"

## 4.2.8 双升

【形态描述】

双升，是指在个股下跌后期，出现了PSY线向上反转，同时5日均线也呈现向上反转的形态，两条线的同步上升，名曰"双升"形态，这也是一种买入信号。

【市场含义】

双升形态，其实是一种个股由弱转强的启动信号。在前期较长时间的下跌过程中，PSY线不断向下，卖方能量逐步释放，直至下跌一段时间后已无力再向下打压。此时在外部环境配合下，庄家逐步开始吸筹，股价不再以阴线为主，而是逐渐出现阳线K线，受此影响，PSY线直观地反映了K线的变化，其开始逐步向上。

此时PSY线的走势，仅反映了单日K线的变化情况。因此，需结合5日均线来看，我们发现 5 日均线同步转为向上升，这说明不但从单日形态上来看个股走势已经扭转了前期的跌势，而且从股价绝对值上来看也改变了近一段时间以来的颓势，呈现出一种积极向上的拉抬形态，这意味着此时庄家已开始强力介入，对于中小投资者而言，这当然是绝好的跟庄买入机会。

出现双升信号，一般而言至少有一次短期行情。如果随后 10 日均线也从向下移动转为向上移动，那就意味着后期的行情还将进一步看好。

【个股实战】

以华意压缩（000404）2015 年 2 月 2 日至 5 月 11 日走势图为例，如图 4-8 所示，2 月 10 日，PSY 线经过了前期的下跌后，开始出现了抬头的现象，这说明个股不再是单纯的下跌形态，而是有一些小阳线出现了，但到底这些小阳线有没有形成有力的支持呢？此时我们看到，该股的 5 日均线在 PSY 线向上移动的同时也一改前期的颓势，成功向上扭转。

这两个上升的形态告诉我们，该股的春天已经到来了，因此投资者可以介入，且后续将有一段上涨行情。

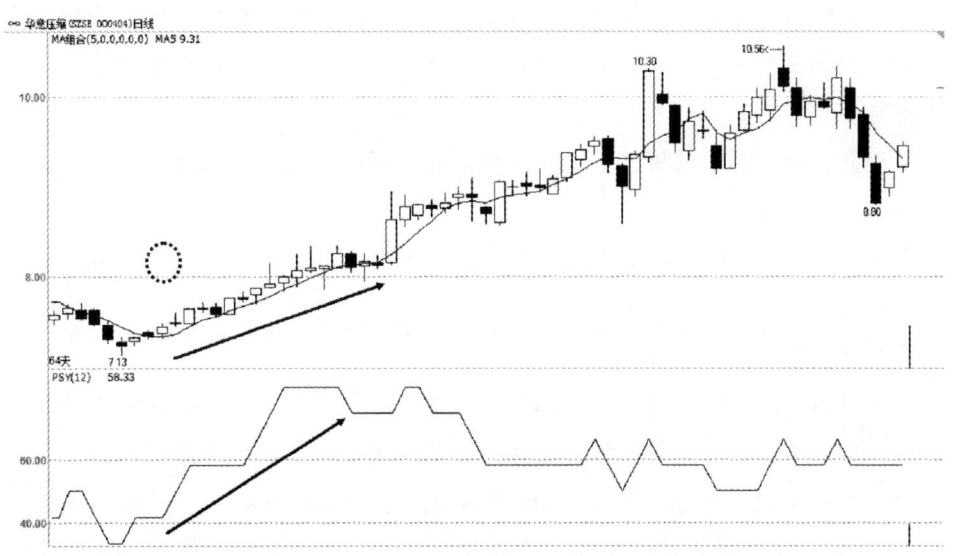

图 4-8　华意压缩（000404）双升

### 4.2.9 洗盘信号

**【形态描述】**

洗盘信号,是指在个股上涨过程中,随着股价走出阴线,出现了PSY线水平移动,而10日均线依然保持向上的形态。这种形态一般表示股价的阴线实际上是庄家的一种洗盘行为,是洗盘信号。

**【市场含义】**

洗盘是每一只股票在上涨过程中必然发生的一个阶段,是庄家与生俱来的需要。试想在庄家对股价费心费力的拉升过程中,而那些有心或无心在底部阶段进入跟庄的中小投资者并不需要承担太大的压力就很轻松地享受到了股价快速上涨的好处,这无疑会让庄家疯狂。同时大量的获利筹码也会抬高庄家的拉升成本,降低其控盘力度,因此庄家要尽可能地洗掉这些跟风获利盘。

在洗盘阶段,股价将毫无悬念地走出阴线,每日收盘价必定低于开盘价,连续几根阴线走出后,一部分投资者为了安全,或者判断行情结束,于是将手中的筹码卖出,这样一来庄家就达到了洗盘的目的,且后期将继续其辛苦的拉升操作。

因此,如果能够判断出庄家的洗盘信号,那么可以介入或者坚定持有,以获取更大的收益。

此形态就是一种判断洗盘的信号:股价走出几根K线阴线,PSY线形成了水平移动的形态。这说明K线的阴线与阳线交易日数量基本持平,也说明庄家的洗盘风格相对比较温和。

此时再关注10日均线,如果10日均线保持向上的趋势,这说明收盘价格比较坚挺。庄家一方面利用股价高开低走形成阴线形态,打击散户信心;另一方面悄悄接下散户卖出的筹码,10日均线的走势没有被破坏。因此,通过对PSY线与10日均线的结合判断,投资者可以确定庄家的洗盘情况,从而择机介入。

**【个股实战】**

以胜利股份(000407)2015年1月16日至5月12日走势图为例,如图4-9所示,2月5~17日,该股的PSY线一直处于水平横向移动的形态,这说明经过一段时间的上涨后该股股价出现了阴线形态,因此 PSY 线形成了水平状态。

但这时我们看一下 10 日均线,可以看到,虽然该股走出了连续的小阴线,但 10 日均线的走势并未受到任何影响,依然保持着向上稳定发展的情况。因此说明这些小阴线很大可能是庄家的洗盘之作,通过这些小小的下跌,洗出获利的浮筹,为下一步的拉高操作提供更好的条件。同时,在洗盘过程中,庄家也接下了不少中小投资者抛售的筹码,为股价的稳定提供了良好的基础,这也是 10 日均线毫不受影响的原因。

这时,投资者一般可以持股待涨,前期未进入的投资者也可以借机再进入。

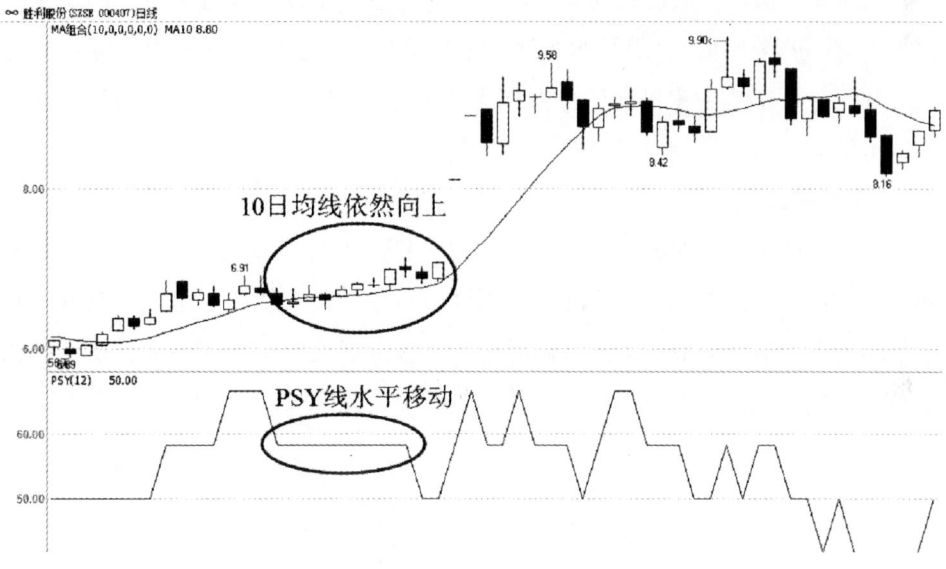

图 4-9　胜利股份（000407）洗盘信号

## 4.2.10　"双着地"

【形态描述】

"双着地"是一种底部形态,它是个股的 PSY 线与成交量组合而形成的一种形态,是指 PSY 线一路下行达到底部,并且从成交量指标组合来看,也同步达到近期一段时间以来的最低成交量("地量"),因此形象地称之为"双着地"。

**【市场含义】**

"双着地"是一种个股下跌达到底部的信号,此时由于股价每一天都走出阴线,PSY线一路向下,不断突破低值,看上去似乎个股已经完全失去了上涨的动能,不知道何时才是下跌的尽头。

与此同时,个股的成交量也逐步缩小,直至近期以来的最低量,这也说明个股的卖方力量完全释放。当这样一种"双着地"信号出现的时候,其实表示个股的下跌即将到头,真实的底部已经出现了,或者说底部就已经在不远处等着我们。

面对这一信号,激进的投资者应该予以关注。中国古代哲学思想的最高峰《易经》中曾经提到,"阴尽阳生",在"双着地"这样一个最"黑暗"的时刻,其实有眼光的庄家可能已经开始潜伏其中,因为卖方力量已经释放一空,所以这类个股的炒作会相当轻松。

**【个股实战】**

以山东地矿(000409)2014年12月23日至2015年5月26日走势图为例,如图4-10所示,该股在持续的横盘阴跌过程中,PSY线向下达到了较低的水平,基本上是当时的最低值。与此同时,该股的成交量也迅速萎缩,换手率仅

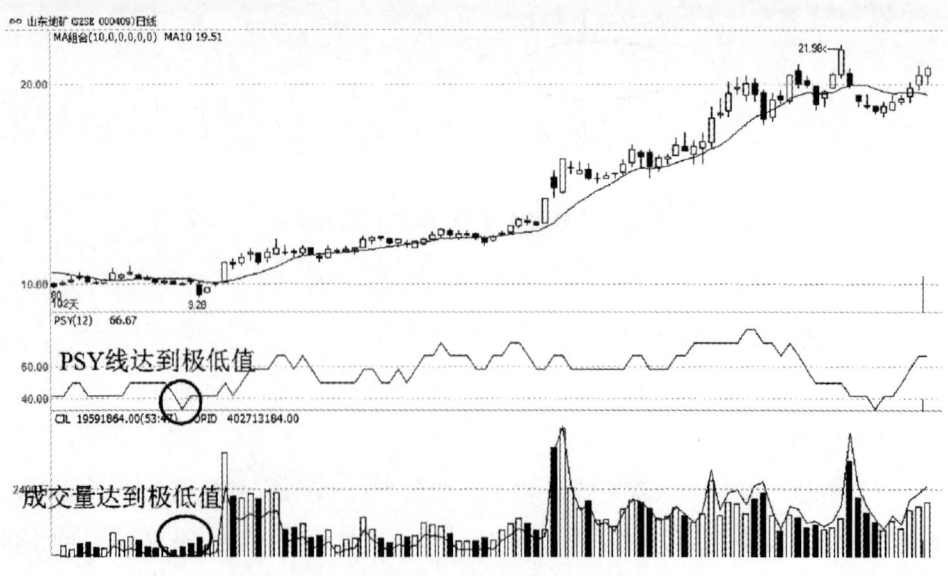

图4-10 山东地矿(000409)"双着地"

为0.51%，是那一段时间内的极低值。可以说，正是"黎明前的黑暗"时刻，形成了"双着地"这样一种特殊的形态。

通过"双着地"的形态，投资者可以判断出该股的底部是否已经出现，并借势进入，由于后期该股走出了一段快速上升行情，所以在"双着地"时介入可以有较好的盈利。

## 4.3 PSY指标卖出信号

PSY心理线与K线图的组合，除了可以反映出买入信号，也可以指示卖出信号。投资者买入股票后，总会期望股价一涨再涨，这是人之常情。但是，"在别人贪婪时我恐惧"这一点对于持股的投资者来说非常重要，持有股票后，应该根据PSY心理线等指标判断出合适的卖点，并战胜自己的贪婪心理及时卖出，才能避免无谓的损失。

PSY心理线释放的卖出信号，比较典型的有以下几种。

### 4.3.1 卖方占优

【形态描述】

卖方占优，是指一段时间内，个股的PSY线大部分位于50以下的区域内移动，偶尔有上升到50以上的情况，也会迅速滑落到50以下的区域中，很难持久。这是个股处于弱势行情的形态。

【市场含义】

根据PSY线的意义，如果一段时间内个股的PSY线始终在50以下，说明最近一段时间内下跌的交易日数量多于上涨的交易日数量，卖方占据了控制地位，对个股的股价下跌形成了强力推动。

并且还可以看到，即使偶然有上涨出现，让买方人气有所复苏、PSY线反弹触及50或达到50以上的区域，但马上又滑落回到50以下的弱势区域之内。这说明卖方的力量仍然强大，还未达到完全释放的状况，短期内个股将继续下跌。面对这种形态，宜卖出股票、避免过大的损失。

【个股实战】

以深天马A（000050）2014年8月18日至12月26日走势图为例，如图4-11所示，该股的PSY线从高位向下滑落，达到50的位置；4月25日，PSY线继续下滑，跌入50以下的区域，此后PSY线一直在50以下的区域内移动。通过观察PSY线，可以确认该股短期内止跌、反弹的可能性很小，因此早日卖出为佳。

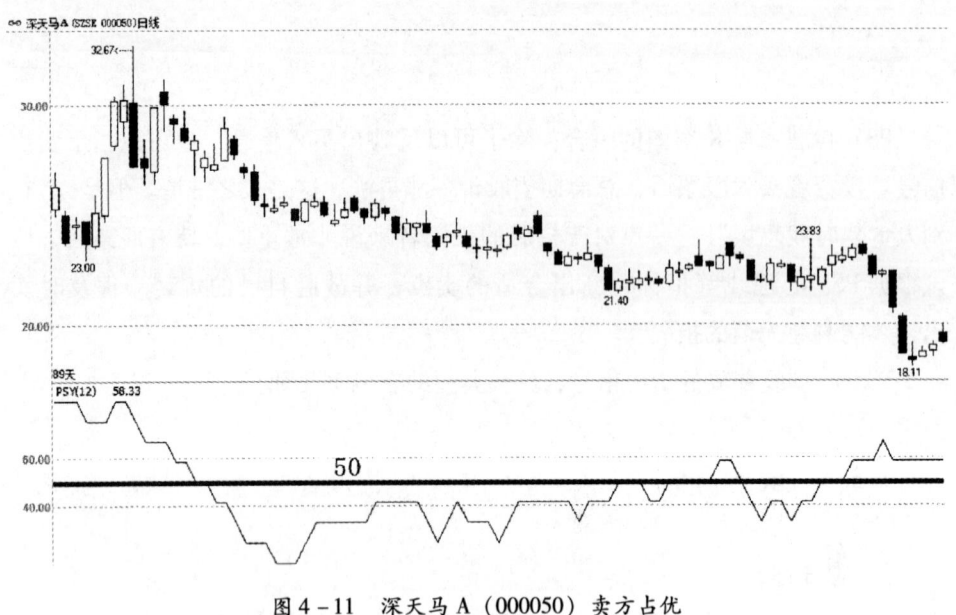

图4-11 深天马A（000050）卖方占优

### 4.3.2 M头形态

【形态描述】

M头形态，是指个股的PSY线在一段时间内走出了形如英文字母"M"的形态：PSY 线由低位向高位移动，达到第一个顶点后下滑，不久再次上攻，然而在触及高点后再次下滑，并一路向下。

【市场含义】

M 头形态一般出现在个股上涨一段时间以后，当 M 头形态出现后，表示个股短期内上涨之势已尽，买方对股份的控制力达到了顶峰，正处在由盛转衰的关口，庄家也正在加大出货的力度。

首先，PSY 线延续了前期上涨过程的买方强势形态，向上移动到高位，达到峰值后由于庄家开始出货，股价出现下跌，买方开始出现分歧心理：中小投资者希望价格继续上涨，而庄家已达到目的准备撤退。因此 PSY 线向下滑落。

其次，庄家为了延长出货的时间，会把股价稳定在高位，面对下跌的 K 线会用买盘拉回高位，从买方心理上来看，又出现了短暂的一致，因此 PSY 线会再次上行到高位峰值，股价也会回补或者略有上升。

再次，达到了维持出货价格空间目的的庄家摇身转变为卖方，开始大量抛盘，最终股价下跌，卖方开始成为控制力量。后期股价必将继续向下寻底，因此投资者应卖出股票避免损失。

【个股实战】

以徐工机械（000425）2015 年 4 月 13 日至 5 月 26 日走势图为例，如图 4 -12 所示，4 月 22 日，该股的 PSY 线向上移动，达到 83.33 后，于 4 月 24 日

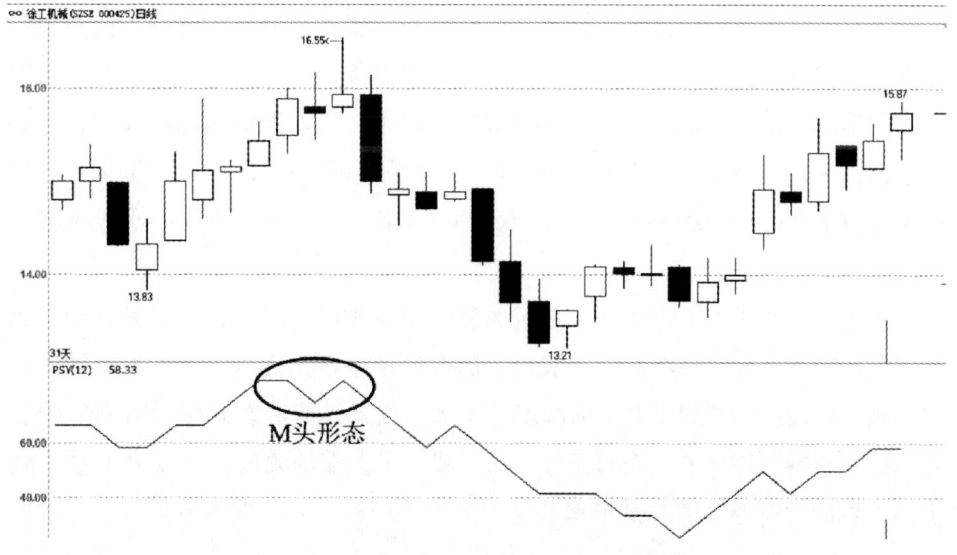

图 4-12　徐工机械（000425）M 头形态

向下滑落，说明买方出现了分歧心理；4月27日，该股被庄家拉动，走出了一根带长长上影线的小阳线，PSY线也再次反弹到83.33，正如前面所分析，这一次的上攻只是庄家的虚晃一招，庄家的本意还是为了掩护出货。

果然，4月28日，该股的PSY线再次向下，说明庄家已经在向卖方转移了。随后，该股的PSY线继续延续"M"形走势，说明买卖双方正在此消彼长，庄家打打逃逃，但是最终PSY线向下不再回头，股价也逐步下探。所以当PSY线在高位出现M形态时，头部走势就可以确立了。

### 4.3.3 "有心无力"

**【形态描述】**

"有心无力"，是指在个股的PSY线走势形态中，"心气"很高，期望很大，PSY线以陡峭的走势向上劲升，但是实际效果却并不好，股价并没有出现很高的涨幅，上涨力量不足，呈现出"有心无力"的状态。

**【市场含义】**

前面说过，PSY线反映了股票投资者的买卖心理。当PSY线在较短时间内快速向上移动时，从曲线形态上看上行的走势非常"陡峭"，即斜率很大。若只看PSY线，会认为买方的力量正在快速释放，或者股票处于庄家拉升走势之中。

但是，实际股票价格的走势却没有产生PSY线那样剧烈的升幅，而是缓慢上涨、涨幅有限。这种情况最容易发生在庄家出货期间，庄家出货时会导致股价快速下跌，因此一旦出货不及时就被庄家套了。为了避免这样的现象，当股价下跌到一定的价位时，庄家需要护盘，因此用少量的筹码进行对倒操作，使股价形成上涨的小阳线形成已经跌到底部的表象，这样可以吸引中小投资者进入抄底。

显然，此时庄家不可能投入大量的资金拉高股价，因为其本意只是为了延长出货的时间，并不是继续拉升股价，因此股价虽然出现了上涨、K线图上虽然出现了阳线，但总的来看上涨幅度并不大，仅是维持形态而已。而PSY线受计算公式影响，统计了上涨的天数，却反映不了上涨的幅度，所以PSY线大幅上扬，形成"有心无力"的形态。

面对这种情况,当然应该卖出股票。

【个股实战】

以浦发银行(600000)2015年4月24日至5月5日小时线走势图为例,如图4-13所示,该股的PSY线从25开始起步向上移动上升到58.33,PSY线上升了1倍多,上升的形态相当强劲。

反观这一段时间的K线图,股价一直在16.8~17.39元之间的狭小空间内横盘整理,并没有走出大幅上涨的行情。这一期间的PSY线和K线图联合走势,说明该股上涨"有心无力",后市还会继续下跌。

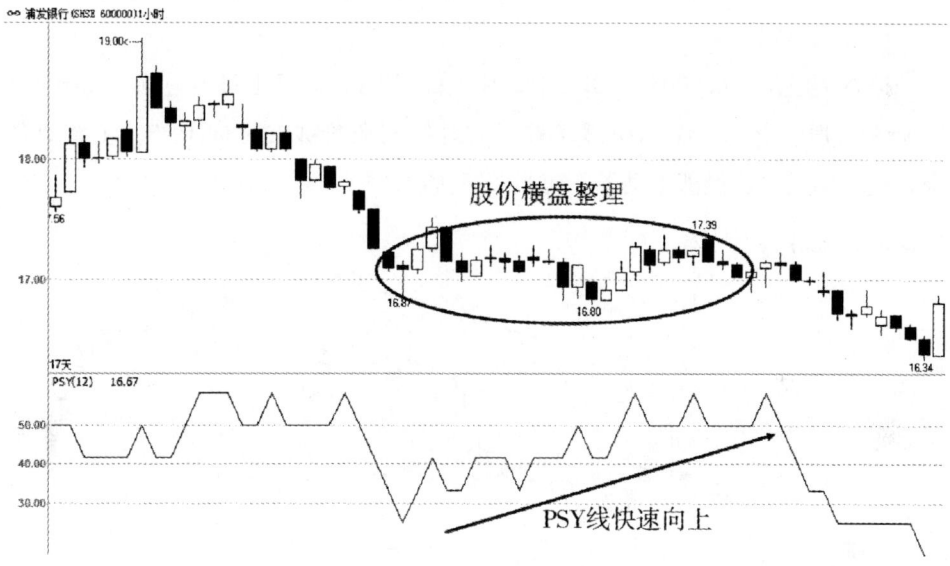

图4-13 浦发银行(600000)"有心无力"

## 4.3.4 顶背离

【形态描述】

顶背离,是指当个股的PSY线处于高位时,与K线图出现了不一样的走势,股价呈现出上涨的走势,但是PSY线却走出向下跌落的形态。这种情况就叫作顶背离。

【市场含义】

顶背离一般发生于个股上涨到一定程度后,此时个股已经积累了较大的涨幅,上涨出现了减缓现象。此时,单凭股价 K 线已经不能确定后市走向了,需要借助 PSY 线来判断后期股价向何处去。

在顶背离形态中,股价一般呈现微涨或横向盘整的形态,PSY 线出现从高位向下滑落的走势。根据 PSY 线的意义,它反映了市场中买方的力量和做多的意愿。现在股价虽然没有跌,但 PSY 线却领先向下走,给人的感觉是涨不动了,说明买方已经无心恋战,正在寻找脱身之机会。在这种情况下,买卖转换即将发生,下一步股价不太可能上涨,只能迎来下跌的走势。

【个股实战】

以首创股份(600008)2015 年 2 月 2 日至 5 月 12 日走势图为例,如图 4 - 14 所示,股价上升,而 PSY 线下跌,心理线与股价线在方向上产生了背离现象,这说明股价已经涨不动了,应当及时卖出。

图 4 - 14　首创股份(600008)顶背离

### 4.3.5 "选择方向"

**【形态描述】**

"选择方向",是指个股的股价出现了横盘整理,与此同时 PSY 指标也在几个交易日内出现了相同的数值,从而使 PSY 曲线的形态也出现了横向直线。两个横向发展,表示股价走势正在选择方向,如果出现在高位,很大可能后期会向下走。

**【市场含义】**

"选择方向"一般会出现在个股经过了一段时间上涨或下跌之后,表示后市将会做出选择。

从 PSY 指标上来讲,连续几天 PSY 出现了相同的数值,说明个股的股价走势基本上是"涨一天、跌一天",这样才能使 PSY 的数值保持在前期的数值不变。当这种横向直线的 PSY 走势线出现在高位时,说明股价经过一段时间上涨后,达到了一种动态的平衡:比前期价位多上涨一点,获利盘卖出增加,把股价打压下来;而比前期股价下跌一点后,又有买方的力量把股价拉高回补。

当股价处在这样一种"平衡"状态时,实际上是一种弱的平衡,因为 PSY 线已经揭示了买方的力量发挥到了极致,中国哲学认为,"月满则亏,水满则溢",因此,买方这种力量难以持续,后期将会转弱,股价会出现下跌。所以当 PSY 线在高位出现"选择方向"之势时,以卖出为佳。

**【个股实战】**

以深纺织 A(000045)2014 年 9 月 26 日至 2015 年 1 月 12 日走势图为例,如图 4-15 所示,在标识的位置该股的 PSY 指标在 75 的位置上保持数值不变,PSY 线走出了横向直线的形态,同时该股的股价也保持着横向盘整的状态,K 线图涨跌各半,是一种典型的"选择方向"的形态。

正如上文分析过的,这种脆弱的平衡不会持续,该股的 PSY 线转为下滑,股价也开始一路下跌。

图4-15 深纺织A（000045）选择方向

### 4.3.6 PSY线与均线同步向下

【形态描述】

心理线与均线同步向下，是由于PSY线易出现被庄家人为操纵，因此在PSY线的判断过程中与均线结合起来，是提高准确性的一种信号，它是指个股的PSY线逐步向下移动，下行到50以下，在这一过程中5日均线、10日均线也同步向下行走。

【市场含义】

PSY线一路向下，说明了在近期的个股股价走势中，阴线数量日渐增多，阳线数量逐步减少，买方势力减弱，卖方力量正在加强。随着这一走势的延续，个股的人气会受到很大影响。

但是这是一般的情况，还有一种情况是庄家有时为了洗盘而有意操作，每一天的开盘价高于前一日的开盘价，收盘价也高于前一日的收盘价，这样的话当日K线虽然为阴线，而实际上股价处于小步上扬过程之中，如果单凭PSY线操作易出现误判。

但是，如果随着PSY线的走弱，5日均线与10日均线同步向下，这说明每一天K线的收盘价正在逐渐低于前期的收盘价。这种情况，排除了庄家为了洗盘而做出的高开低走阴线表象，实实在在地证明了个股的PSY线向下，不是洗盘而是股价全面走弱的迹象，投资者应该卖出。

**【个股实战】**

以平安银行（000001）2015年3月31日至5月21日走势图为例，如图4－16所示，该股的PSY线从一路向上转为调头向下，说明在该股的走势中开始有了"阴盛阳衰"的情况。在这种情况下需要判断股价的趋势是否被扭转，因此需进一步通过5日、10日均线来判断。

从图中可以看出，当该股的PSY线转为向下时，其5日、10日均线也改变了移动方向，5日均线先行向下，10日均线出现了横盘之势。随后的几个交易日，虽然股价略有回升，但是PSY线向下的大趋势并没有变化，而且最终10日均线也同步向下，说明该股的下跌之势已经确定，投资者应该及时卖出，落袋为安。

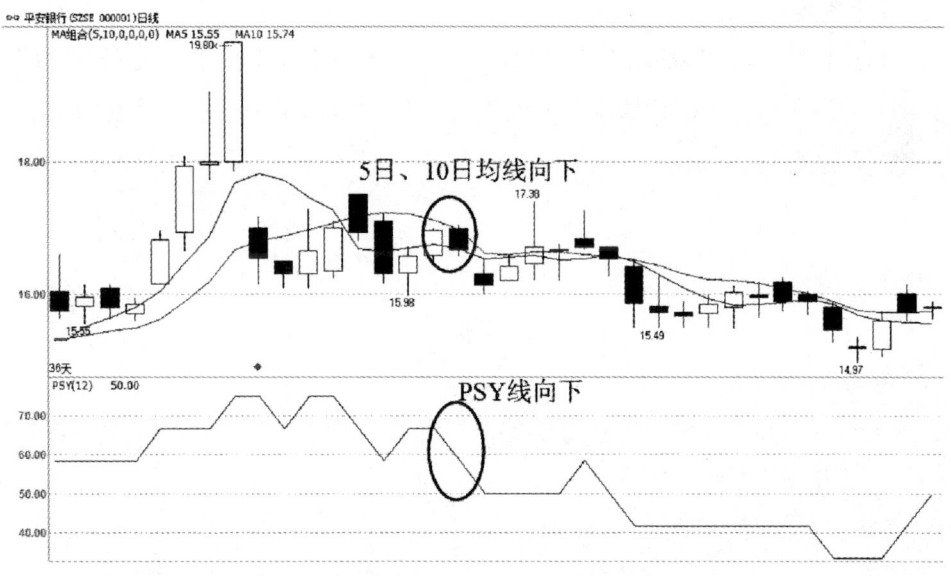

图4－16　平安银行（000001）PSY线与均线同步向下

### 4.3.7 "不再犹豫"

**【形态描述】**

"不再犹豫",是个股 PSY 线与均线走势相结合的一种形态,是指 PSY 线处于横向移动期间,个股的 5 日、10 日均线先后开始向下移动。

**【市场含义】**

"不再犹豫"形态,其实是一种头部出现的信号。当个股的 PSY 线走出横向移动的形态时,说明这一段时间内总的来说,个股的日 K 线阴线与阳线的数量相等。从这一点来看,似乎说明个股还处于一种盘整选择阶段。

但是就在 PSY "盘整"期间,5 日、10 日均线的走势与之出现了不一样的走势,开始向下移动,这说明在近一段时间内的涨跌互现、混乱的股价走势之中,掩盖着这样一个真相:股价正在逐步走弱!因此,理性的投资者应该下定决心,不再犹豫,从 PSY 线的盘整态势之中清醒过来,卖出股票。

**【个股实战】**

以中信证券(600030)2014 年 10 月 31 日至 2015 年 1 月 27 日走势图为例,如图 4-17 所示,在标识的位置,该股的 PSY 线走出了一段水平移动的形态,

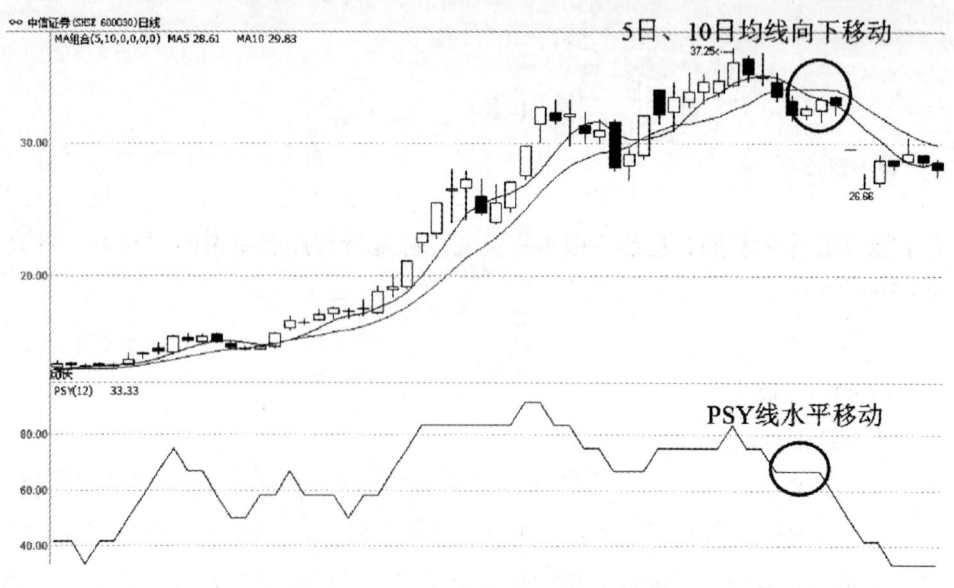

图 4-17 中信证券(600030)"不再犹豫"

由于前期该股主要以阳线为主，但是当我们再结合 5 日、10 日均线来看的时候，可以发现随着这些小阴线的出现，该股的 5 日和 10 日均线的形态已经发生了根本性的变化，从向上发展转为了向下移动，这说明这些小阴线的出现打破了股价的走势，是一种头部出现的信号，而不是庄家短时间内的洗盘操作。

确定了这一形态后，投资者应该尽快卖出该股。

### 4.3.8 "穿透迷城"

【形态描述】

"穿透迷城"，也是一种由 PSY 线与 10 日均线组合而成的形态，它是指个股的 PSY 线逐步向上移动，在同一时段内其 10 日均线却依然保持向下行走的走势。

【市场含义】

"穿透迷城"，意思是要识破表象、发现和判断出实际的情况，因此这一信号具有理性的光芒，它经常出现在个股经过一段时间下跌后回稳的过程中，可以帮助投资者识别陷阱。

当个股的 PSY 线逐步向上移动时，说明了在近期的股价走势中，表示当日上涨的阳线数量开始增多，K 线图上红色闪现，绿色减少，看上去似乎前面的下跌只是洗盘而已，庄家又将实施新一轮的涨价操作，此时如果投资者不够谨慎，就很容易受到诱惑买入该股。

但是，此时如果 10 日均线仍然保持向下行走，并且未随着 PSY 线一起向上移动，这说明近期的 K 线阳线，并没有改变收盘价逐步下降的局面。这一点无疑击穿了庄家的软肋，也能让中小投资者冷静地看到此次所谓的"拉升"的真正目的。

因此，通过 PSY 线与 10 日均线的这一组合信号，我们的确可以穿透迷城，回到正确的道路上来。

【个股实战】

以皖能电力（000543）2014 年 8 月 29 日至 2015 年 2 月 10 日走势图为例，如图 4-18 所示，在标识处该股的 PSY 线处于向上移动的形态，这说明近期以来，该股的上涨交易日数量有所增加，超过了下跌的交易日数量，因此看上去人气增长、PSY 线逐步提高。

但是在这个过程中,当我们进一步结合 10 日均线来判断时,可以发现一个不利的情况:该股的 10 日均线并没有随着 PSY 线的移动而向上发展,实际上是 10 日均线继续向下移动,显示出近期的阳线是一种虚假的阳线,并没有改变收盘价不断向下的总体趋势。因此可以说这些阳线是庄家抛出的"烟幕弹",是为了掩护自己出货而故布的"迷阵"。

因此,当这种形态出现后,投资者应该根据 PSY 线与 10 日均线结合的走势,冷静地识破庄家正在施放的迷雾,坚决卖出股票。

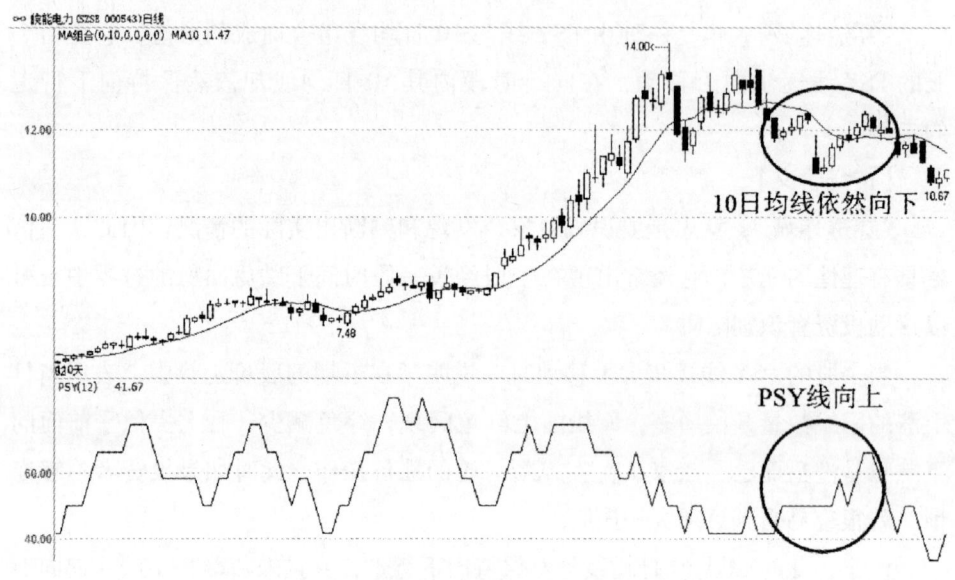

图 4-18　皖能电力 (000543) "穿透迷城"

### 4.3.9　涨势将尽

【形态描述】

涨势将尽,是个股在上涨过程中的一种形态,它是指经过一段时间上涨后,个股的 PSY 线从上涨逐步转为横盘,同一区间内个股的 10 日均线也一直保持横盘的走势,这一形态就是涨势将尽。

【市场含义】

在个股上涨的过程中,投资者都十分关心何时涨到头,都希望先于庄家出货,因此涨势将尽这一信号可以应用于这个目的。

在上涨了一段时间后,个股的股价达到了一定的高度。接下来,个股依然保持着阳线的数量大于阴线的数量这一状况,因此 PSY 线会继续向上延伸。

此时若单独根据 PSY 线,可以认为该股还有上升空间,但是由于已经积累了一定的涨幅,投资者需要增强风险意识,应结合 10 日均线的走势,以复合判断来确定未来走势。

此时,如果 10 日均线不再上升,而是走成了横向移动的形态,这说明在近期走势中,即使该股的每日 K 线收盘价高于当天开盘价,但连续来看个股的收盘价并没有大幅上升,依然在前期的某个价位附近波动。这就说明,个股处于上涨乏力的情形之中。

一般情况下,此时 PSY 线也会逐渐转为横向盘整,这将更进一步确定其是个股头部,投资者需及时卖出为宜。

【个股实战】

以 *ST 国创(600145)为例,如图 4-19 所示,该股的 PSY 线保持向上,但同期其 10 日均线并没有向上移动,而是保持水平移动。因此这几天的走势,

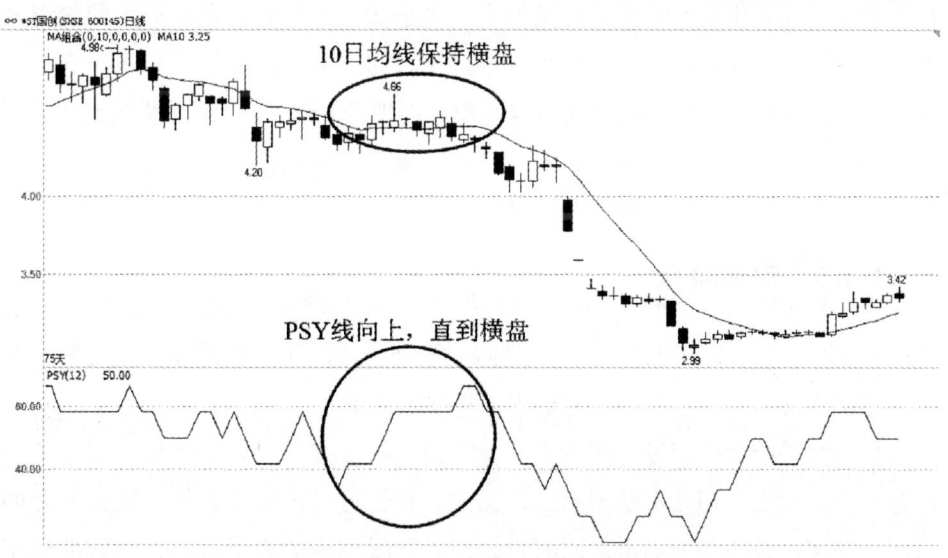

图 4-19 *ST 国创(600145)涨势将尽

其实是一个典型的涨势将尽形态。

随着该股的上涨能量释放殆尽,最终 PSY 线也转为了水平移动,进一步明确了该股上涨之势已到了尽头,投资者应该离场。

### 4.3.10 "曲高和寡"

【形态描述】

"曲高和寡",是一种由 PSY 线、K 线和成交量综合判断的形态,是指个股的 PSY 线向上移动,同时 K 线也同步向上移动,但同期成交量却逐步萎缩。

【市场含义】

"曲高和寡",意思是唱歌的人唱得很高,但是跟随的人很少,在这里借指个股的股价不断向上,但是由于庄家的出货,导致成交量不断减少,看上去就像是跟进的人越来越少一样。

这一信号一般出现在个股上涨了一段时间之后,股价继续保持阳线越来越多的情况,因此 PSY 线保持向上移动。在阳线上升的过程中,开盘价、收盘价也保持抬升过程,总的来看,上涨的能量还在发挥着作用。

此时可以综合成交量的走势,做出更加准确的判断,如果随着 PSY 线上行,成交量一天比一天缩小,这反映了一个事实:一方面,有意买入的投资者不断减少;另一方面庄家也不再吸收筹码了,同时持股待涨的人越来越多,股价的上升仅需庄家少量的操作就可以实现,出现了 PSY 与 K 线不断向上而成交量快速萎缩的情况。因此总体来看,"曲高和寡"形态出现后,说明庄家已经有出货的意图了,机警的投资者可以提前卖出。

【个股实战】

以中集集团(000039)2014 年 10 月 17 日至 2015 年 2 月 16 日走势图为例,如图 4-20 所示,该股的 PSY 线一路向上移动,这说明该股的股价处于阳线数量大于阴线的情况,且似乎还是处于强势状态之中。

但是如果结合成交量,从图中可以看到,就在这一段 PSY 线保持强劲上升的过程中,成交量却是不断萎缩的,据此,我们可以认为是股价上涨到一定的时间,庄家拉升的动力不足,同时也缺乏其他投资者的大量参与,因此股价不能被广泛认同,上升动能不足,后续很可能将迎来庄家的出货。

这也是"曲高和寡"的形态，是卖出信号，应及时卖出该股。

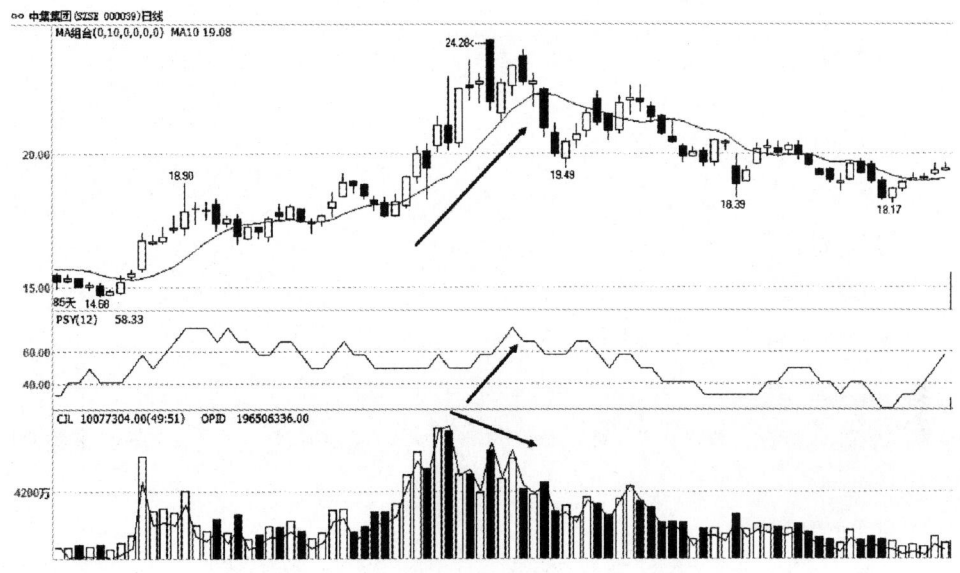

图 4-20 中集集团（000039）"曲高和寡"

# 第 5 章 MACD 指标买卖点详解

前面我们已经提到过 K 线图、均线、成交量等技术指标,这些指标有一个特点,可以直接从市场上看到或经过简单的计算得到,可以归类为直接技术指标。但是还有一些技术指标,采用了更加复杂的数学或统计方法,属于间接的、衍生性的技术指标。从本章开始我们将介绍这些指标,首先介绍 MACD 指标。

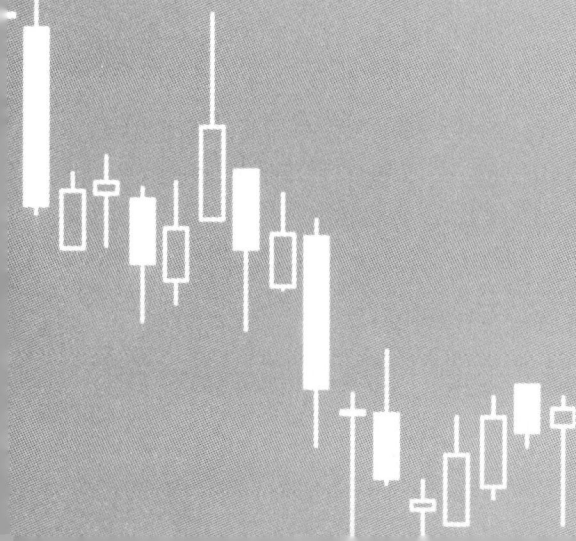

## 5.1 新股民学 MACD 指标

**【历史】**

MACD（Moving Average Convergence and Divergence）是由美国著名投资专家杰拉德·阿佩尔（Gerald Appel）于 1979 年首创发明的一项股票市场技术分析工具。杰拉德·阿佩尔是阿佩尔资产管理公司及 Signalert 投资咨询公司的 CEO，后者管理着 5 亿美元的客户资产。杰拉德因在技术分析和选时交易方面的造诣而闻名全球，他创造了指数平滑移动平均线（MACD），被公认为"MACD 之父"。

**【原理】**

MACD 指标，通过计算短期（常用 12 日）移动平均线与长期（常用 26 日）移动平均线之间的聚合与分离状况（即差值），对股票买进、卖出时机做出研判，在炒股软件上可以看到，MACD 常见的形式是一条绕着零线上下不断波动的曲线。

MACD 指标在计算过程中，采用短期的移动平均线减去长期的移动平均线，如果出现正值，说明短期股价平均值高于长期股价平均值，个股处于积极的走势之中；反之，当短期移动平均线减去长期的移动平均线出现负值，说明短期股价走势低于长期股价，个股处于弱势。

用一个物理学的名词来理解，MACD 指标相当于是股价走势的"加速度"，一旦其方向（向上或向下）确立后，股价将加快向该方向发展。

**【种类】**

构成 MACD 指标的有 DIFF 线、DEA 线以及柱状线三类。

其中，DIFF 线，是指由于 12 日股价移动平均线移动快速，26 日股价移动平均线则运动得较慢，两条移动平均线会形成一定的差值，这一差值就用 DIFF 线来表示。其计算过程如下：

12 日平滑系数（S12）= 2 ÷ （12 + 1）= 0.1538

26 日平滑系数（L26）= 2 ÷ （26 + 1）= 0.0741

12 日指数平均值（12 日 EMA）= 0.1538 × 当日收盘价 + 11 ÷ （12 + 1）× 昨日的 12 日 EMA

26 日指数平均值（26 日 EMA）= 0.0741 × 当日收盘价 + 25 ÷ （26 + 1）× 昨日的 26 日 EMA

差离率（DIFF）= 12 日 EMA – 26 日 EMA

其中，EMA（Exponential Moving Average）即指数移动平均数指标，是 EXPMA 指标的简称，是以指数式递减加权方法对数据进行的移动平均处理，即各数值的加权是随时间前移而指数式递减，越近期的数据权重越大。

DEA 线，是指 9 日 DIFF 的指数移动平均线，用作信号线。计算公式如下：

九日 DIFF 平滑移动平均值（DEA）= 当日的 DIFF × 0.2 + 昨日的 DEA × 0.8

分析软件上还有一个指标叫柱状线（BAR），计算公式如下：

BAR = 2 × （DIFF – DEA）

柱状图是指标的指标，是由 DIFF 和 DEA 推算出来的。MACD 指标是由股价走势推算出来，而柱状图又是由 MACD 的两项指标（DIFF 和 DEA）推算出来的，因此 MACD 柱状图与股价走势相比减少了短期波动的影响，趋势性增强的同时也变得迟钝。

**【实践应用】**

MACD 指标虽然是由股价推演而来的，但由于设置了权重并进行了指数移动平均，过滤了短期的股价波动，趋势特性比较明显，因此相比 K 线图指标而言，MACD 在中短期趋势研判方面的作用更明显，可用于判断股票的买入和卖出机会。

## 5.2 MACD 指标买入信号

MACD 指标通过多样化的数理统计方式，把股票价格蕴含的趋势信息以图形化的形式表达出来，投资者通过关注 MACD 指标的走势形态，可以对股票价格的趋势做出判断，进而指导自己的操作，减少跟风操作的盲目性。在实践当中，MACD 指标形成的典型买入形态有以下几类：

### 5.2.1 底部金叉后扩散

【形态描述】

金叉，又见金叉！作为技术指标分析的常见术语，"金叉"可用于多项技术指标的走势之中，它形象、生动地说明了个股欣欣向荣的未来。

MACD 底部金叉，是指 MACD 指标的两根曲线 DIFF 线和 DEA 线都已向下发展到离零线相当远的低位，而且 DIFF 线处在 DEA 线之下，在这种情况下，DIFF 线突然扭转方向，转头向上然后上穿 DEA 线并形成了金叉，同时 DIFF 和 DEA 线之间的距离也逐渐拉开，出现扩散形状。

【市场含义】

DIFF 线表示 12 日股价移动平均线减去 26 日股价移动平均线的差值，当 DIFF 线处于负数时，说明个股近期的股价持续下跌，已跌落到前期股价之下；DEA 线是表示 9 日 DIFF 的指数移动平均线，位于负数区时也说明前 9 日股价处于下跌的过程。当 DIFF 一路下行到 DEA 线之下时，说明推动股价下跌的能量已充分释放。

当 DIFF 向上金叉 DEA 时，说明股价已经出现了趋势性的扭转，只有出现止跌反弹，DIFF 线才能向零线靠近。接着 DIFF 快速向上，意味着股价已经开始加速向上，DEA 反映出来的 DIFF 指数平均值的也还来不及跟上这样的变化，于是出现了两根线逐步扩散的形态。

因此，如果出现 MACD 金叉并扩散的形态，一般是个股底部明确、开始回升的信号，可以买入。

**【个股实战】**

以中集集团（000039）2014 年 10 月 21 日至 12 月 29 日走势图为例，如图 5-1 所示，DIFF 线扭转并向上金叉 DEA 线，此时股价已出现了若干根小阳线，可以确立底部了。后期 DIFF 与 DEA 逐步拉开，说明股价已开始加速向上，此时买入还可追上一段行情。

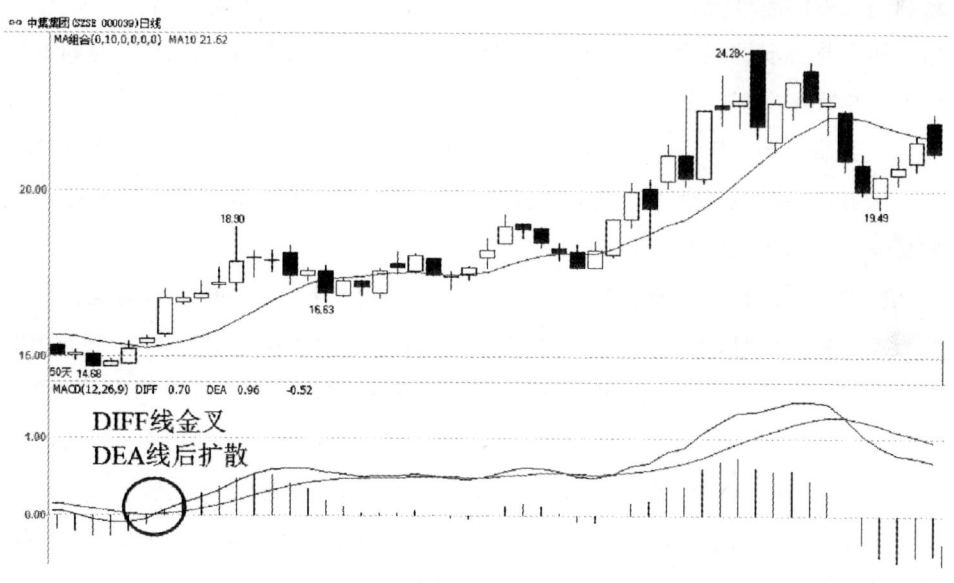

图 5-1　中集集团（000039）MACD 底部金叉

## 5.2.2　"升红旗"

**【形态描述】**

MACD 指标中，除了 DIFF 线和 DEA 线以外，还有很显眼的红绿色柱状图，即 BAR 线。"升红旗"形态，是指个股的 MACD 中 BAR 指标，绿色的柱状形状逐步缩小直至消亡，红色柱状图逐步由小变大，就像升起了一面鲜艳的红旗。这是一个买入信号。

【市场含义】

前文提到，BAR 柱状图是表示 DIFF 线和 DEA 线的差值。为了方便查看这一差值，人们把它用红绿色柱状图表示在 MACD 指标上，方便技术分析者们使用。一般炒股软件中会设置一根零标线，当 BAR 值为负时，既用绿色表示，也用零标线下方的柱状线表示。同理，当 BAR 值为正时，采用红色、零标线上的柱状线表示。

当 MACD 柱状图上，绿线逐步收缩至消失，然后出现红色柱状线"萌芽"时，说明 DIFF 与 DEA 线的负向差距逐渐减小至两者相等，然后出现正向差距，最后正向差距越来越大。

进一步推演到股价上，绿柱线逐步收缩，说明个股股价已突破了前期下跌形态，出现了上涨的阳线，因此 DIFF 增大，与 DEA 的差值缩小。接着，股价开始大跨步上扬，DIFF 快速向上，与 DEA 的差值当然也变为正值并不断增大。

因此，一旦绿柱消失、红柱如红旗般冉冉升起，这就是股价已经开始走强的标志，可以买入股票。

需要注意的是，"升红旗"的形态，一定与 5.2.1 中所讲的底部金叉形态同步发生，这是由柱状图的定义所决定的，即当柱状图由绿转红（由负变正）时，一定有一点经过零点，即其值为 0；而根据 BAR = 2（DIFF – DEA）的公式，只有两条线相等（即交叉）时才会有 BAR 为零，所以"升红旗"的起点处必然发生 DIFF 线和 DEA 线的交叉。另外，并不是所有的"升红旗"都会有大的行情产生，只有当红色 BAR 线的长度较长、排列整齐时，"升红旗"才意味着将有幅度较大的上升行情。

【个股实战】

以招商地产（000024）2014 年 12 月 31 日至 2015 年 4 月 2 日走势图为例，如图 6 – 2 所示，绿柱在震荡过程中越来越短，这期间股价震荡结束。直至 MACD 红柱出现，说明股价已经开始大幅拉升，正式进入强势行情，此时我们买入该股便可以平稳地获得上升行情。

# 第❺章 MACD指标买卖点详解

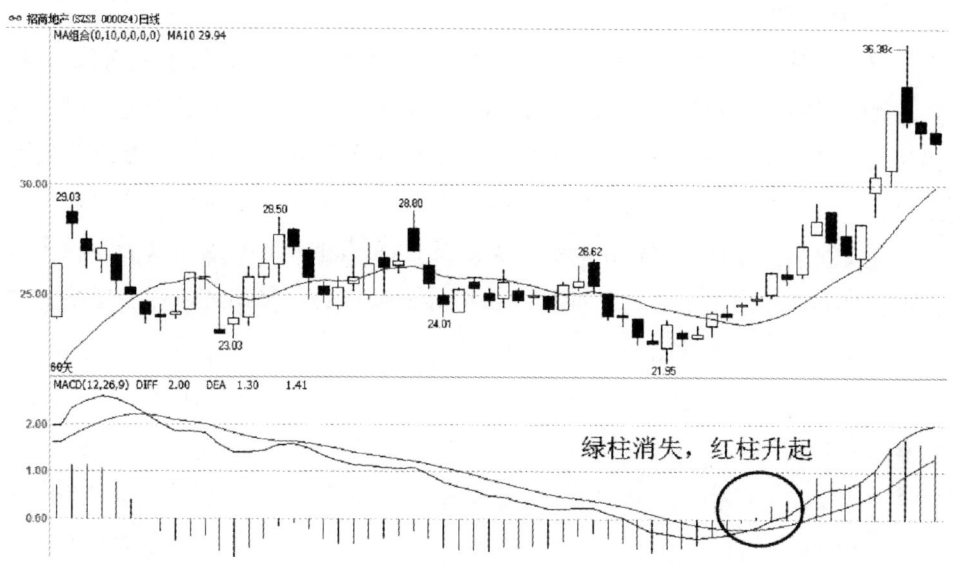

图 5-2 招商地产（000024）MACD"升红旗"

## 5.2.3 高位小幅死叉后收敛

【形态描述】

死叉通常是个股形态走坏的信号，一般出现死叉时人们会想到卖出。但是在 MACD 指标中，如果出现 DIFF 线在高位小幅下穿 DEA 线的死叉形态，然后 DIFF 线与 DEA 线交叉纠缠到一起，这时候是庄家的诱空之举，后市还有一波上涨行情，可以买入。

【市场含义】

DIFF 线在高位小幅死叉 DEA 线，说明此时股价出现了震荡整理的态势，近几日出现了下跌，导致 DIFF 线向下行走。但随后的二线纠缠、收敛，说明所出现的下跌、阴线其实幅度相当有限，并没有从根本上改变个股的走势方向，多数情况下是庄家采取的小幅回调洗盘操作，此时庄家会很小心地控制股价，尽量不破坏形态。

经过洗盘后，庄家拉升的阻力减少，一般而言个股还会有一段上涨行情，因此出现高位小幅死叉后收敛的 MACD 形态时，此时可以买入。

【个股实战】

以宝安地产（000040）2014年12月23日至2015年4月15日走势图为例，如图5-3所示，该股MACD的两线：DIFF线和DEA线在零标线上方出现了小幅死叉，对应的股价开始出现小阴线和十字星，说明股价在横盘整理、蓄势上攻。

死叉过后，DIFF线和DEA线并未分离，而是基本上缠绕在一起，距离非常近，这说明该股的上升形态依然有效。经过整理后，该股再次开始了大幅拉升的行情。

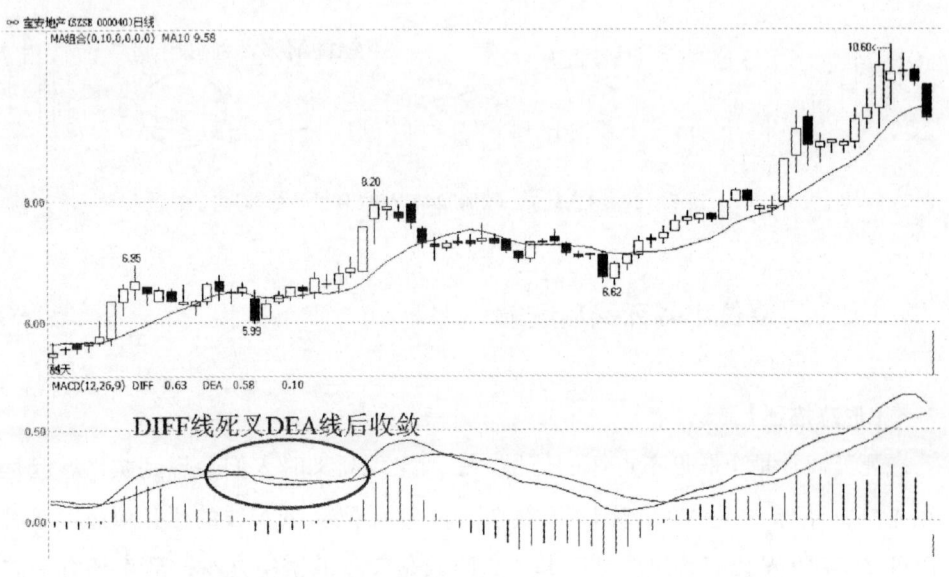

图5-3 宝安地产（000040）MACD高位小幅死叉后收敛

### 5.2.4 低位横盘"潜伏"

【形态描述】

《潜伏》是一部非常有名的电视连续剧，剧中主人公余则成潜伏在敌人内部，处处行事低调。低位横盘潜伏，也有类似的含义，是指个股的MACD指标中DIFF线与DEA线在负数区域内纠缠到一起，并保持幅度很小的波动形态。同时，红柱、绿柱若有若无，丝毫不引人注目，非常具有"潜伏"的特点。

## 第 5 章　MACD 指标买卖点详解

【市场含义】

本形态有两个特点：一是横盘，MACD 两条线横向纠缠在一起，说明个股的走势总体上保持着一种平衡，股价在最近 12 个交易日期间上涨和下跌的幅度很小，而且向上和向下发展的频次基本一致，这样才导致 DIFF 线和 DEA 线处于非常靠近并横向盘整的走势；二是 DIFF 线和 DEA 线是在负数区延伸，这说明相比 12 个交易日之前，股价下跌了一个层次，但是下跌后股价已经企稳。

综合以上两个特点，我们可以理解为：股价经过前期的一段下跌形态后，在某一个价位附近达到了平衡，围绕着这个平衡点进行箱形整理。这种情况一般是庄家控盘后的洗盘阶段，通过几次小幅上涨下跌把获利盘洗出，后期庄家可以轻松地进行拉升了。因此出现了 MACD 线在低位横盘整理形态，即"潜伏"之时，此时可以买入。

【个股实战】

以中航地产（000043）2014 年 9 月 18 日至 2015 年 4 月 20 日走势图为例，如图 5-4 所示，该股的 MACD 两条线在下跌后就纠缠到了一起，近距离横向发展，看不出向上或向下的趋势，同时红柱和绿柱的长度都很小，几乎隐没在零线上，这种横向整理的形态一直持续着。反映在股价上，这段时间该股的股价

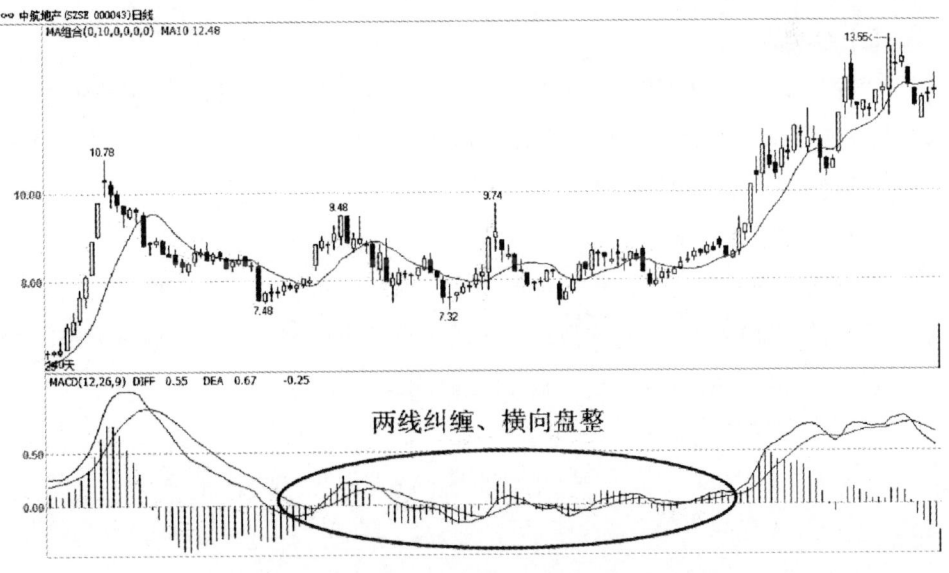

图 5-4　中航地产（000043）低位横盘"潜伏"

121

也在横盘整理，出现了大量的十字星等，洗盘形态比较明显。

经过近一个月的整理和消化，该股在后两个月的最高涨幅近100%，印证了股市的一句俗语：横有多长，竖有多高。

### 5.2.5 绿缩价涨

【形态描述】

绿缩价涨，是指MACD的柱状图与股价的对应情况，当前期的绿柱开始缩短，而对应交易日的股价已经开始上涨并走出了阳线，这是短线底部确定的信号，可以买入做短线。

【市场含义】

绿柱说明了DIFF线与DEA线的差值为负，即个股短期内的走势很弱，下跌居多，跌幅处于加大的状态。此时，如果突然出现了绿柱开始缩短的情况，这说明个股下跌已减弱，甚至出现了反弹的情况。

如果绿柱继续缩短，价格继续上涨走出阳线，说明该股的反弹之势已经明确，应及时买入，便可以抢到一波反弹的行情，而这行情有时就是庄家洗盘后的拉升行情。

【个股实战】

以深纺织A（000045）2014年12月19日至2015年5月27日走势图为例，如图5-5所示，该股的MACD绿柱，形成了长度缩短、向零轴靠拢的绿柱形态，与此同时，股价也开始走出小阳线。这些根阳线改变了MACD的柱状图，最终引出了红色的柱状图，带来了一波短期上涨行情。

追逐这类短期行情时，有一点需注意，绿柱向零轴回缩的速度越快，说明反弹行情的幅度越大、力度越强，买入的可靠性也越强；反之，绿柱回缩较慢时，说明反弹的力度稍显不足，上升行情有限。

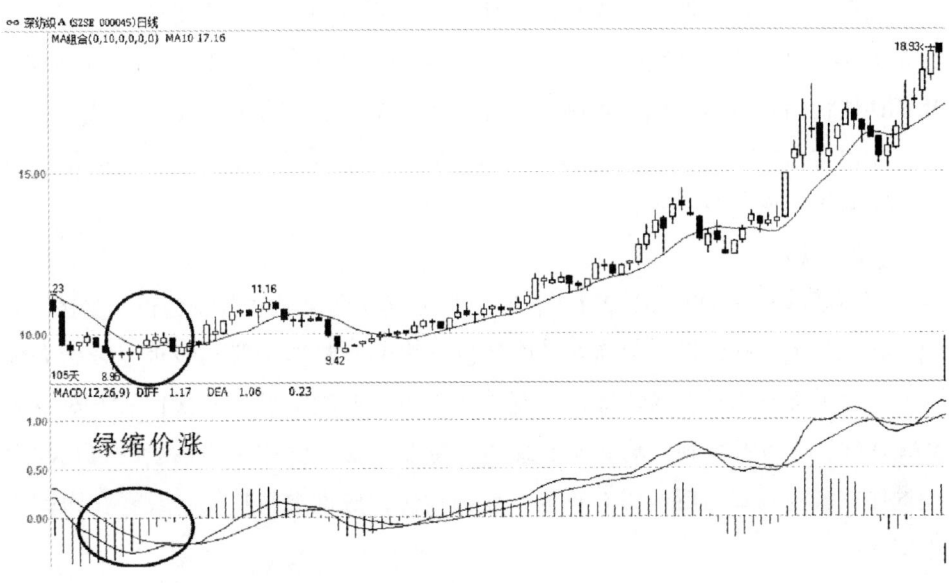

图 5-5　深纺织 A（000045）绿缩价涨

## 5.2.6 "红梅花儿开"

**【形态描述】**

"红梅花儿开",是指个股在上涨过程中,股价虽然出现了下跌调整的阴线,但 MACD 柱图中红柱却不受影响,依然保持其长度的一种形态,就像是一枝红梅迎着凛冽寒风傲然怒放。

**【市场含义】**

"红梅花儿开"的形态,是一种非常强势的形态,首先它只会出现在上涨过程的回调阶段,个股前期均已走出了上涨态势,MACD 柱状图是一片红旗飘飘。

上涨过程中,不可避免地会出现股价下跌等回调形态。那么此时应该如何操作呢？前文已经说过,MACD 能够过滤短期波动的影响,更多地反映趋势的变化。因此,当个股的股价出现短暂的下跌调整时,MACD 红柱对趋势的指示作用就体现了出来,它以积极的红柱发出一种信号：股价的下跌只是暂时的,个股的强势趋势并未改变。

从形态上来讲，股价下跌对应红柱不变，此时的下跌幅度不会太大、阴线数量不会过多，如果跌幅过大、阴线过多，受 MACD 近期权重较大的影响，MACD 柱状图很有可能由红翻绿。因此，当 MACD 柱状图仍然能够保持红色挺立，走出"红梅花儿开"的形态，说明个股的回调相当有限，上涨动能依然强劲，上涨空间还远没有到头。

【个股实战】

以长城电脑（000066）2015 年 2 月 25 日至 4 月 2 日走势图为例，如图 5-6 所示，该股的 MACD 柱图确立了以红色为主的走势，个股的股价也开始大幅上涨。在上涨过程中，该股股价出现了数次下调过程。但这几次回调，对应的 MACD 红柱并没有受到影响，反而继续保持伸展形态。这说明该股的这几次回调均属庄家控制筹码后的震仓行为，无须担忧，应该继续持股，或者在回调之中买入。

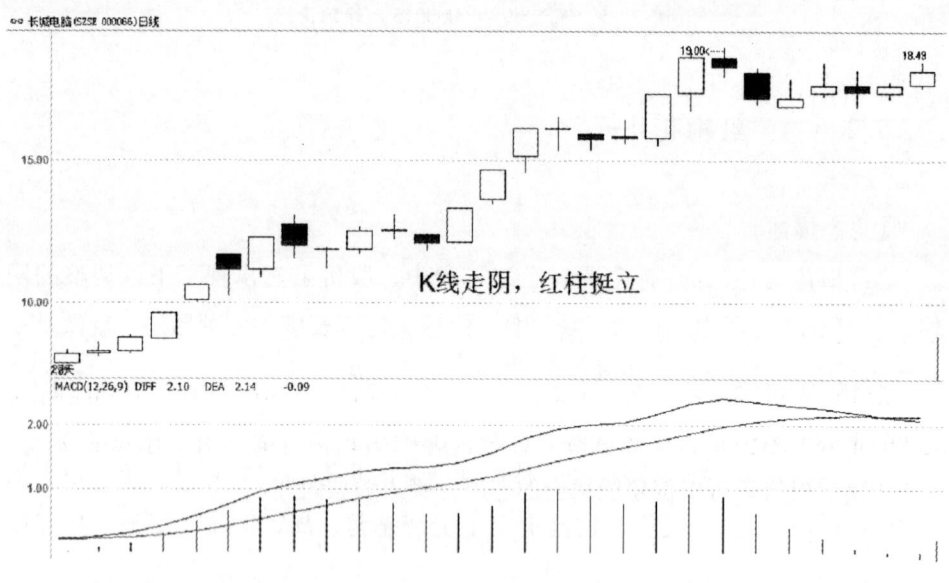

图 5-6 长城电脑（000066）"红梅花儿开"

### 5.2.7　短线机会

【形态描述】

短线机会，是指个股的 MACD 指标之中，DIFF 从下向上穿过 DEA 线，与此同时股价均线指标中 5 日均线也同步向上反转。出现这种形态，显示个股至少有一轮短线上涨机会。

【市场含义】

短线机会这种形态，一般会出现在个股出现了较长时间的下跌过后，由于卖方力量释放已尽，在买方力量的推动下，个股很容易走出一波向上的行情，并且极有可能演变为中期向上的走势。

前文提到，在个股的 MACD 指标之中，DIFF 线相当于是股价波动的"加速度"，它反映了个股在股价波动方向上的变化幅度。

首先，DIFF 线从低位由下向上移动，穿过了 DEA 线，这说明个股的股价波动已经改变了持续下跌的负向波动，股价的变动方向发生了根本性的变化，从向下波动转变为向上波动。

其次，在同一时刻股价均线指标中，5 日均线也从向下移动反转为向上移动，这说明个股收盘价已经逐步抬高，扭转了前期收盘价持续下跌的颓势，也说明个股 DIFF 反转表示的股价波动并不是"低开高走、收盘价不变"的掩人耳目的花样，而是实实在在的上涨。

在个股跌势的后期、人气涣散的关头，个股出现了 DIFF 线和 5 日均线同步反转的走势，不由让人浮想联翩。这种情况的出现很可能是由于庄家的介入，因此积极的投资者可以按短线机会的态度，买入股票跟庄。

【个股实战】

以盐田港（000088）2015 年 2 月 4 日至 4 月 3 日走势图为例，如图 5-7 所示，该股的 MACD 指标中，DIFF 线从低位由下向上突破了 DEA 线，这说明个股的波动方向上开始出现向上加速波动的情况，原来的单边下跌的情况有所好转，股价出现了阳线。

随后，该股的股价 5 日均线也出现了从下向上金叉 10 日均线形态，这说明股价不但在波动过程中出现了向上波动的情况，而且收盘价（也就是股价波动的结果）也是向上抬高。结合该股已经下跌了一段时间的前期走势，可以判断出是有大资金进场拉动的结果，至少短期内该股有一波上涨行情，投资者可以买入该股。

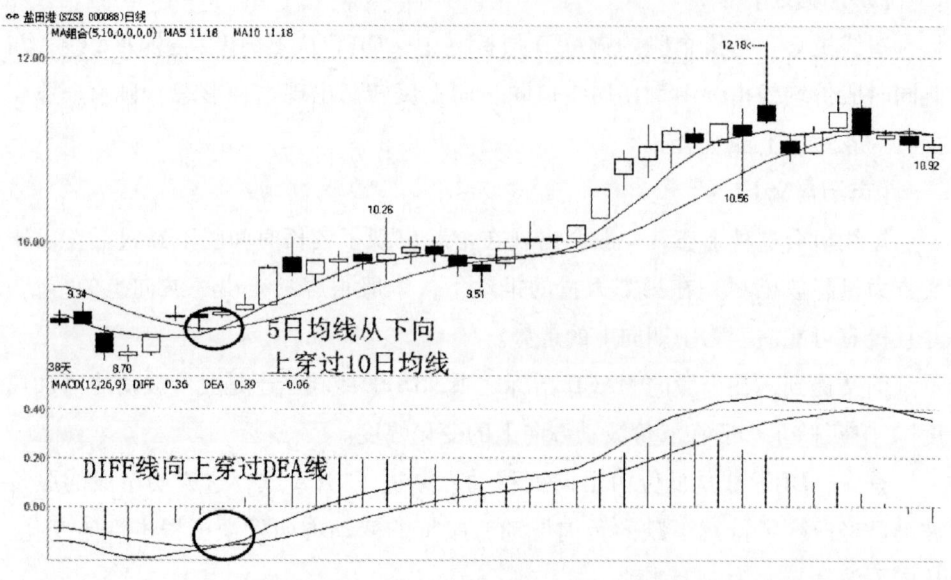

图5-7 盐田港（000088）短线机会

### 5.2.8 底部金叉

【形态描述】

底部金叉，是指个股的MACD指标之中，DIFF线在低位由下向上穿过DEA线，形成了金叉，同时在个股的成交量指标之中，5日成交量均线也由下向上穿过10日成交量均线，因此出现了2个指标的同时金叉。

【市场含义】

底部金叉形态一般发生在个股经过一段时间下跌之后，出现了底部启动的形势。这通过MACD指标和成交量指标综合判断可以确定。

首先，MACD指标之中，由于前期的大幅下跌，DIFF线加速向下，处于DEA线之下；随后由于股价出现了上涨波动，股价变动的方向从向下转变为向上波动，此时DIFF线开始转变为向上移动，而DEA线表示的中期趋势线尚未

# 第 5 章　MACD 指标买卖点详解

发生变动，因此就会形成 DIFF 线对 DEA 线的金叉形态。

那么这一时段的股价向上波动，是否是资金的推动形成？此时我们可以通过成交量指标来判断。前期的下跌过程，如果庄家没有进入，成交量一般都比较小。如果在 DIFF 低位金叉 DEA 的时候，成交量 5 日均线也同步出现了由下向上移动并穿过 10 日成交量均线，这说明成交量在迅速放大。也就是说，DIFF 线金叉形态所表征的"股价向上波动"，其根本原因是由于有大量的新资金涌入，带来了成交量的放大。据此可以判断，有庄家在进入个股。

因此，结合 DIFF 线金叉 DEA 线以及 5 日成交量均线金叉 10 日成交量均线的底部金叉形态，可以确定是庄家的进入，投资者此时可以买入股票。

【个股实战】

以世纪星源（000005）2015 年 2 月 4 日至 4 月 3 日走势图为例，如图 5-8 所示，之前该股处于长期的震荡走势之中。该股的 DIFF 线再次向上，穿过了 DEA 线。同时在这一天的成交量指标图中，可以看到 5 日成交量均线已经向上金叉了 10 日成交量均线，说明这一次的 DIFF 金叉线是在大量资金涌入、成交量迅速放大的基础上走出来的，也说明有了大资金进入。股价向上的波动占据了上风，下跌的波动逐渐减弱，因此未来的走势必然会出现逐波向上，投资者可以在 DIFF 线金叉与成交量指标均线金叉同时出现时买入该股。

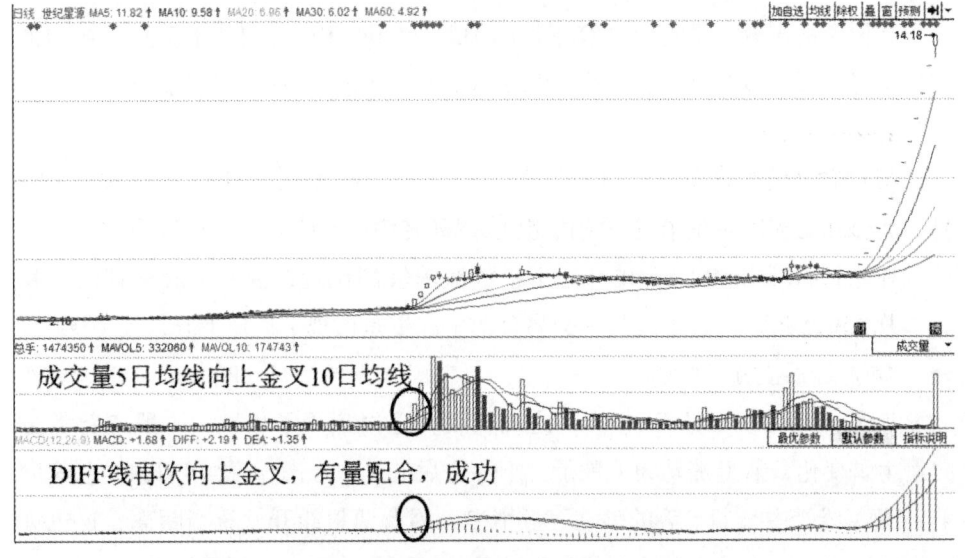

图 5-8　世纪星源（000005）底部金叉

## 5.3 MACD 指标卖出信号

股市俗语云"买得精不如卖得精",意思是说把握机会买入后还要抓住合适的时机卖出,这样才能完成一个有效的股市操作轮回。卖出的时机,既要尽可能抢在庄家出货之前,又要尽可能多地享受庄家拉升股价的投资收益,因此对于卖出机会的判断,也是投资者的一门必修课。

MACD 指标形成的卖出信号主要有以下几类。

### 5.3.1 高位死叉后扩散

【形态描述】

高位死叉扩散,是指 MACD 指标的 DIFF 线和 DEA 线均处于正数区域内的较高位置,然后 DIFF 线向下穿过 DEA 线,两条线交叉后距离逐渐拉开,形成扩散之势。

【市场含义】

高位死叉扩散,是个股短期内走到头部的信号。

首先,DIFF 线和 DEA 线都处于正数区的较高位置,说明个股前期已经积累了较大的涨幅,而且最近几个交易日的上涨更是出现了快速上升,使 DIFF 线处于 DEA 线的上方。

其次,DIFF 线下穿 DEA 线,这说明股价已经出现了大跌,个股趋势的方向发生了变化,从上涨转为下跌了。下穿之后的扩散形态,说明 DIFF 线急速向下,DEA 线受中长期趋势的影响下行稍慢,因此两根线开始拉开距离,这也说明个股正在加速下跌之中,弱势、头部的特征更加确定,必须尽快卖出。

## 【个股实战】

以丰原药业（000153）2014年11月20日至2015年2月3日走势图为例，如图5-9所示，在高位股价出现几个小阴线十字星后，该股的DIFF线与DEA线形成了死叉，随后两根线更是逐步扩散。头部形态非常明确，应该卖出。

图5-9 丰原药业（000153）高位死叉后扩散

## 5.3.2 "红变绿瀑布"

### 【形态描述】

"红变绿瀑布"，是指个股在上涨了一段时间后，MACD柱状图中的红柱迅速萎缩，并向下变成了绿柱，而且绿柱的长度逐步增大，就像绿色的瀑布飞流直下。

### 【市场含义】

MACD的红柱变为绿柱，也就是从DIFF线与DEA线的差值从正变为负。这说明股价向下发展的"加速度"正在变大，已经超出了近段时间的平均值了。随着绿柱的伸长，股价的下跌交易日将更多地出现。

当这种由红变绿的形态出现在个股股价上涨了一段时间之后，说明近几个交易日已经出现了较大幅度的下跌，由于这些下跌的存在，已经使个股的中期趋势发生改变。这说明庄家很可能在出货，不再考虑股价要保持一定的形态。也就是说，个股的短期头部基本上确立了，应该及时卖出。

**【个股实战】**

以中联重科（000157）2014年11月18日至2015年2月27日走势图为例，如图5-10所示，该股的MACD柱状图由红转为绿色，说明该股走势开始转弱。随后，绿柱不断伸长，说明股价的趋势已经改变。从股价图中可以看到，虽然有小阳线出现，但是该股的股价连续几个交易日呈现跳空低开，出货的特点较明显。

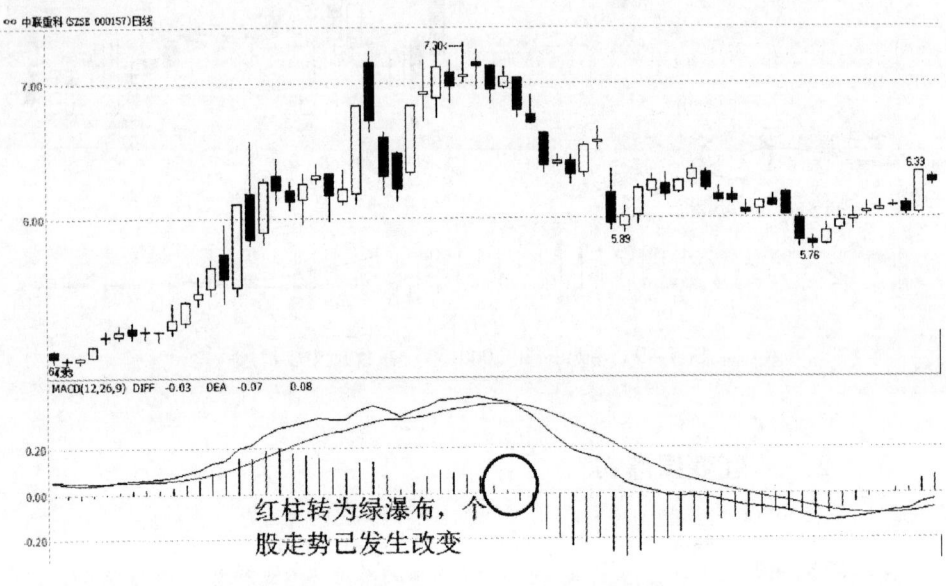

图5-10 中联重科（000157）"红变绿瀑布"

### 5.3.3 低位小幅金叉后收敛

**【形态描述】**

金叉一般是积极的信号，但是随着庄家操盘手法更加具有欺骗性，有时候出现了金叉信号时，还需要谨慎判断。比如，MACD的低位小幅金叉后收敛，这就是一种卖出信号。这种形态是指：MACD的DIFF线和DEA线都处于负数

## 第❺章 MACD指标买卖点详解

区域,同时DIFF线自下而上穿过DEA线形成金叉后,两根线却开始缠绕在一起,在负数区域内横向盘整,从形态上看形成了收敛状。

【市场含义】

当MACD的DIFF线和DEA线均处于负数区域,而且DIFF线甚至还在DEA线之下时,这说明股价刚刚经过了快速的下跌。

此时,出现DIFF线向上金叉DEA线,说明股价反弹,出现了阳线,似乎要向上突破了,但是紧接着DIFF线与DEA线却收敛在一起,这说明股价在反弹后没有再向上走,反而又出现了小幅下跌,总体上跌多涨少,所以DIFF线和DEA线不能脱离负数区。

同时DIFF线既不能向上发展,也没有向下延伸与DEA线拉开距离,这说明股价处于小幅阴跌的过程中,偶有小阳线出现,其幅度很小并不能改变DIFF线的走势。总之,股价处于弱势通道之中,如果看不出有庄家护盘的迹象,那么后期还将继续下跌。

【个股实战】

以吉林化纤(000420)2014年9月22日至2015年1月27日走势图为例,如图5-11所示,标识处该股的MACD的DIFF线向上金叉DEA线,但随后两

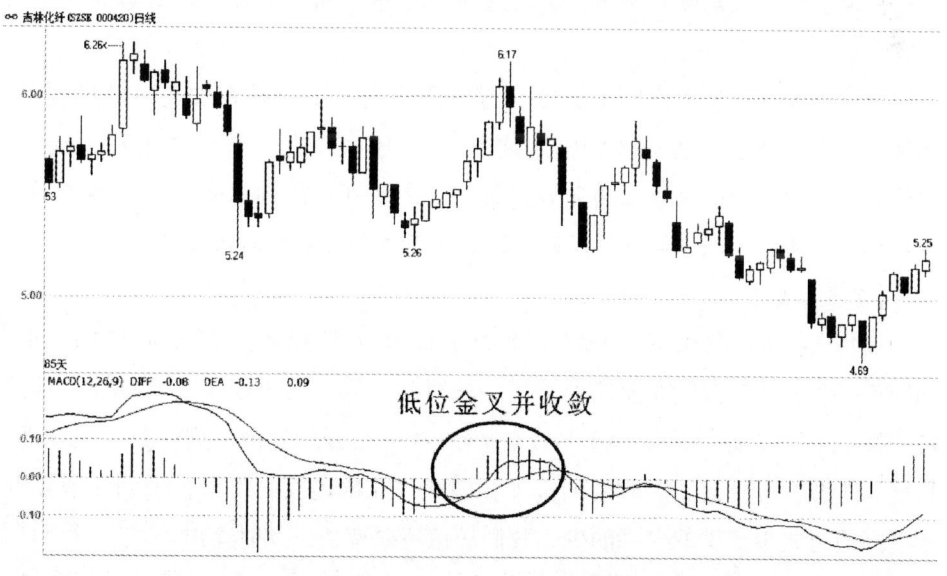

图5-11 吉林化纤(000420)低位小幅金叉后收敛

条线纠缠到一起,形成收敛的形态并保持横向发展。在 20 个交易日内 DIFF 线与 DEA 线始终没有形成有效分离,这期间股价以小阴线和小阳线、十字星为主,从 13.7 元下跌到 12.6 元,个股明显处于阴跌之中。因此,当发现 MACD 在低位小幅金叉后收敛的形态时,应该抓紧时间离场,避免陷入漫漫"熊"途。

### 5.3.4 连续死叉

【形态描述】

连续死叉,是指个股的 MACD 指标中,DIFF 线和 DEA 线从高位向下(从正数区向负数区发展)的过程中,DIFF 线多次向下穿过 DEA 线形成多次连续死叉,其间虽然有过死叉后又向上金叉穿过 DEA 线的情况,但从强度上看还是死叉占据优势,这种形态表示个股处于弱势。

【市场含义】

DIFF 线连续死叉 DEA 线,首先,说明个股下跌的势头更猛,因为即使有反弹并且形成了金叉,但是金叉的力度很弱,也没有形成扩散形态,这样的金叉往往又引来了大幅度的死叉,所以这种"反弹"和"金叉"形式意义大于实质意义。

其次,连续死叉也说明个股的头部刚刚出现(如果是在加速下跌过程中,死叉后直接扩散了,就不会形成连续死叉),庄家还在装模作样地做 K 线图,想让股价保持一种横盘整理的强势假象,但是 MACD 线却暴露出其即将走弱的真实趋势。所以,面对连续死叉的形态,投资者应该抓紧时机离场。

【个股实战】

以华塑控股(000509)2014 年 8 月 1 日至 2015 年 8 月 17 日走势图为例,如图 5-12 所示,该股在前期上涨了一段时间后第一次出现了死叉现象,伴随着死叉,个股出现了下跌,DIFF 线与 DEA 线甚至开始发散。观察每一次死叉,长度、扩散性都更甚于短时间的金叉,因此这几次连续的死叉,说明该股正处在下降通道之中,卖的多买的少,我们应该不要恋战,及时卖出。

图 5-12 华塑控股（000509）连续死叉

## 5.3.5 绿底红顶

【形态描述】

绿底红顶，是指个股的 MACD 柱状图显示为绿柱时，而股价却处于红色小阳线状态，上下两种不同颜色形成鲜明对比。

【市场含义】

这种形态出现时，个股前期都经过了上涨后再下跌的过程，使 12 日的指数移动平均值低于 26 日的指数移动平均值，因此才会在 MACD 上显示为绿色柱状。

同时，由于在下跌过程中，跌幅较大，下跌的交易日数量较多，因此在反弹出现时，尚不能根本改变 MACD 的绿柱。反过来也说明，反弹虽然形成了阳线，但反弹的力度很弱，阳线均为小阳线，不足以改变庄家出货、个股下跌的本质趋势。既然如此，当我们发现了绿底红顶形态时，就应该抛弃幻想，尽快卖出。

【个股实战】

以佛山照明（000541）2014 年 7 月 31 日至 11 月 11 日走势图为例，如图

5-13所示，在 MACD 的柱线由红转绿后，K线即使是出现了阳线，也是下跌过程中的一次小反弹而已，应顺从绿柱线择机卖出。

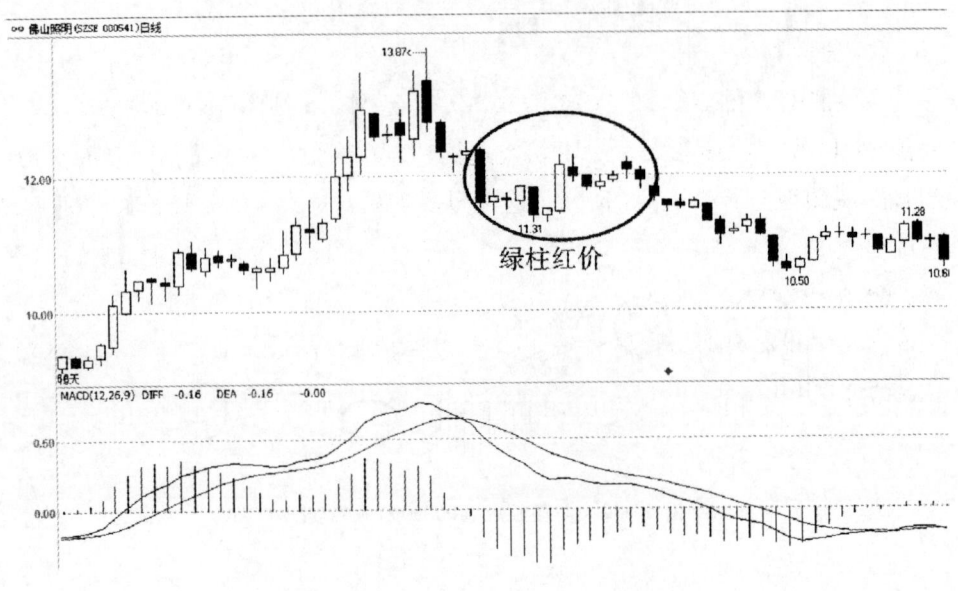

图 5-13  佛山照明（000541）绿底红顶

### 5.3.6 "夕阳无限好"

**【形态描述】**

"夕阳无限好，只是近黄昏"，古人用这句诗来形容大好时光即将过去。我们借用这一句诗，来描述一种 MACD 的卖出信号：当股价处于高位时，MACD 红柱逐步萎缩，股价也出现下跌的现象。这一信号一般是短期头部确立的信号，因此预示着上涨的好时光马上就要结束，下跌就要到来，正是"夕阳无限好，只是近黄昏"的意境。

**【市场含义】**

个股的股价经过一段时间上涨后，在高位上出现了下跌，同时 MACD 红柱萎缩，这说明此前的上涨已经减缓，对于 MACD 红色柱形图的支持已经不足。因此，一旦股价出现了下跌，就会导致红柱迅速萎缩。

还有一种可能，即前期上涨对红柱的保持依然有效，但是突然出现的下跌幅度较大,也可使当日的 MACD 的柱状图发生较大的变化。虽然红柱萎缩后没有消失,但是正如"春江水暖鸭先知",这一下跌已经释放出个股中期走势即将有变的信号,因此我们应该提高警惕,综合判断,及时逃离。

**【个股实战】**

以皖能电力（000543）2014 年 10 月 30 日至 2015 年 2 月 13 日走势图为例,如图 5-14 所示,该股经过了一轮快速拉升,在高位出现了股价下跌的图形,当日 K 线图为上下双影的中阴线,这说明多空双方对该股的分歧较大。这一阴线的出现,导致该股的 MACD 红柱迅速下降,迅速向零线靠近。随着股价的下跌,MACD 的红柱剧烈萎缩,说明这几次下跌的量能足以改变该股的中期走势,因此在这一信号刚刚出现时（该股尚在下跌刚开始时）,我们应该及时卖出逃顶。

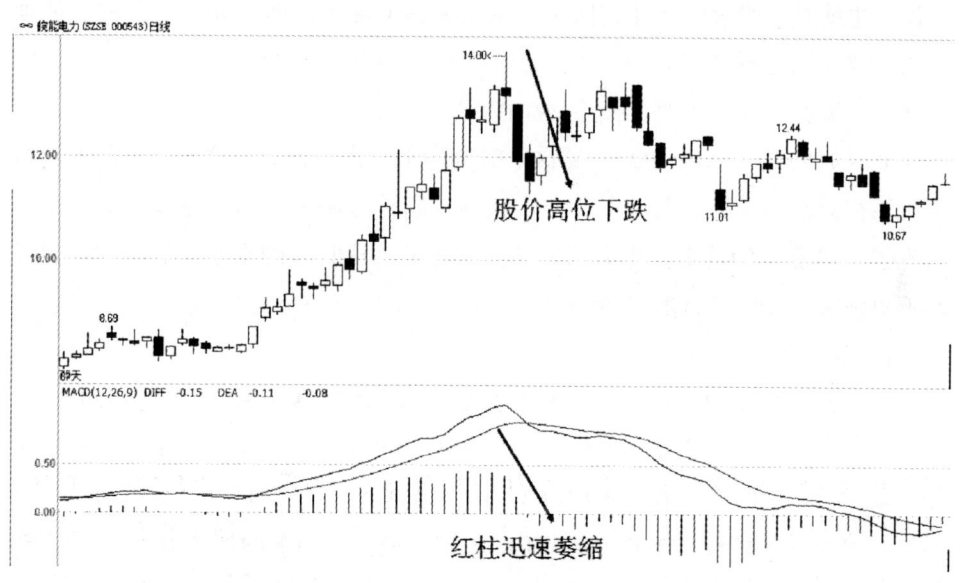

图 5-14　皖能电力（000543）"夕阳无限好"

### 5.3.7　双线横盘

**【形态描述】**

双线横盘,是指在个股的 MACD 指标之中,DEA 线横向移动、处于盘整之中,同时个股的股价处于均线指标之中,10 日均线也处于水平横向移动的形态之中，两条线都在横向盘整。

**【市场含义】**

在 MACD 指标之中，DEA 线反映的是 9 日 DIFF 的指数移动平均线，比 DIFF 线本身而言其周期拉长，因此更能反映中期走势。同样，在股价均线指标之中，10 日均线比 5 日均线更能反映股价的中期趋势。

双线横盘形态是由上述两项中期指标组合而成，一般出现在个股经过一段时间上涨后，预示着个股的头部形成。这一点可以从其含义判断得出。

随着个股上涨，DEA 线处于不断地向上移动之中，如果出现了水平横向移动，说明 9 日 DIFF 的移动平均值保持不变。而此前 DIFF 线也是处于向上移动的形态，如果其 9 日移动平均值保持不变，那么一定是先出现了小幅的下跌形态，随后走出了一些向上的波动，填平了 DIFF 的移动平均值。从其实际意义上来说，也就是在股价的变动方向上不再是单边上涨了，而是处于一种向上波动和向下波动的短暂平衡局面，当然这种平衡是不会持久的，一定会有一个方向的选择。因此，我们需要再关注均线指标。

此时如果 10 日均线也从一路向上转变为水平横向移动，这说明个股的收盘价也不再向上增长了，而是保持在近期的较高价位附近。因此总体来看，个股出现了"滞涨"的情形。考虑到个股已经有了一段时间的涨幅，而中期指标已经不再强势，投资者宜卖出为佳。

**【个股实战】**

以创元科技（000551）2014 年 5 月 21 日至 2015 年 1 月 23 日走势图为例，如图 5-15 所示，在该股的 MACD 指标之中，DEA 线从前期的向上移动转变为横向移动，这说明了该股的股价波动的中期趋势发生了变化，之前以向上波动为主，现在已经开始出现了大量向下的波动，抵消了向上的波动对 DEA 线走势的影响。

与此同时，该股的股份均线指标之中，反映股价走势的中期指标，也就是 10 日均线也开始从向上移动转变为水平方向的移动，这说明其收盘价的变动情况也发生了变化，不再向上突破，而是向下，破坏了中期的股价走势情况。

这种双线横盘的形态，说明该股向上的能量即将衰竭，投资者应该早日卖出。后期该股虽然有一波小幅向上的反弹走势，但也只是强弩之末，难掩下跌的真实趋向。

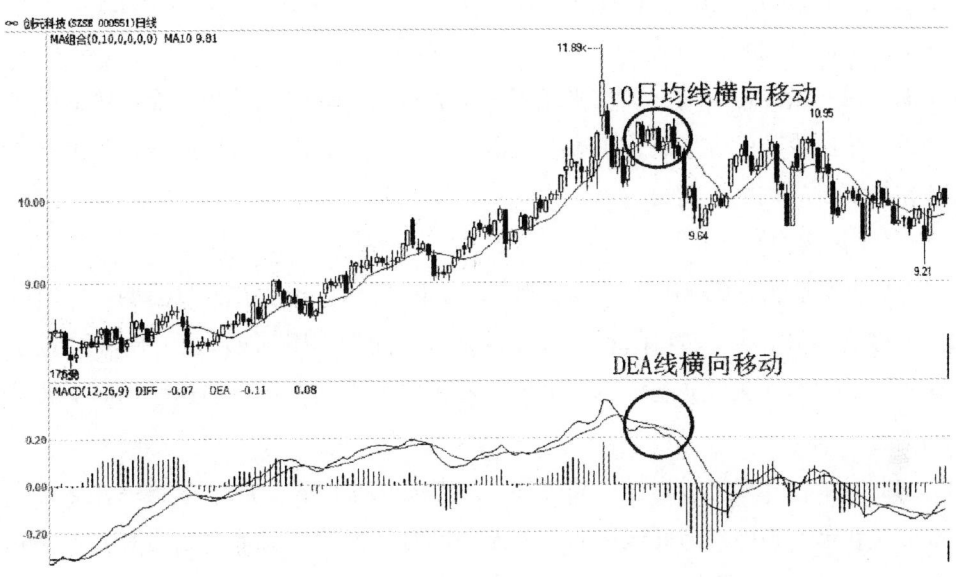

图 5-15　创元科技（000551）双线横盘

## 5.3.8　同步死叉

【形态描述】

同步死叉，是指在个股的 MACD 指标之中，DIFF 线从高位向下穿过 DEA 线，同时在成交量指标之中，5 日成交量指标也从高位向下穿过 10 日成交量指标，形成了两项指标同步发生死叉的形态。

【市场含义】

同步死叉形态一般发生在个股经历了一段时间的上涨后，表示个股短期或中期内涨势结束，将进入下行过程。

首先，MACD 指标反映出了股价变动方向和速率的改变。当个股在上涨过程之中，DIFF 线会保持在 DEA 线之上向上移动，如果出现了 DIFF 线向下穿过 DEA 线的死叉形态，说明近期股价不再向上波动，而是加速转为向下波动，因此 DIFF 线的死叉，表明股价将要转向。

其次，结合成交量指标来看，前期上涨过程中发生了巨大的成交量，从而使 5 日成交量均线一直保持在 10 日成交量均线之上，如果也发生了 5 日成交量均线向下死叉10日成交量均线的情况,说明在前期放出了大量的情况下,股价向下波动的过程并没有得到有力的护盘,卖盘放出后并没有太多的买盘接下,从而使成交量迅速萎缩。这说明庄家对于股价的变向并无维护之意,因此综合来看,个股头部已经形成,庄家在上涨过程中已完成出货,后期只能是下跌之势,投资者应该尽快卖出。

**【个股实战】**

以沙河股份(000014)为例,如图5-16所示,该股在经过前期一段时间的上涨后,DIFF线一直保持在DEA线上方。随后DIFF线从上方向下穿过了DEA线,形成了死叉形态,这说明股价不再向上波动,正在加速呈现向下波动的走势。

此时结合其成交量指标,成交量5日均线也向下死叉了10日均线,这说明成交量在迅速萎缩,因此这种向下的波动没有庄家的护航,考虑到上涨末期的持续巨量成交,我们可以大致判定庄家已经完成了大部分的出货,后期上涨的可能性很小,投资者宜卖出股票、另觅其他机会为佳。

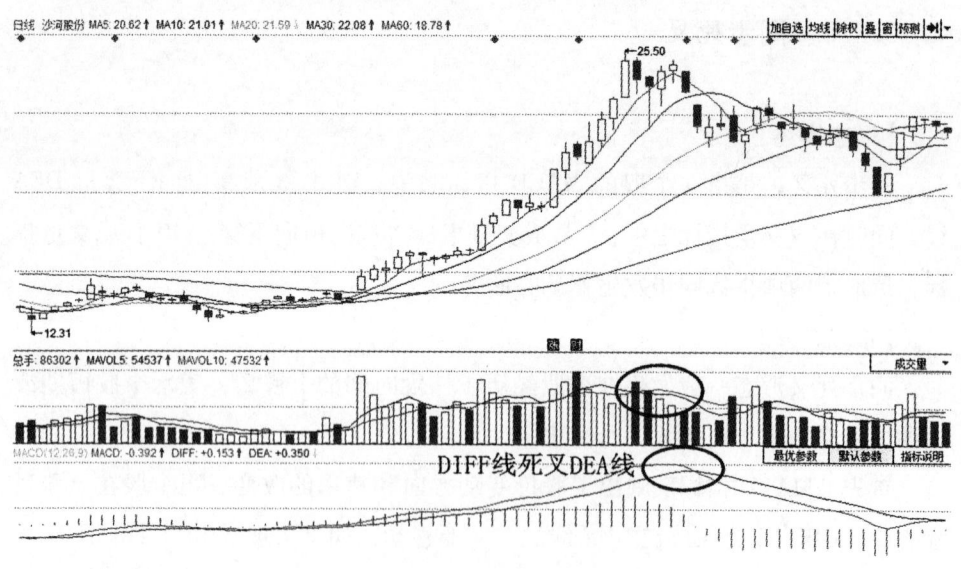

图5-16 沙河股份(000014)同步死叉

# 第 6 章 KDJ 指标买卖点详解

股市中另一项常见的衍生性技术指标是 KDJ 指标，其建立的数理过程比 MACD 指标略显复杂，起初常用于欧美的期货市场，后来被引入股票市场，成为技术分析流派的常用工具之一。

## 6.1 新股民学KDJ指标

**【历史】**

KDJ（Stochastics）指标，又叫随机摆动指标，是由美国著名技术分析专家乔治·莱恩（George Lane）于20世纪50年代提出的。乔治·莱恩是投资者教育有限公司的CEO，这是一家有60多年历史的公司，是美国最古老的证券技术分析教育机构，它创建于1948年，多年不为人知，却因为乔治·莱恩提出的随机摆动指标而享誉世界。乔治·莱恩也因此被公认为"KDJ之父"。

**【原理】**

KDJ指标，是采用统计学原理，通过选择一个周期（通常为9日、9周等时间段）出现过的股票最高价、最低价以及最后一个采样周期（如本交易日）的收盘价，计算这三者之间的比例关系，以此来计算最后一个采样周期的未成熟随机值，然后采用平滑移动平均线的方法计算出K值、D值、J值，用来反映股票价格走势的动量趋势。

通过计算得出的K值、D值和J值均为百分比值，在炒股软件中，建立一个从0到100%的坐标系，把K、D、J在坐标上所对应的各个点位连接起来，就形成了三条完整的、能反映价格波动趋势的KDJ指标曲线。

以9日为周期的KD线为例，首先要计算出最近9日的RSV值，即未成熟随机值，计算公式为：

9日RSV =（当日的收盘价 − 9日内的最低价）÷（9日内的最高价 − 9日内的最低价）×100

其次，计算K值与D值：

某日K值 = 2/3 × 前一交易日K值 + 1/3 × 当日RSV

某日 D 值 = 2/3 × 前一交易日 D 值 + 1/3 × 当日 K 值

（注：若无前一交易日 K 值与 D 值，则分别用 50 来代替。）

某日 J 值 = 3 × 当日 K 值 − 2 × 当日 D 值

然后绘制成为连续曲线，即可用于技术分析中对股价走势进行判断。

之所以这样计算，是基于乔治·莱恩对股市动能的研究和思考，他认为，股市的趋势取决于市场的收盘价与其最近一段时间周期内的峰值（最高价、最低价）之间的比例关系，如果某只股票的收盘价总是在近期最高点附近或者就是近期的最高价，那么这只股票处于牛市；反之如果某只股票的价格总是在最近一段时间的最低价格点附近转悠或者以近期的最低价收盘，那该股的走势处于熊市之中；当股价向近期价格范围（即最高价与最低价的差）的中位线方向移动时，说明个股的趋势即将改变。

【种类】

构成 KDJ 指标的有 K 线、D 线以及 J 线三条线，其中：

某日 K 值 = 2/3 × 前一交易日 K 值 + 1/3 × 当日 RSV

某日 D 值 = 2/3 × 前一交易日 D 值 + 1/3 × 当日 K 值

（注：若无前一交易日 K 值与 D 值，则分别用 50 来代替。）

某日 J 值 = 3 × 当日 K 值 − 2 × 当日 D 值

从计算公式中可以看出，K 值与 RSV 联系紧密，其随机变动性更强，因此被称为"快速随机指标"，一般在 90 以上为超买，在 10 以下为超卖。D 值在计算过程中，对 K 值的波动实现了平滑移动，其反应相对平稳，因此被称为"慢速随机指标"，一股在 80 以上为超买，在 20 以内为超卖。J 值的计算过程显示它表征了 K、D 值之间的相对关系，由于系数分别为 3 和 2，相当于放大了 K、D 值之间的差异，因此相当敏感，被称为方向敏感线，长期处于过高或过低时表示头部或底部的形成。

【实践应用】

技术分析中应用 KDJ 指标，主要是通过对 K、D、J 三条曲线的相互关系、发展趋势进行形态研究，判断买入或卖出的信号指示。

## 6.2 KDJ 指标买入信号

根据前文中介绍的 KDJ 指标原理，简单来说 KDJ 指标实际上是反映个股最新的收盘价在近期股价波动幅度区域中的相对位置，越接近于前期高点，说明股价在后期走强的可能性越大，投资者买入后盈利的可能性也就更大，因此可以根据 KDJ 指标的形态来判断买入时机。实践当中，KDJ 指标形成的典型的买入形态有以下几类。

### 6.2.1 KDJ"底部会师"

【形态描述】
KDJ"底部会师"，是指个股在股价下跌过程中，KDJ 三条线均向下行走，最终在底部形成会合。一般情况下，这个底部的标准，是要达到 20 以下。如果会合过早，则不能称为"底部会师"。

【市场含义】
KDJ 线"底部会师"的形态，蕴含了两个要点：一是底部，它说明 K、D、J 三条线都已经进入或接近进入了"超卖"区，个股的下跌动量已经释放殆尽；二是三条线"会师"，这说明快速线 K 线、慢速线 D 线不再向下行走，而是已经开始从前期下跌过程的单边下行状态转为横向盘整状态，只有这样才有可能交汇，而要形成这样的 K 线、D 线形态，只有在股价不再继续下跌，或者即使下跌但幅度很小、离 9 日最低价不远时，K 线、D 线才会逐步向底线靠拢会合。因此，也就说明个股底部已经形成，即将开始反弹。

另外，方向敏感线 J 线与 K 线、D 线汇聚，也说明个股的趋势即将改变。

【个股实战】

以莱茵置业（000558）2015年2月2日至4月27日走势图为例，如图6-1所示，该股在持续震荡走势中，单以K线图来看，并不能十分确定何时震荡结束。但是当我们看到KDJ指标时，可以发现三条线均处于接近0线的位置，并且三条线实现了"胜利会师"。这就形成了典型的"KDJ三线底部会师"形态，是底部确立的信号，可以买入。

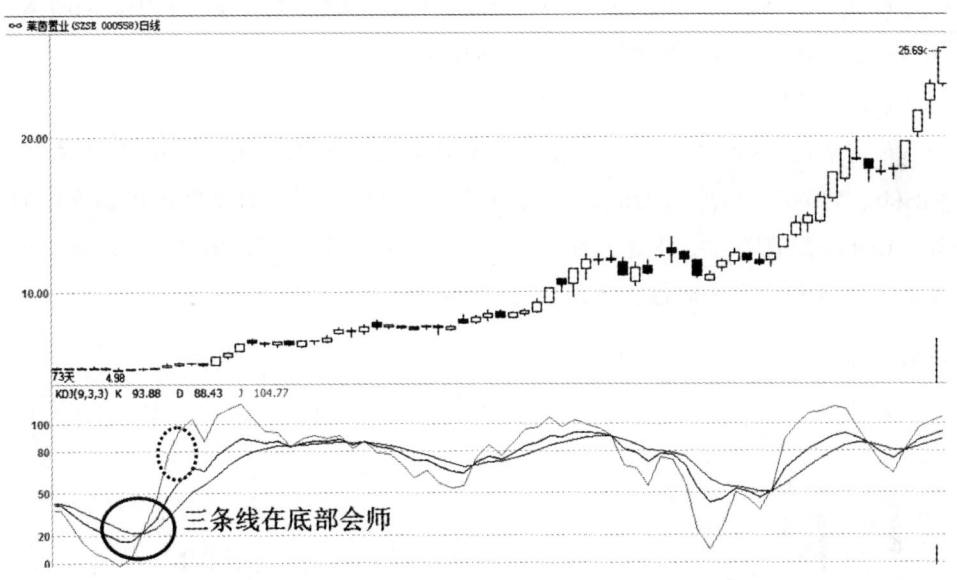

图6-1 莱茵置业（000558）KDJ"底部会师"

## 6.2.2 底背离

【形态描述】

底背离是技术分析中常见的一个名词，用于多种技术指标。在KDJ指标之中，底背离是指随着个股的股价逐步下跌、不断创出新低，而KDJ指标并未随之向下创出新低，甚至其底部逐渐抬高，形成了走势上的"背离"。

KDJ出现底背离时，预示着卖方力量逐步减弱，反弹或上涨的机会即将到来，可以提前进场了。

【市场含义】

个股股价在不断下跌,并创出新低,从 K 线图上看上去似乎处于弱势状态。此时,如果 K 线、D 线并未向下形成新低,从其原理和计算过程可以推导得出:个股前期曾有过较大幅度的上涨,而本轮下跌虽然屡屡创出新低,但是只是前期上涨的正常回调。目前的收盘价还是高于前 9 日的最低价,导致计算得出的 K 值不随股价下跌减少,反而有小幅增长。

而随着获利盘的吐出,卖方的力量逐步释放,股价上升压力减小,同时 K、D 指标已经转向,说明后期还会有较大的涨幅。

【个股实战】

以烽火电子(000561)2014 年 11 月 28 日至 2015 年 3 月 27 日走势图为例,如图 6-2 所示,与所有的底部背离相同,当股价下行并且不断破出新低的时候,KDJ 却没有随之下破出新的低点,反而 KDJ 底部一直在抬高。此时就形成了 KDJ 与股价之间的底部背离,是买入的时机。

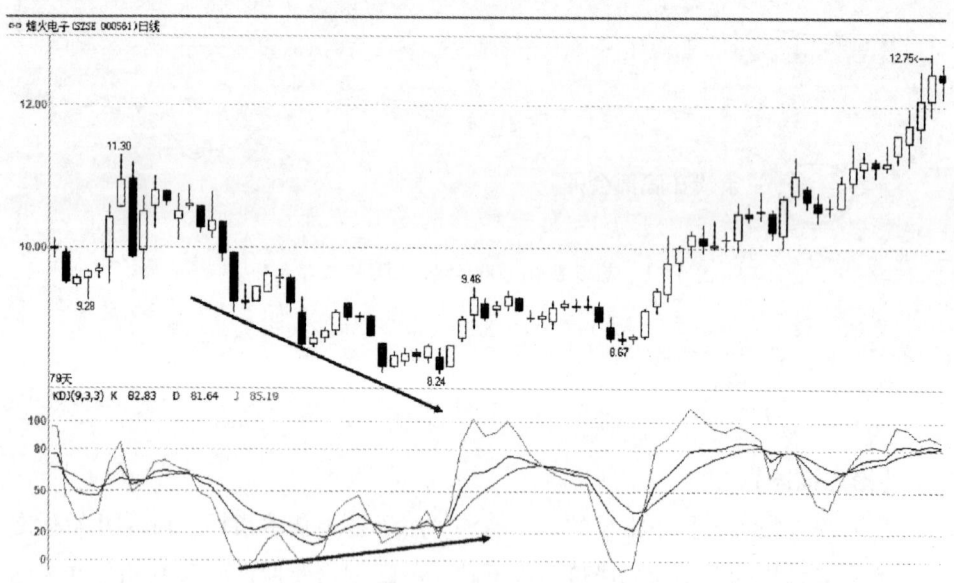

图 6-2　烽火电子(000561)KDJ 底背离

### 6.2.3　KDJ 底部金叉后扩散

**【形态描述】**

我们已经提到，金叉是很多技术指标分析中常用到的信号，KDJ 指标也不例外。KDJ 底部金叉后扩散，是指当个股的 K、D 两线均处于低位时，即处于常见的"超卖"区域中，作为快速反应线的 K 线突然向上穿过慢速反应线 D 线，形成金叉。金叉突破之后，个股的 K 线将继续向上，D 线也逐步转为向上，二线之间的距离逐步拉开，出现扩散形态。

**【市场含义】**

KDJ 指标在底部金叉，K 线、D 线均处于超卖区，说明个股现在处于下跌期间，并且已经下跌了一段时间，卖方的能量释放接近尾声。

另外，D 线处于 K 线的上方，说明近几日股价处于快速急跌之中，股价连现新低，K 值快速减小；而慢速指标 D 值受到更早前的股价影响，减小的幅度并不太大，因此 K 线行走到 D 线的下方，就具备了金叉的条件。

金叉发生时，个股的股价已经扭转，开始高于 9 日内的最低价，K 值迅速向上，每日的收盘价均高于 9 日内最低价，这说明"9 日内的最低价"已成为近期底部。而 D 线由于为慢速线，受前期股价走势的影响反转较慢，因此 K 线迅速上穿 D 线。

K 线金叉 D 线后，由于收盘价频频向前期高价进发，导致 K 线迅速向上，从而使 K、D 二线间距拉开。这也说明个股的股价走势已经扭转，可以买入。

**【个股实战】**

以渝三峡 A（000565）2015 年 4 月 24 日至 5 月 27 日走势图为例，如图 6-3 所示，金叉发生时 KDJ 指标处于严重"超卖"状态，而从股价 K 线图上来看，前期的下跌均为小阴线，这显然是庄家在控制着局面。

接着，该股连拉数根小阳线，K 值迅速向上，并带动 D 线、J 线向上，三线均处于扩散状态，说明该股的走势已经根本扭转，可以安全地买入。

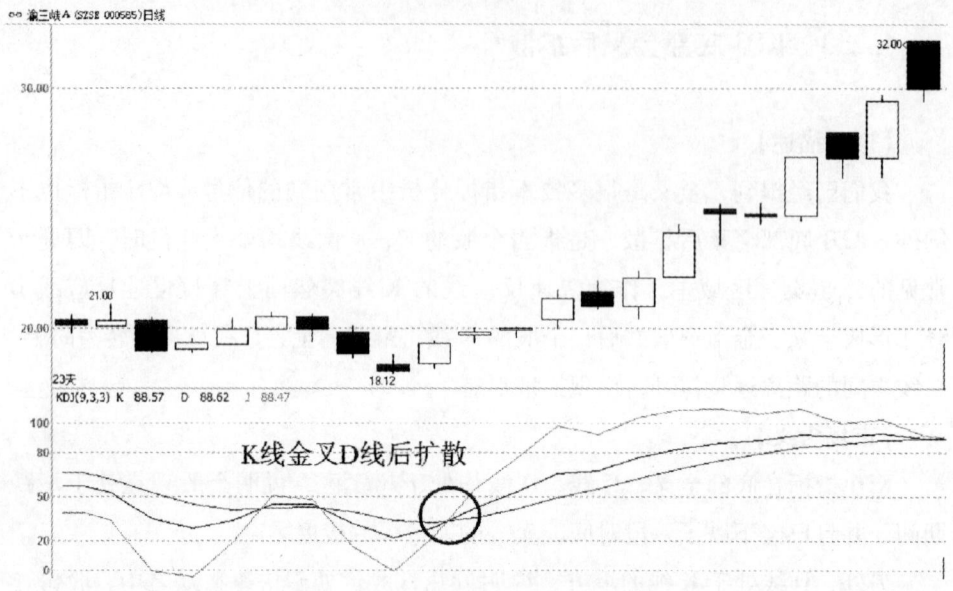

图6-3 渝三峡A（000565）KDJ底部金叉后扩散

### 6.2.4 "彩云追月"

**【形态描述】**

"彩云追月"，是指KDJ指标的K线、D线在较低的超卖区发生的一种形态，首先是方向敏感指标J线开始扭转，接着K、D两线紧跟J线的变化也发生了反转，追随着J线的上涨步伐一起向上，三条线形成了万马奔腾的大好局面。

**【市场含义】**

我们知道，J线被称作"方向敏感指标"，在KDJ指标中其反应比较灵敏，可以作为方向判断的先行指标。在"彩云追月"形态中，K、D两线受前期下跌较深的影响，一直处于较低的位置上；同时J线也快速下行触到0点，从整体KDJ形态上可见股票处于超卖状态，有反弹的客观能量，逢低可吸纳。

在这个时间点上，一旦J线反转并持续上攻，说明近期股价在向最近9日的最高价靠拢，个股的走势即将反转。如果当K线、D线也转为向上发展时，即可确定上升行情已经形成，可以买入。

当然，反转过程有强有弱，只有当KDJ指标三条线均处于低位（20以内）

时，此时的"彩云追月"所形成的行情才是一波比较大的行情。

**【个股实战】**

以苏常柴A（000570）2015年1月23日至5月27日走势图为例，如图6-4所示，该股的J线在0值处向上发展，扭转了前期一路向下的方向。接着J线继续"一骑绝尘"地向100进发，同时K线、D线也一改前几日的下滑形态，在J线的带领下从20处开始一路向上。三条线的走势正是典型的"彩云追月"形态，发出了买入信号。

图6-4　苏常柴A（000570）"彩云追月"

### 6.2.5 蓄势待发

**【形态描述】**

蓄势待发，是指个股在股价上涨过程中，出现了股价在一定幅度内横盘、而KDJ指标脱离超买区，回到强势区间范围，但保持在50左右，不再向下发展。这一形态出现后，一般个股的股价后期还即将继续上攻，可以乘机买入该股。

【市场含义】

一般来说，当KDJ指标处于80以上的区域时，通常认为个股处于"超买"状态，即买方的能量即将释放完毕。在"蓄势待发"形态中，个股首先随着股价上涨，KDJ指标快速上升、进入到超买区域（80以上）。接着，股价出现了盘整，小阴线不断出现，随之KDJ指标转为向下，脱离了超买区，进入到50～80之间的强走势区，根据KDJ指标的一般规律，在这一区域内个股处于向上涨的强势阶段，后期还有上升空间，可以买入。

分析其原因，首先是由于个股在上涨前，连续几日股价都处于很小的箱体内，一旦上涨突破，收盘价都是近几日的最高价，因此RSV值非常大，这导致K值、D值快速增长，两线迅速向上，进入到超买区。而当股价涨了一段时间、开始小阴线盘整时，收盘价始终保持在最近几日最低价附近，但并不突破最低价，因此RSV一般在接近于0却不等于0，K值、D值会下行到50±10左右，并且不会下行到超卖区。

因此，这一形态说明个股虽然在盘整，但股价始终没有击穿近期的支撑线，这是有庄家在控盘的表现，后期该股蓄势完毕后还会有较大的上升空间。

【个股实战】

以石油济柴（000617）2014年6月10日至2015年5月27日走势图为例，如图6-5所示，该股股价在一轮小涨之后，开始盘整，同时，其KDJ指标中，

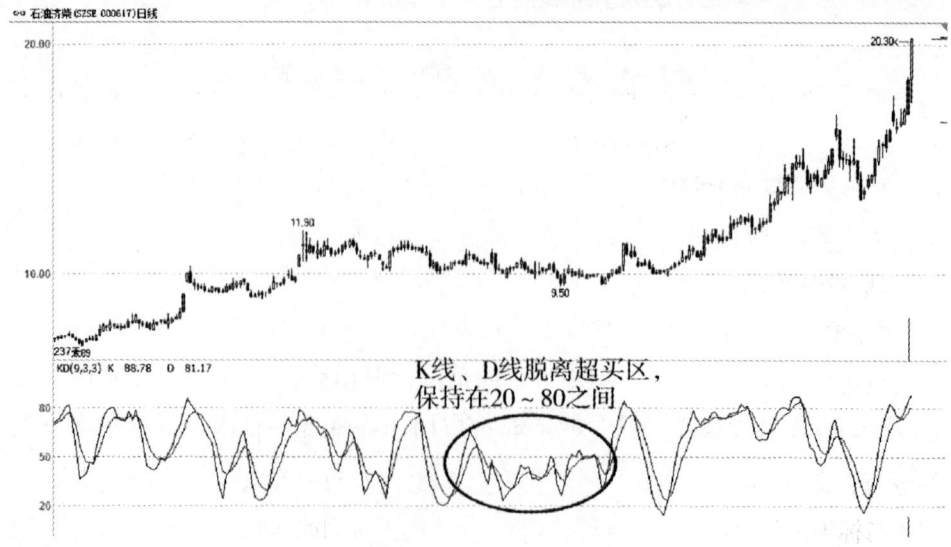

图6-5 石油济柴（000617）蓄势待发

K线、D线离开80以下的超买区开始向下行走；K线、D线稳定在20～80之间。这就是蓄势待发的信号，说明股价的盘整是受到隐秘力量操控的，是庄家的一种洗盘行为，后期股价还将上行。

### 6.2.6 诺曼底登陆

【形态描述】

诺曼底登陆是"二战"期间盟军一次著名的登陆战役，通过这次战役，盟军在欧洲战场发动了全面的反攻，最终取得了胜利。借用这一名称，我们用"诺曼底登陆"来表示这样一种KDJ形态：前期KDJ指标在强势区内呈现波浪形盘整走势，然后在高位K线、D线汇合、横向延伸，不久之后股价就大幅上涨，就像"二战"时的盟军开始反攻一样。

【市场含义】

当个股的KDJ指标在50以上的强势区域内处于波浪形走势时，说明股价也处于箱形整理，等待突破。

然后，K线、D线在高位（60～80）之间逐步汇合重叠，这说明个股的收盘价始终保持在近几日最高价与最低价这一区间范围内的60%～80%处（根据计算公式，只有这样才能使K值、D值接近），按照"KDJ之父"乔治·莱恩的理论，这种表现显示了个股处于牛市的特点。据此，可以认定是庄家在利用股价的波动进行洗盘。

当然，K线、D线保持汇合、重叠这一走势，也说明个股的股价虽然处于强势，却并未形成突破前期箱体，否则K线、D线将进入超买区。因此，这一走势也说明个股此时还处于"黎明的前夜"，不久即将突破。而K线、D线交汇横盘，则是突破的前兆，出现这一形态后，说明"登陆"开始，"反攻"随后就到，可以及时买入。

【个股实战】

以吉林敖东（000623）2014年6月19日至2015年2月12日走势图为例，如图6-6所示，该股的D线开始走出横向平移的形态，同时K线绕着D线走出缠绕、交汇的形态，这说明该股的股价保持在近一段时间的相对高位，使KDJ指标形成了汇合，也说明该股的前一段较长时间的箱形整理已经接近尾声，股价处于突破的关口。

随后,该股的庄家做了两个中阴线股价,J线受到影响向下,但 D 线仍在 50 以上,说明这几根中阴线对该股大势的影响并不大,其实是庄家的洗盘之举。随后该股不再整理,开始单边上扬,"诺曼底登陆"结束,反攻开始了。

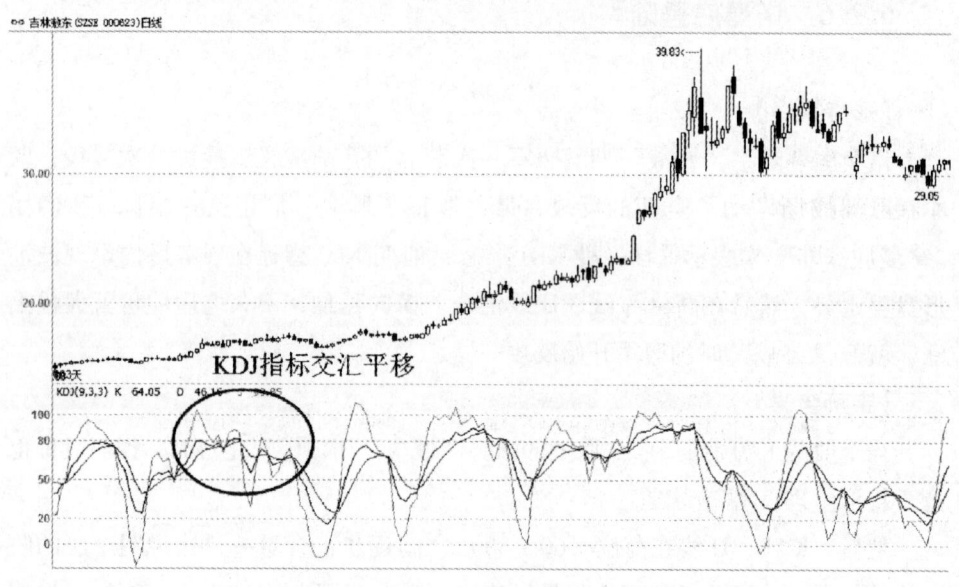

图 6-6 吉林敖东(000623)"诺曼底登陆"

### 6.2.7 回调蓄势

**【形态描述】**

回调蓄势,是 KDJ 线与 5 日、10 日均线组合后的一种形态,它是指在个股的走势过程中,KDJ 线逐步向下,而股价的 5 日、10 日均线却依然保持向上移动,此形态可以称为"回调蓄势"。

**【市场含义】**

回调蓄势表示个股在上涨通道中的阶段性回档过程,通过短时间的回调,庄家清洗获利筹码,减轻后续拉升的阻力。

由于在上涨初期,股价一般是近期最高价,因此 KDJ 指标会迅速向上,达到超买区,这对于在低位进入的部分投资者而言,股价已达到较好的获利区间。

在这种情况下,庄家为了进一步拉升,有必要清洗获利盘、增加自身的控盘程度,于是庄家会利用已持有的筹码对倒打压股价,刺激一些中小投资者获利回吐。对于打压过程中出现的卖盘,庄家当然会毫不犹豫地吃下,因此股价下跌时,跌幅不会太大,从股价的均线系统来看,5日均线和10日均线向上的趋势没有受到影响。因此完成回档和洗盘后,庄家还会继续向上提升股价。

通过把KDJ线与均线系统组合判断,我们可以比较清楚地看出庄家的意图,进而利用回档机会买入个股,获取后一段拉升的行情。

【个股实战】

以攀钢钒钛(000629)2015年2月5日至5月8日走势图为例,如图6-7所示,该股的KDJ线经过一段时间的向上移动后开始向下移动,这说明此时股价出现了向下回调的趋势。而在这段时间内,结合5日均线和10日均线,可以看到其实这两条均线的上行趋势并没有发生变化,这说明此时的KDJ指标下行只是反映了庄家在做出阴线(洗盘的一种操作),并没有伤及到上行的大趋势。同时庄家只有对卖盘照单全收,才能托住股价,使5日、10日均线保持不破。通过一波小幅的回调,庄家既清洗了前期获利的筹码,又进一步增加了持股数量,为进一步拉升股价做好了准备,所以后期还将有一轮上升行情。

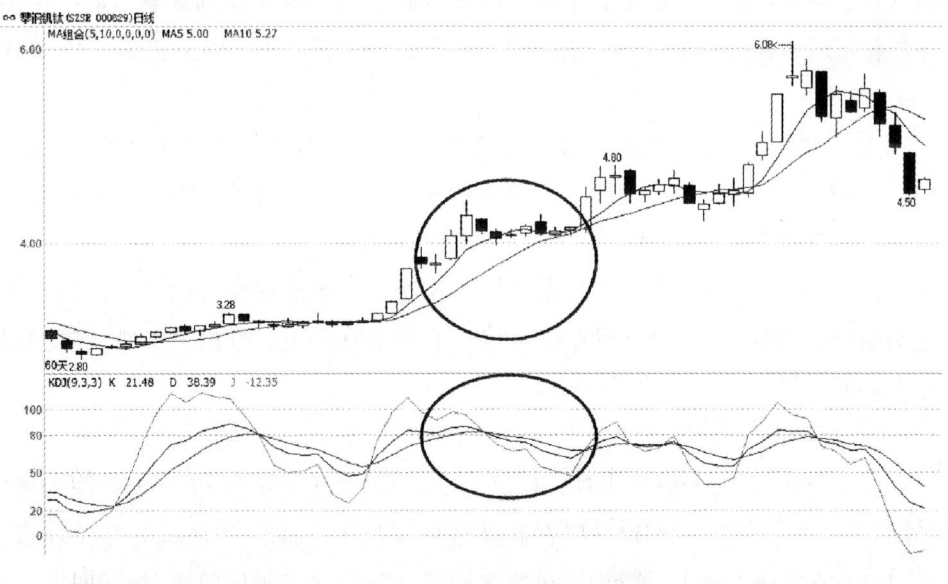

图6-7 攀钢钒钛(000629)回调蓄势

总的来说，回调蓄势是一种短期回档洗盘之势，投资者可以趁机进入。

### 6.2.8 三叠底后向上

**【形态描述】**

三叠底后向上，是指个股的 KDJ 线指标中，J 线带领 K 线、D 线在底部（接近零位处）发生三次左右的向上突破未遂后，最后终于突破成功、向上反转的一种形态。

**【市场含义】**

三叠底后向上，一般发生在个股经过了较长一段时间的下跌之后，是一种底部确定的形态。

当个股下跌了较长一段时间下跌之后，股价一般都处于近期的最低位置，因此 K 线、D 线、J 线的走势都会处于底位区域，尤其是敏感的 J 线，一般会达到 0 值，显示股票处于"超卖"状况。

此时精明的庄家会利用这一情况，逐步开始吸筹进入；由于庄家的吸筹，在下跌的股价、大批的阴线走势过程中，悄然出现了一些阳线，让股价偏离了最低价，但是这些阳线数量并不多，因此 K 线、D 线并不受到影响、依然保持在低位区域，而敏感的 J 线"感受"到了这一情况，开始向上突破，要离开 0 位。

由于庄家需要吸收低价筹码，因而此时并未逆势操作，股价还会继续下跌，J 线只能再次回到 0 位；同时，庄家再次买入，股价又走出阳线，J 线再次上攻……在 KDJ 形态上就出现了"底部三叠"的情况。

最终，由于庄家拿到了足够的筹码，于是发动了底部拉升的操作，股价走出的阳线坚挺向上，最终 J 线带领 K 线、D 线成功向上，发出了个股从底部启动上涨的信号。

**【个股实战】**

以茂化实华（000637）2014 年 12 月 3 日至 2015 年 4 月 17 日走势图为例，如图 6-8 所示，该股的 KDJ 线在底部区域走出了一波"三叠向上"的攻势，主要反映在 J 线走势上，因为 J 线非常敏感，其反映了股价的短期性波动。通过这三次上攻，卖方的力量消耗将尽，庄家这才开始强力进入。因此 KDJ 线在底部发生 J 线三叠上攻后向上之势时，可以确认股价底部形成，此时买入，时机颇佳。

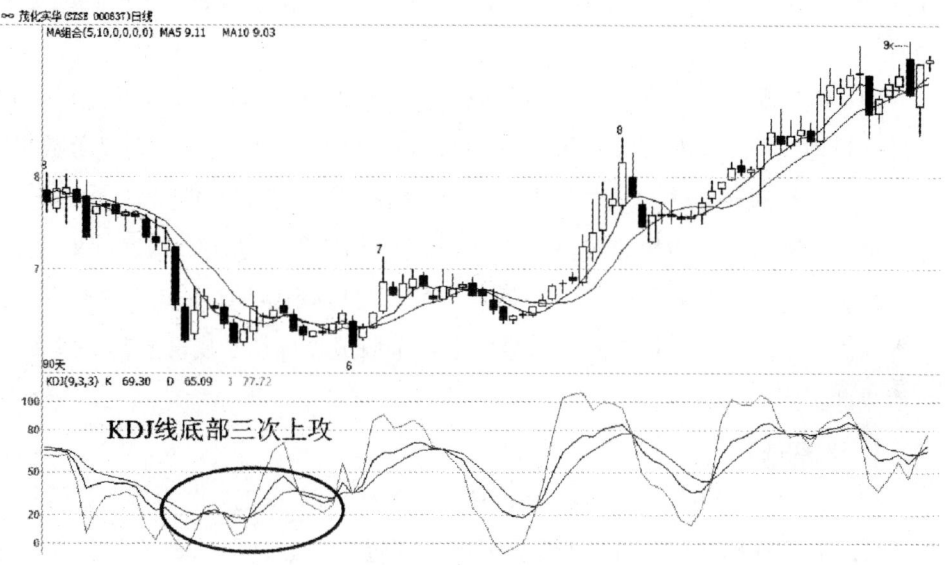

图 6-8 茂化实华（000637）三叠底后向上

### 6.2.9 "三箭齐发"

【形态描述】

"三箭齐发"，是一种比较全面的组合形态，由 KDJ 线、成交量、均线系统三大技术指标综合起来，对个股的走势形成信号。具体而言，是指个股的 KDJ 线走出了底部金叉的形态，同时（或不久）成交量指标中也走出了 5 日线金叉 10 日线的形态，并且均线系统同步发生了 10 日均线金叉 20 日均线的形态，三种金叉同步发生，形成了"三箭齐发"的信号。

【市场含义】

由于 KDJ 线反映了随机摆动的情况，因此有必要引入其他信号进行复合判断，以提高准确程度。"三箭齐发"信号，综合了 KDJ 线的快速灵动，成交量的量价配合，10 日、20 日均线系统的趋势功能等三大技术指标的优势，因此具有较高的准确性。

个股在下跌了一段时间后，KDJ 线也下行到超卖区。由于庄家的拉升，股价开始从底部上涨，此时的股价一定是近一段时间以来的最高价，因此 KDJ 线在底部必然出现 J 线、K 线由下向上穿过 D 线的"金叉"形态，这反映出走强信号。

KDJ 线反映出走强信号后，个股的成交量也发生了 5 日成交量均线上穿 10 日成交量均线的金叉信号，这说明伴随着股价的上涨，成交量得到显著放大，显示出有大量的资金进入，这为股价后期的上涨提供了充足的能量。

最后，随着股价的快速拉高，10 日均线的趋势得到扭转，从底部上穿 20 日均线，这表示个股的股价已经一改前期颓势，且预示中期行情正在来临。

所以一旦出现"三箭齐发"信号，表示个股成功确认了底部启动，投资者可以果断买入。

【个股实战】

以平安银行（000001）2015 年 3 月 2 日至 4 月 21 日走势图为例，如图 6-9 所示，该股的 KDJ 线走出了 J 线从下向上穿过 K 线、D 线的金叉形态，说明从股份的随机波动上来看有了好转的迹象。与此同时，在该股的成交量指标之中，5 日成交量均线也从下向上金叉了 10 日成交量均线；随后，在该股的均线系统之中，可以看到出现了 5 日均线从下向上金叉 10 日均线的形态，三个"金叉"相继到来，说明该股正在迅速走强，投资者可以买入。

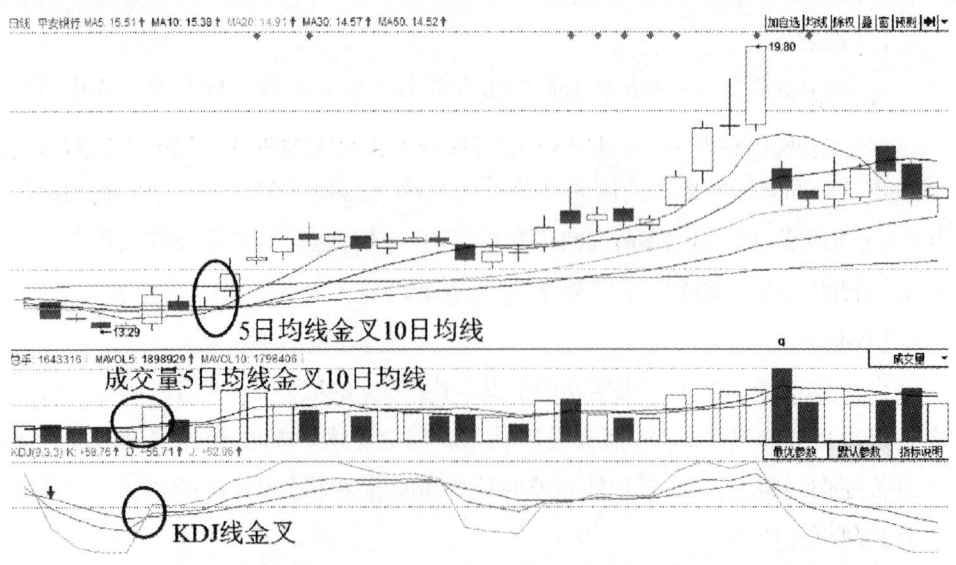

图 6-9 平安银行（000001）"三箭齐发"

## 6.3 KDJ 指标卖出信号

KDJ 指标关注收盘价与价格波动范围之间的相对关系，KDJ 三条线之间的相对走势蕴含着丰富的信息，通过解读这些信息，投资者可以获得对股价走势的趋势性判断。持有股票的投资者可以根据 KDJ 指标形成的卖出信号，判断出股票的强弱转换时机后及时卖出。典型的 KDJ 卖出信号有以下几类：

### 6.3.1 三线超买区收敛后向下突破

【形态描述】

三线超买区收敛，是指 KDJ 指标的 K 线、D 线、J 线三条线在超买区（80 以上）的区域内重合、纠结到一起，形成收敛形态；重合横向延伸一段时间后，KDJ 三线向下突破。这是典型的顶部形态，发出了卖出信号。

【市场含义】

三线超买，说明个股前期的上涨幅度较大，每天的收盘价都创出近期新高，导致 KDJ 指标迅速进入了超买区，K 线、D 线都达到了 80 以上的比例，并且 K 值与 D 值接近时，才能使 K 线、D 线、J 线三线重叠。

为什么三线会横向延伸？这是因为股价出现了大量带长上阴线的形态，在这种情况下，收盘价不再是最高价，而只是保持在最高价的 60%～80% 的范围内，所以导致 K 线、D 线、J 线指标处于 80 以下的数值上持续数日。由于处于超买区，买方的能量释放接近尾声，在 80 以上持续一段时间后，股价最终支撑不住，向下突破，导致 KDJ 指标也向下突破。KDJ 指标的这种形态揭示了庄家的顶部心态，说明庄家此时无力或者无心再拉抬股价，个股将进入下跌通道。

【个股实战】

以沙河股份（000014）2015年1月5日至2015年5月11日走势图为例，如图6-10所示，该股的K线、D线、J线三线在80~100之间，三条线几乎重叠在一起，这说明在这一段交易日内，该股的股价虽然保持阳线，但并不能形成以最高价收盘，最终要被打压到最高价的60%~80%的范围内。这一点已经说明了该股的上攻已经是力有不及。该股最终选择了下跌，KDJ指标也迅速向下突破，说明股价的顶部已经形成，应该卖出。

需要注意的是，这一形态与买入信号中的"诺曼底登陆"形态相似。区别两者的重要一点就是，如果在80以上的超买区形成重叠，是卖出信号；如果是在80以下的区域内形成重叠，则是"诺曼底登陆"信号。

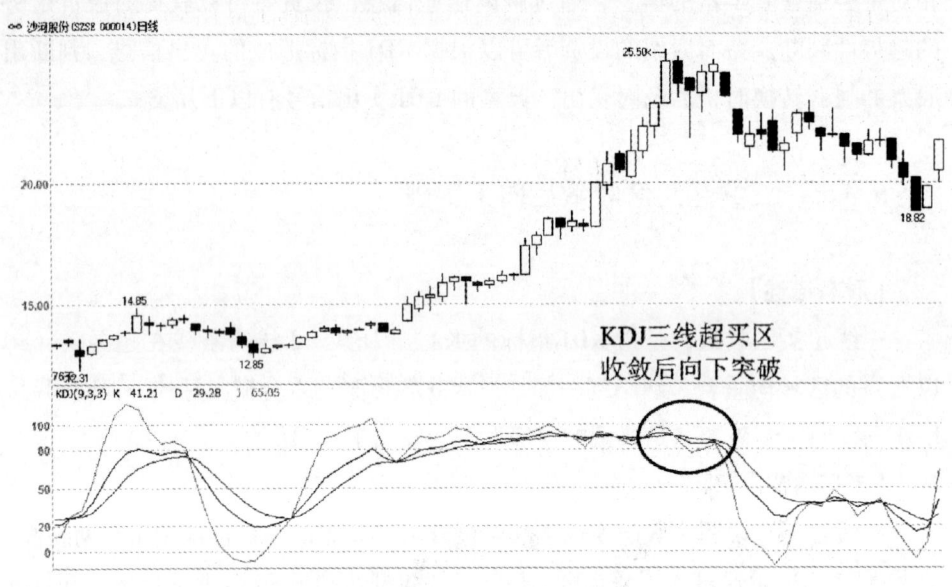

图6-10 沙河股份（000014）三线超买区收敛后向下突破

## 6.3.2 KD线死叉后扩散

【形态描述】

死叉一般是卖出信号，这一点对于KDJ指标也不例外。K线、D线死叉，是指当KDJ指标处于超买区时，K线从高处向下穿过D线，形成死叉形态。随后两线间距拉大，走出扩散形态。

【市场含义】

在KDJ指标中，K线为快速指标，D线为慢速指标。死叉发生前，K线、D线均处于高位，这说明之前个股已积累了较大的涨幅，使K线、D线达到超买区，并且K值高于D值。

死叉发生时，个股的股价迅速以近期最低价或接近最低价收盘，使RSV值接近于0，从而使K值迅速减小。而D值由于反应相对较慢，因此被K线穿过，死叉形成。

随着股价收盘不断地突破最低价，K线加速下行；而D线受其影响，最终也掉头向下。由于D线经平滑移动后受当日股价的影响相对较小，因此D线与K线的间距拉开，两线扩散。

KDJ指标的死叉后扩散形态，说明了股价经过一段时间上涨后开始大幅度破位下行，这是庄家获利后出货的表现，因此应该卖出。

【个股实战】

以深赤湾A（000022）2014年12月1日至2015年2月9日走势图为例，如图6-11所示，该股的K线下穿D线形成了死叉形态，随后K线与D线的距离拉开，两线向下扩散。该股的KDJ指标显示其发展趋势已经扭转，后期将呈现下跌态势，应该及早卖出。

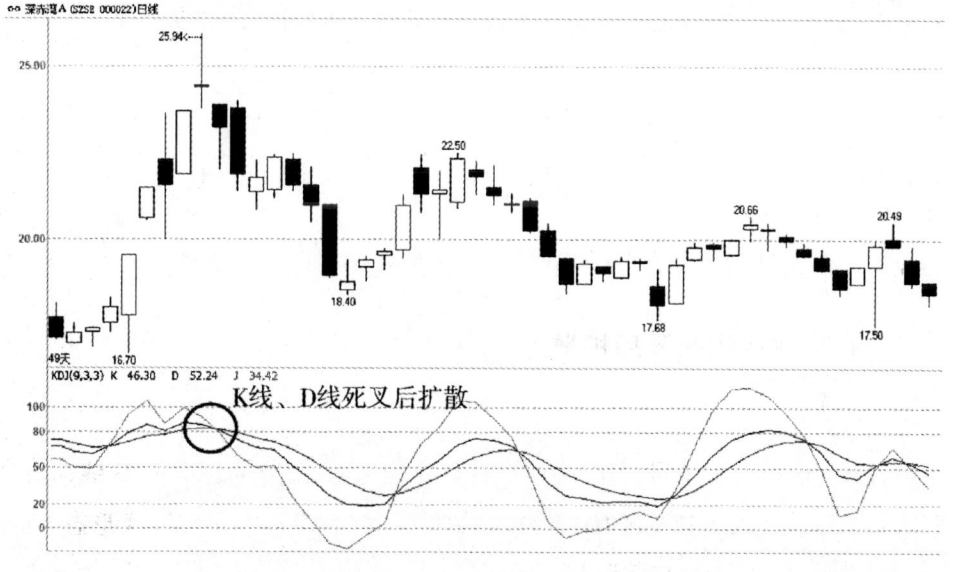

图6-11 深赤湾A（000022）K线、D线死叉后扩散

### 6.3.3 KD线顶背离

**【形态描述】**

顶背离是技术指标分析中常见的形态之一,当KDJ指标出现顶背离时,是指随着股价一波一波地上涨,出现新高,而KDJ指标却并未跟随股价的上涨向上行走,反而出现向下发展的态势,并逐步走低。KDJ指标的顶背离,是卖出信号。

**【市场含义】**

股价上涨,创出新高,从K线图上看上去似乎一切美好。但是KDJ指标揭示了股价所掩藏的上升乏力的实质。

在股价上涨、顶部即将形成的过程中,由于上涨能量释放接近尾声,股价虽然上涨但幅度减小,KDJ指标中,K值、D值的计算过程能够将这种"滞涨"的变化敏锐地反映出来,并以逐波下行的峰值告诉我们,个股的走势将出现反转,投资者应该抓紧机会卖出。

**【个股实战】**

以中国天楹(000035)2014年12月1日至2015年5月12日走势图为例,如图6-12所示,股价走高而KDJ走低,这就是经典的顶背离走势。

图6-12 中国天楹(000035)顶背离

### 6.3.4　KDJ 高台跳水

**【形态描述】**

KDJ 高台跳水，是指个股的股价经过一段时间的上涨后，KDJ 指标已经进入超买区。此时，股价突然下跌，伴随着股价的下跌，KDJ 的三条线从超买区快速向下跌落，形态如同跳水运动员从高台落水之势。

**【市场含义】**

在 KDJ 指标之中，J 值为"先行指标"，它通过放大 K 值的突然性变化与 D 值的差异显示股价走势发生的趋势性变化。因为其过于灵敏，对短期的变化能产生较大的反应，所以应该参考 K 值、D 值的变化以判断股价的中期走势。

当"高台跳水"发生以后，J 值当然一马当先向下坠落；随后 K 值、D 值也跟随向下，在趋势反转的过程中，还会伴生 K 值对 D 值的死叉现象，这说明股价的下跌，已经突破了近几日的最低价，是一种破位下行，每日的收盘价就是近期的最低价。这种现象如果出现在股价经过一轮上涨、KDJ 进入超买区这一时期，说明该股的庄家正在大规模出货，后续的下跌不可避免，因此应该及时卖出。

**【个股实战】**

以平安银行（000001）2015 年 2 月 27 日至 5 月 19 日走势图为例，如图 6－13 所示，该股出现了近期高价，同时在 KDJ 指标中，KDJ 都已经进入了超买区。该股股价出现下跌，随着这一下跌，K 值、D 值、J 值迅速降低，而这一"高台跳水"的幅度相当大，随后该股跌幅减小并拉出了几根小阳线，但是 KDJ 指标仍一路下行达到 20 左右的超卖区，其走势的弱势特点非常明显，因此应该果断卖出。

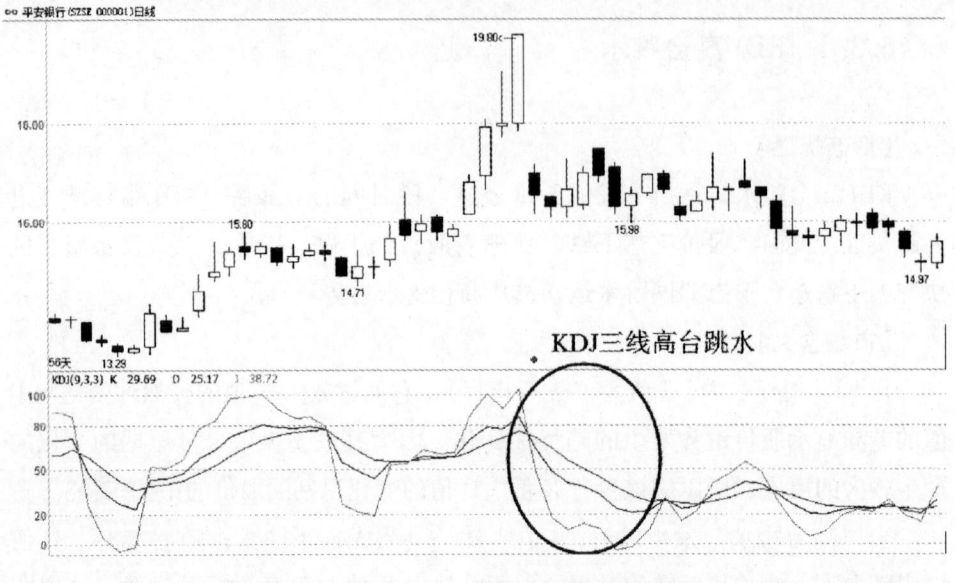

图6-13 平安银行（000001）KDJ高台跳水

## 6.3.5 KDJ下降台阶

**【形态描述】**

KDJ下降台阶，是指个股股价高位盘整过程中，KDJ指标出现了下行，但其下行并不是直接"高台跳水"，而是先形成一段横盘，随后再下行后形成另一段横盘阶段，从形态上看就像是走在下降的台阶上。

**【市场含义】**

KDJ下降台阶形态，发出了个股在庄家的操控下有序出货的信号。

首先，个股的股价上涨，随着股价上涨KDJ指标也进入了超买区，然后庄家进行第一波出货，股价出现下跌，因此KDJ指标也向下行。但与"高台跳水"不同，下跌后KDJ指标走出了横盘发展的形态，这说明个股股价并没有直接下跌，而是被拉回到近9日交易价格的最高价与最低价差价的50%~60%之间，这样就使K线、D线能够保持横向盘整。股价的这一特点，也表明其被精心操控着。

接着，在市场信心有所恢复之际，庄家实施第二波出货，股价再次下跌，

KDJ 也随之向下。同样，下跌后庄家又将其拉回到近期价格的 50% 附近，掩盖其出货的真相。KDJ 指标忠实地记录出第二次横盘，也就形成了下降的第二台阶。

在这种情况下，只要第二台阶形成，说明庄家以出货为目的的操作已经明确，短期内将不再有上升的机会了，投资者应该卖出以避开下跌过程。

【个股实战】

以深国商（000056）2014 年 11 月 19 日至 2015 年 1 月 28 日走势图为例，如图 6-14 所示，该股经过前期的拉升后，开始出现下跌，走出带上影线的 K 线图，显示庄家有出货的嫌疑。这时 KDJ 从超买区向下转向。随后庄家又把股价拉高，看上去上涨幅度还不小，且形成了第一台阶。

庄家开始第二波出货，股价连拉几根阴线。KD 线在第一台阶的基础上也再次掉头向下。但是庄家再次将股价拉回到 KDJ 指标的计算区间内，上涨的阳线在 K 线图上显示出积极的信号，但是 KDJ 指标却横向发展，形成了第二台阶。后期该股涨涨跌跌基本上都是在第二台阶的最高价与最低价范围内，说明庄家并不想真正拉高，只是为了进一步出货而做出的上涨 K 线图。

KDJ 的两次下台阶，显露了该股的走势实质，因此我们不应恋战，而需要及早抽身。

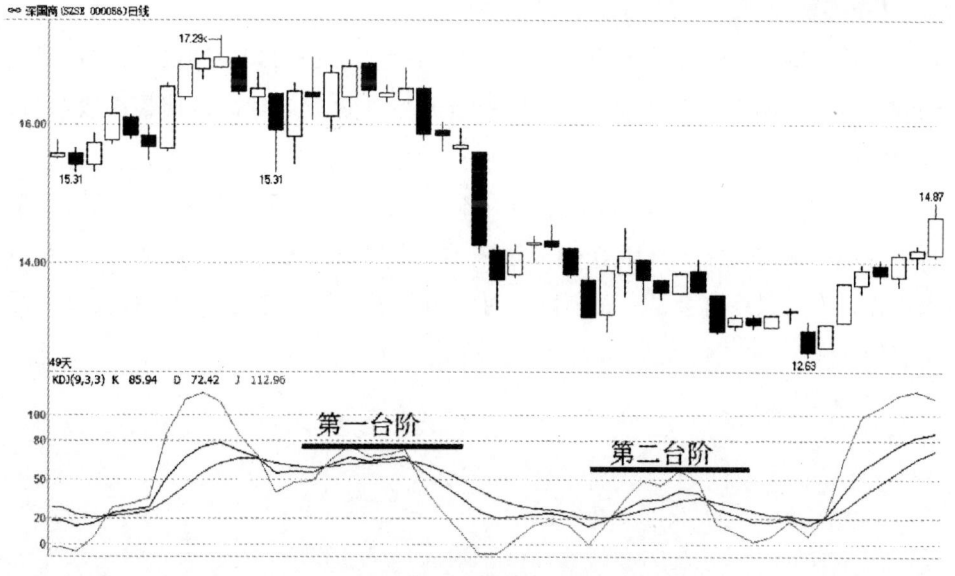

图 6-14 深国商（000056）KDJ 下降台阶

### 6.3.6 双线弱势

**【形态描述】**

双线弱势,是指个股的 KDJ 线走出向下移动的弱势形态,与此同时个股的 10 日均线也走出下行的走势,这种形态显示了个股的疲软。

**【市场含义】**

个股的 KDJ 线显示了当日股价与最近一段时间内最高收盘价的相对关系。在双线弱势形态中,如果个股的 KDJ 线逐步下移,说明当日股价正在逐步远离近期的最高收盘价;并且这种远离是从负向的角度,说明卖方力量正在打压。

在这种情况下,结合 10 日均线可以判断 KDJ 的这种走势对后期股价的影响程度。一般来说,如果此时 10 日均线向上的趋势不改,或者略有盘整而继续保持稳定,说明 10 日均线的护盘力度较大,当前的 KDJ 下行多半是庄家的洗盘之作。反之,如果随着 KDJ 下行,10 日均线也痛快地向下移动,则说明股价的向下突破没有获得有力的支撑,庄家无意护盘,甚至可能就是庄家的出货才导致这一局面。

在这种情况下,为降低风险,投资者宜卖出股票。

**【个股实战】**

以盐田港(000088)为例,如图 6-15 所示,该股的 KDJ 线经过一段时间的波动后,且掉头向下移动,这说明股价开始从负方向远离近期最高收盘价,股价波动方向是趋向走弱的。

同时,结合该股的 10 日均线,10 日均线转变为向下缓慢移动,这说明股价正在向下突破,已经破坏了 10 日以来的上升通道,另外也说明股价下行没有人护盘,因此最终将会是一路下跌。对于出现了双线弱势的股票,投资者宜尽早出局。

# 第 6 章 KDJ 指标买卖点详解

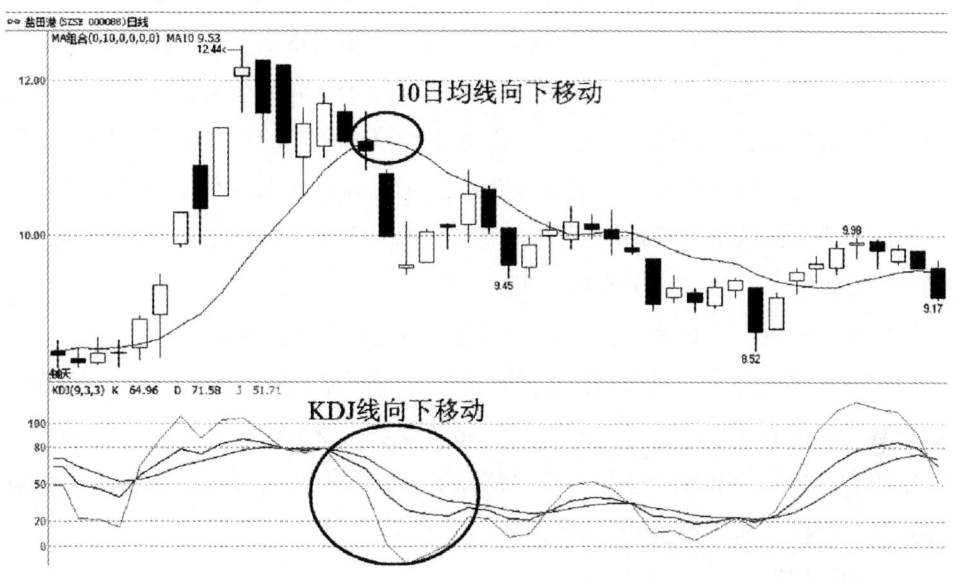

图 6-15 盐田港（000088）双线弱势

## 6.3.7 三线死叉

**【形态描述】**

三线死叉是一种综合判断形态，它是指在个股的走势之中，KDJ 线率先出现了死叉现象，接着成交量的 5 日均线与 10 日均线也出现了死叉现象，股价的 5 日均线也死叉 10 日均线，三种死叉现象相继发生，突显了个股走势由强转弱的特点。

**【市场含义】**

个股的 KDJ 指标经过设计后反应比较敏锐，一般而言都会提前走出一些特定的形态，有时容易造成误判断。因此结合成交量指标、均线指标，从而进一步综合判断，将有利于投资者更加准确地确定个股未来走势。

当个股的 KDJ 走出死叉形态时，一般都是上涨了几天后出现了连续下跌的情况，股价跌离了前期最高收盘价附近，敏感的 J 线带着 K 线击穿了 D 线，形成了死叉。

伴随着股价的下跌，成交量的 5 日均线也随后发生了死叉 10 日均线的情况，这说明随着KDJ线的死叉，成交量比前期上涨的量大幅萎缩，5日平均成交量已经大大低于近10日的平均成交量。这一方面是由于前期上涨时的量放得过大，因此5日平均成交量拉动10日平均成交量处于较高位置；另一方面也说明前期上涨的量释放过度，庄家也可能处于边拉边派发的操作之中。因此，当成交量5日均线向下击穿成交量10日均线之时，说明成交量正在快速萎缩。

随后出现的股价5日均线下穿10日均线的"死叉"图形，说明短期内股价的下跌幅度较大，已破坏了股价形态，下跌的能量较强。

因此，当三项"死叉"发生时，短线操作上应该卖出为宜。

需要注意的是，三项不同指标的死叉有先后顺序，KDJ线先发生"死叉"，成交量与股价的死叉同步发生时的三线死叉形态比较准确。另外，三线死叉的幅度越大，判断的准确性越高。其他情况下，比如仅两线死叉，或者死叉的幅度过小，则都不属于典型的三线死叉信号。

【个股实战】

以深物业A（000011）2015年4月9日至5月27日走势图为例，如图6-16所示，该股的KDJ线走出了死叉形态，J线从高位向下穿过了K线、D线，显示出该股的股价出现了向跌势方向波动的走向。随后，在该股的成交量指标之

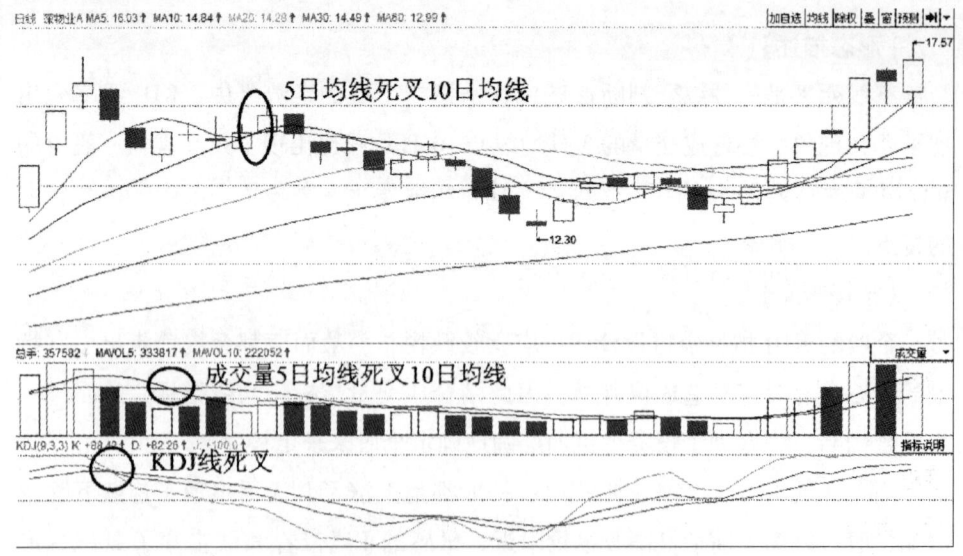

图6-16 深物业A（000011）"三线死叉"

中，由于前期放出了巨量，因此 5 日成交量均线迅速拉到高位，而在 KDJ 线死叉后该股的成交量又迅速缩小，因此 5 日成交量均线也向下死叉 10 日成交量均线。

再看一下股价均线系统，随后就出现了 5 日均线向下死叉 10 日均线系统的走势，这说明该股的收盘价一日低似一日，正在进入下降通道。

由于三项指标全都走出弱势图形，因此可以确认该股已被庄家"抛弃"，后期走势只能是以跌为主，投资者最好是卖出为佳。

### 6.3.8 撤离信号

**【形态描述】**

撤离信号，是指个股的 KDJ 线中，J 线迅速向上达到 100 之顶峰后转为向下，同时成交量突然放出近期的"天量"的形态，这种形态发生后投资者宜撤离该股。

**【市场含义】**

在中小投资者的投资理念中，跟庄是一种很重要的获利方式。在跟庄过程中要随时确定庄家是否要撤退，然后及时退出，才能实现较好的盈利。撤离信号形态可以帮助我们识别庄家的退出时机，从而抢先撤离。

当个股上涨了一段时间后，先期进入跟庄的散户已经有了一定的获利，当然庄家获得了更大的账面收益，因此，庄家必然要考虑出货了。一般来说，出货会掩盖在上涨后期，由于筹码锁定较好以及连续上涨带来的高人气，庄家会用小量的筹码对倒拉高或保持股价，制造出旺盛的局面，同时悄悄地大量卖出。由于连续的上涨，投资者对未来股价期望值提高，因此庄家卖出的股票会成功被人接走，最后必然放出"天量"。从换手率上来看，也将会出现近期少有的高换手率。

反映在 KDJ 线走势上，由于 J 线比较敏感，随着价格的坚持 J 线会达到或接近 100 的峰值，但随着庄家的"天量"出货，后续的股价失去了依托将会下行，此时 J 线也将灵敏地下行，走出了"触顶下探"的形态。配合着成交量图形上"前无古人后无来者"的"天量"成交，预示着庄家出货目标的顺利实现。后期个股已没有大的行情，因此相当于发出了"撤离"的信号。

【个股实战】

以深物业A（000011）2015年1月15日至5月12日走势图为例，如图6-17所示，该股在经过了一段时间的上涨后，KDJ指标持续向下，甚至J线已经达到了100的最高值，说明该股的价格已经达到了近期的最高价了。

就在KDJ线达到顶峰之时，突然放出巨量成交，当然股价还是保持了向上涨的阳线形态。但巨量成交之后，该股的KDJ指标却出现了掉头向下的走势，说明股价已经开始远离近期的最高价，因此需要警惕了。一般而言，可以认为庄家即将出货，但投资者也应该及早"撤离"该股了。

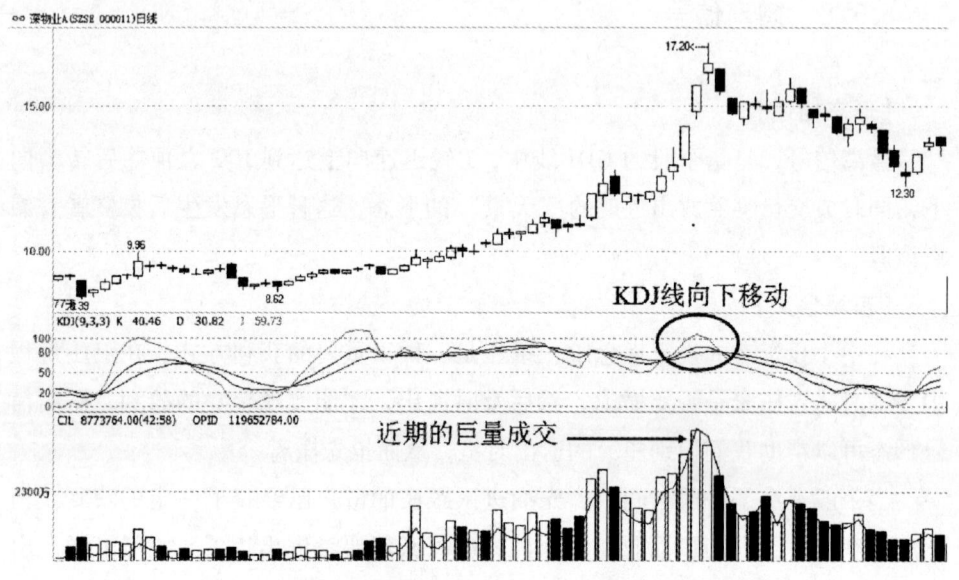

图6-17　深物业A（000011）撤离信号

# 第 7 章　OBV 指标买卖点详解

前几章所讲的 MACD 指标、KDJ 指标以及 PSY 指标，从其基本推导过程来看，都是基于股票价格并按照一定的数理统计方法推导出来的。本章将要讲到的 OBV 指标则略有不同，它是依据成交量指标进行统计推导出来的技术指标。

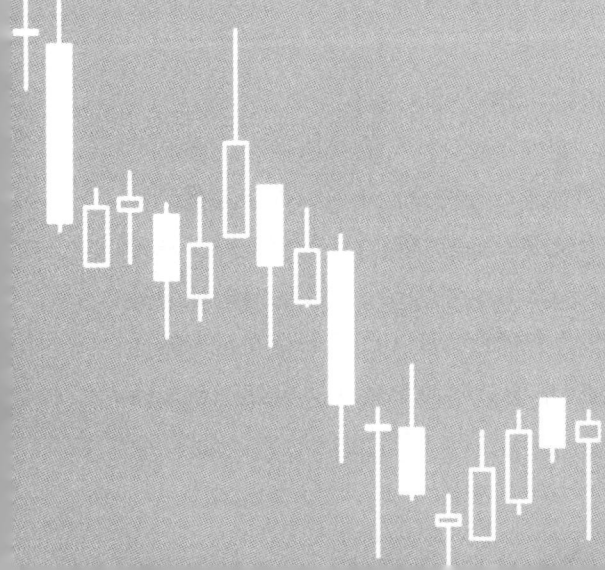

## 7.1　新股民学 OBV 指标

**【历史】**

OBV（On Balance Volume）指标，中文含义为"平衡交易量"，但更常见的名称是"能量潮"。OBV 指标是由美国的 Joseph E. Granville 设计，并于 1963 年第一次在他的一本书籍《格兰威尔股市收益新钥匙》中提出来的。关于 Joseph E. Granville，人们常称呼他乔·格兰威尔（Joe Granville），是一名财经撰稿人、股市交易员、分析家、投资专家。

**【原理】**

OBV 指标是第一个测定正向、负向能量的指标，通过观察 OBV，投资者可以预测股价变动以及确定股价走势。

OBV 指标的计算公式比较简单，但也涉及移动平均的原理。

当某日的收盘价高于前一日的收盘价时，OBV = 前一日的 OBV + 当日成交量

当某日的收盘价低于前一日的收盘价时，OBV = 前一日的 OBV - 当日成交量

当某日的收盘价等于前一日的收盘价时，OBV = 前一日的 OBV。

为了计算的方便，计算过程起点的"前一日的 OBV"直接取 0 值。

OBV 指标的设计，是基于格兰威尔对证券市场的理论认识：他认为成交量先行于股价，先有量后有价。当股价上升交易日的成交量大于股价下跌交易日的成交量时，OBV 上行；反之，下跌交易日的成交量大于上升交易日的成交量时，OBV 将会下行。上升的 OBV 反映市场正向的力量（也就是买方）占据优势，后市股价将会上涨；下降的 OBV 反映市场负向的力量（即卖方）占据强

势，预示后期股价将会下跌。股价横盘或下跌时，OBV 反而上升，说明后期股价可以看高；与之相对应，股价横盘或上涨时，若 OBV 下降，后期股价将会下跌。

OBV 指标用于判断股价走势，是基于以下前提：(1) 投资者只有对于股价未来走势的分歧很大，才能形成很大的成交量，即有人买有人卖；大家认识比较一致时，成交量会减小。(2) OBV 值波动大的个股，说明其股性活跃，成交量、股价的变动幅度大，一般是主力介入的表现，反之那些 OBV 低位横盘的股票基本属于冷门股。(3) 股价上升和下跌所需的量能是不一样的，上涨时所需量能比较大，需更大的成交量配合；而下跌时一般只需较小的成交量即可做到。

【种类】

OBV 指标包括 OBV 值和 OBV 线两种。

OBV 值是指对应某一交易日，某一个股经过公式计算得出的 OBV 数值；将这些 OBV 值依次连接，就形成了 OBV 线，比单纯的某一数值更具有分析意义。

OBV 线可以用于判断 OBV 的趋势，分析支撑线或压力线，判断 OBV 走势与股价走势是否匹配还是出现了背离。因此，OBV 线的作用更大。

【实践应用】

当然，需要注意的是，在证券市场中，价格、成交量、时间、空间是进行技术分析的四个基本要素，由于 OBV 指标作为成交量的衍生指标，它单独使用时意义并不大，一般结合 K 线图指标同时分析才能更加准确地判断买入或卖出信号。

## 7.2　OBV 指标买入信号

上一节中介绍，OBV 指标是基于成交量推导出来的技术指标，而人们公认的成交量是所有的技术指标中最不易人为操控的，因此，以 OBV 指标的形态来判断股票未来的趋势,并指导自己的买卖操作,对于投资者来说有较强的可靠性。在实践当中,OBV 指标形成的典型的买入形态有以下几类。

### 7.2.1　OBV 与股价同步向上

【形态描述】

OBV 与股价同步向上,是指随着个股股价逐步向上,OBV 线的走势也从低向高逐波上行,OBV 线与股价上行趋势形成了和谐的"二重唱"。一旦出现这样的信号,应该在早期买入,获取后期的上涨空间。

【市场含义】

根据 OBV 的原理可以看出,当个股的股价向上的同时,如果 OBV 也由低到高逐步向上,说明伴随着股价不断突破前期收盘价,其成交量也在逐步放大。这是价涨量增的良好态势,说明股价正处在主升浪之中。

当然,股价在上升过程中也可能出现小幅调整,但如果 OBV 的走势并没有根本性的改变,这说明下跌的交易日数量并不多;而且即使下跌时其成交量比较小,或者其收盘价并没有低于前日收盘价,其反映在 OBV 的走势图上依然保持"天天向上"的形态。这从另一个角度说明了个股处于庄家拉升过程,偶尔的小回调属于洗盘或震仓性质,对于持仓的投资者而言不必卖出,对于尚未进入的投资者来说这是买入的机会。

【个股实战】

以深物业 A(000011)2015 年 1 月 15 日至 5 月 12 日走势图为例,如图 7-1 所示,该股下跌并且 OBV 值处于较低位置。随后该股 OBV 线一改之前的下行态势,转为向上行走,股价也开始逐步拉升,OBV 的上升形态说明股价的走强有成交量的有力支持。积极的投资者可以在股价与 OBV 同步出现的情形时即刻买入。

随后该股 OBV 在一路上行的过程中也出现了一些小幅回调后迅速回升的形态,说明该股的股价在上升过程中也出现过下跌的阴线,但其下跌时对应的成交量并不大,OBV 指标没有根本性的改变,股价仍然处于上升通道之中,因此可以利用回调的机会买入。

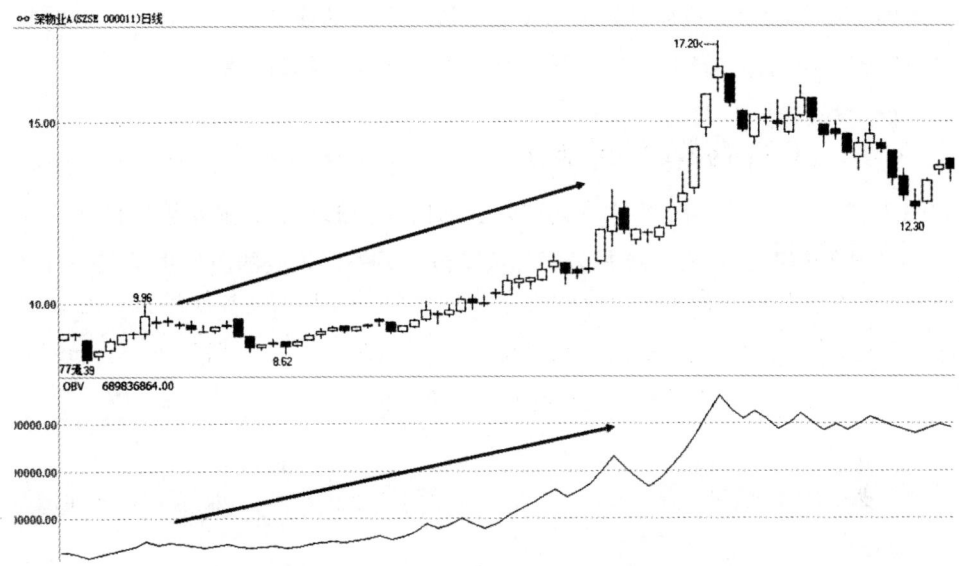

图 7-1　深物业 A（000011）OBV 与股价同步向上

## 7.2.2　OBV 盘整后上升

【形态描述】

OBV 盘整后上升，是指 OBV 线在出现一段时间的横向延伸过后，开始形成快速向上的态势，OBV 的值不断突破前期数值创出新高，同时个股的股价也开始出现了连续阳线，这时应该及时买入。

【市场含义】

OBV 线处于横向延伸状态时，说明个股在前段交易日形成的某一巨大成交量（并形成了很大的 OBV 值）后，成交量突然缩小，与前一日的 OBV 值相比其所占的比例非常低，不足以让 OBV 线有较大改变。这是典型的缩量盘整特点，说明庄家正在清洗筹码。

另外，个股的成交量虽小，但如果收盘价持续突破前期价格，随着 OBV 值的不断累加也会改变 OBV 的大趋势，但从 OBV 能够横向盘整的情况来看，说明在一段时间内个股的股价涨跌各半，收盘价保持在一个箱体内，这也是庄家控盘的强势特征。

OBV横向盘整完成后开始向上突破,说明个股的成交量开始放大。同时收盘价突破前期箱体,这是主升浪开始的表现,当然应该及时追入。

【个股实战】

以深康佳A(000016)2014年11月24日至2015年5月27日走势图为例,如图7-2所示,该股的OBV线就进入了横向延伸的状态,显示该股的成交量不足以改变OBV的趋势,能量处于积蓄阶段。另外,该股的股价也是涨一日跌

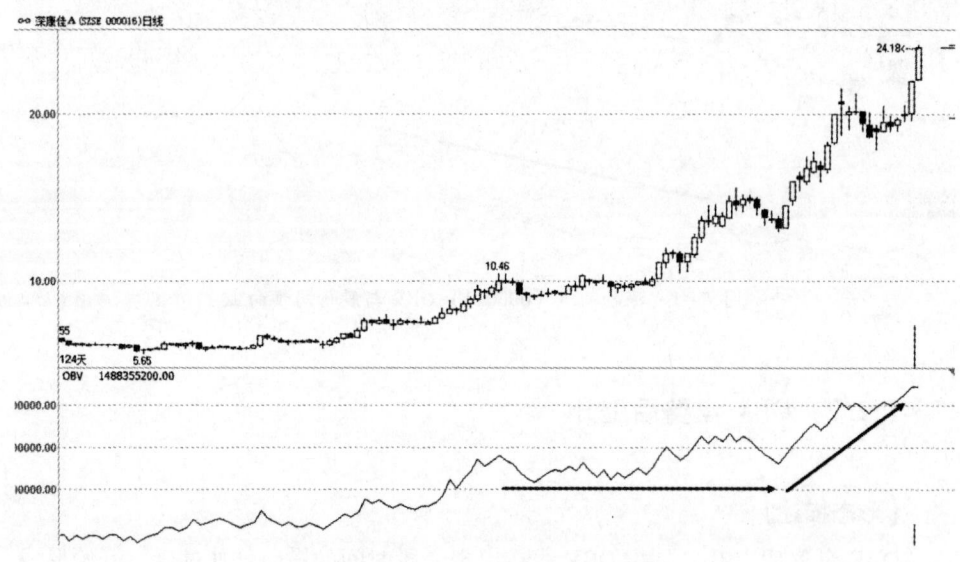

图7-2 深康佳A(000016)OBV盘整后上升

一日。种种迹象表明,这段时间庄家蓄势待发。经过整理,该股的OBV线向上突破,说明股价后期看好,应该介入。此时,该股的股价尚处于前期箱体顶部,随着OBV继续向上,股价也突破盘整加速向上。

### 7.2.3 OBV"希望之光"

【形态描述】

OBV"希望之光",是指尽管个股股价不断下跌,K线图上出现了大量的阴线,但是个股的OBV指标却逐步抬升,与K线图的下跌走势形成了明显相反的趋势形态。OBV走出这种形态,预示着后市个股走势转强、买入机会来临,让人们在股价下跌的连续阴影之中看到了希望,因此称为"希望之光"。

【市场含义】

个股股价连续下跌,乍看上去似乎处于弱势之中,但是如果 OBV 指标不但不向下行,反而逐步向上,说明 OBV 值在一步一步地增大,股价上升的动能正在蓄积。

依据 OBV 值的原理,OBV 逐步提高,这说明成交量的走势呈现"股价下跌日成交量较小,股价上涨日成交量较大"的特点,也说明庄家先用少量筹码打压股价击破持股者的信心,然后拉出阳线来吸收低位筹码。另外,尽管出现了较多的阴线,但是其收盘价并不一定就低于前一日的收盘价,因为这可以通过"跳空高开"做出收盘价实际上升的阴线,这是庄家刻意做出阴线的"诱空"意图,体现在 OBV 线上就是股价阴线而非 OBV 线上升。随着庄家吸筹过程完成,个股后续会走出一波行情。

因此,面对走出 OBV 线"希望之光"形态的个股,你值得拥有。

【个股实战】

以深大通 (000038) 2014 年 4 月 15 日至 2015 年 3 月 23 日走势图为例,如图 7-3 所示,该股的股价 K 线图与 OBV 线出现了两种相反的走势,OBV 线从能量的角度揭穿了该股庄家打压股价收集筹码的实质,实乃"希望之光"。

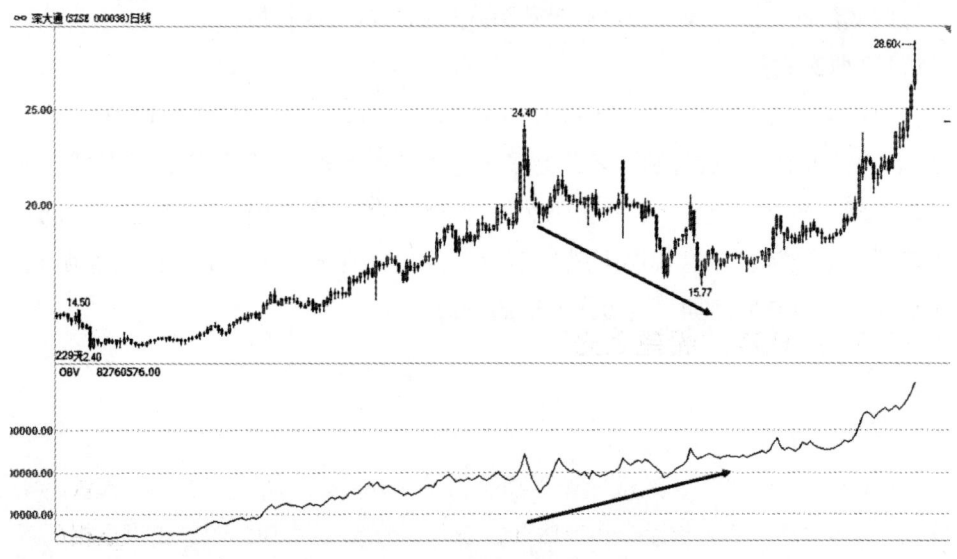

图 7-3  深大通 (000038) OBV "希望之光"

### 7.2.4 OBV下行横盘为底

**【形态描述】**

股市风云变幻,有涨有跌。当个股处于大跌过程中,什么时候才是底部?OBV指标可以用来预判:当股价处于下跌过程,OBV线随之下跌,一旦OBV线不再下行,而是出现横向盘整、横向移动的形态时,即可判断为个股的短期底部,可以进入以获得一波反弹行情。

**【市场含义】**

个股股价处于下跌过程中,一般情况下如果是庄家出货,则OBV线必然表现出弱势,会调头向下。当OBV线从下行的形态转变为横向盘整时,根据OBV值的原理,可以得出如下结论:(1)个股的股价已经不再大幅破位向下了,即使有阴线,也保持着收盘价与前一日收盘价接近的特点;(2)成交量已经出现了"地量",由于之前曾出现过极大的成交量,此时"地量"出现后,对OBV值的影响极为有限,从而使OBV线保持横盘。

归纳以上两点,即股价不再下跌或跌幅很小,成交量极度萎缩。这两点正是短线底部的特点,投资者可以果断买入抓住一次短线行情。

**【个股实战】**

以潍柴动力(000338)2014年12月12日至2015年4月30日走势图为例,如图7-4所示,该股告别了多日上涨的行情,开始进入下跌通道,OBV线与股价基本同步向下。随后该股股价仍然保持下跌形态,但OBV线却基本上如同一条直线在横向延伸。这说明下跌的能量已经全部释放,该股的底部已经明确,可以买入,以获取后期一波短线上涨的行情。

图 7-4　潍柴动力（000338）OBV 下行横盘

## 7.2.5 "接力赛跑"

【形态描述】

当个股处于股价上升过程中，何时可以追涨？用 OBV 指标可以提供追涨信号，这就是 OBV 的"接力赛跑"形态。具体来说，就是指当个股的股价处于上涨过程中，如果 OBV 出现横向盘整，盘整完成后向上突破，说明个股后期将又出现一波上涨行情，就像体育比赛之中的"接力赛跑"一样，此时投资者可以买入。

【市场含义】

个股上涨过程中，上涨一段时间后，必然积累不少的获利盘，庄家为了减少拉升的压力，也需要进行清洗，因此在上涨一段时间后会有一个横盘的阶段。横盘阶段，股价不再上涨甚至出现下跌，但是成交量也随之减少，因为庄家并未出货，而只是一部分持股意志不坚的投资者获利了结。在这种情况下，OBV 线的走势将出现横向盘整。

而一旦 OBV 线结束盘整调头向上，说明个股的股价已经突破了洗筹阶段的收盘价，开始再次破位上攻，成交量也由于新的资金的进入而逐步放大，这种放量上攻的情况意味着推动个股股价上涨的市场能量完成了接替，无疑会带来另一波股价上涨行情。

【个股实战】

以冀东水泥（000401）2014年5月22~27日走势图为例，如图7-5所示，该股在多日连续上涨后开始小幅盘整，此时OBV线从前期的单边上扬转为接近于水平的延伸线。这一阶段正是资金接替、换手的过程，前期获利盘卖出，新的资金涌入接盘。

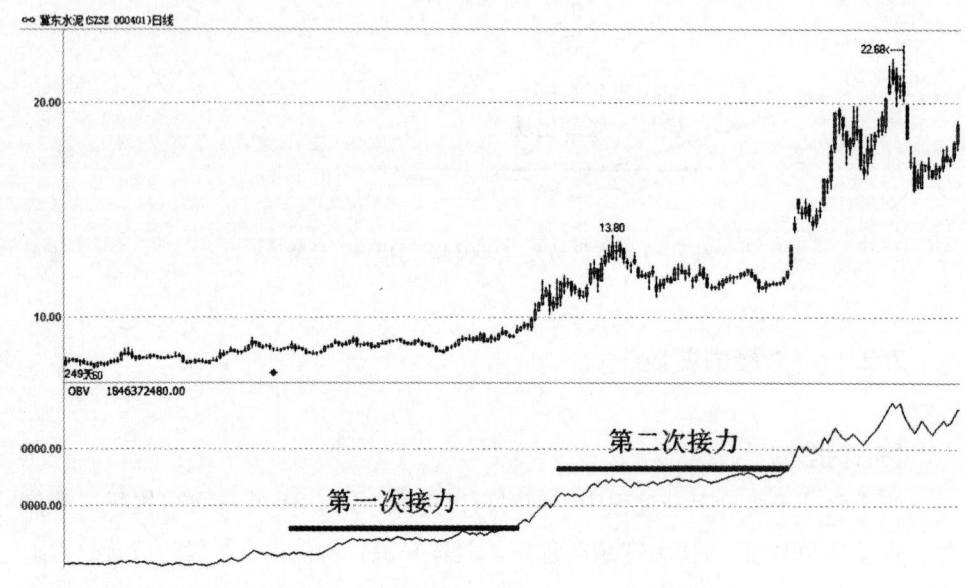

图7-5 冀东水泥（000401）OBV"接力赛跑"

该股的OBV线不再横向盘整，开始向上抬头，同时股价也走出了小阳线，说明接力棒的"交接"已经完成，个股中期的方向已经明确，新的升浪正式开始了，投资者可以及时买入。

## 7.3 OBV 指标卖出信号

前文介绍了 OBV 指标形成的几类典型买入信号，同样，根据 OBV 指标源自成交量的原理，我们可以依据 OBV 指标的特定走势形态判断出一只股票是否即将下跌，并及时卖出以规避损失。深入来看，OBV 指标的计算过程既包含了成交量，又结合了收盘价的相对关系，所以其走势中蕴含着量价之间的逻辑关系，能够显示股票走弱的趋势，释放卖出信号。

### 7.3.1 OBV 与股价同向下跌破支撑

【形态描述】

OBV 与股价同向跌破支撑，是指当个股的股价开始出现下跌时，OBV 也同时向下延伸，两条线同步下跌，OBV 线击穿上涨期间的支撑位。这是股价走弱的常见表现，需要及时卖出。

【市场含义】

OBV 表示了市场的能量趋势，当它向下行走时，说明个股在走势过程中出现了"负向"的形态，拉动 OBV 值呈现逐日减小的走势。

而 OBV 为什么会出现"负向"形态呢？是因为股价逐步破位，收盘价连创新低，计算 OBV 时需要减去当日的成交量，使 OBV 值不断减小，形成的 OBV 线也逐步向下。

而在个股股价下跌之前，一般都会发生一段时间的盘整，这时 OBV 线上会形成一个近似水平线的平台，称为支撑位。

如果在 OBV 下行的过程中下跌之势非常陡峭，击穿了上涨期间的支撑位，则进一步说明了个股除股价破位以外，成交量更是在放量下跌。这种形态的出现，加强了对个股后期走势的确认，投资者需要及时卖出以避免损失。

**【个股实战】**

以万泽股份（000534）2014年3月27日至2015年1月7日走势图为例，如图7-6所示，该股股价从11.08元的高价开始下跌，OBV指标也同步向下。该股的OBV指标下行穿过了前期上涨期间形成的横盘支撑位置，说明下跌加快、头部形成，应该及时卖出。

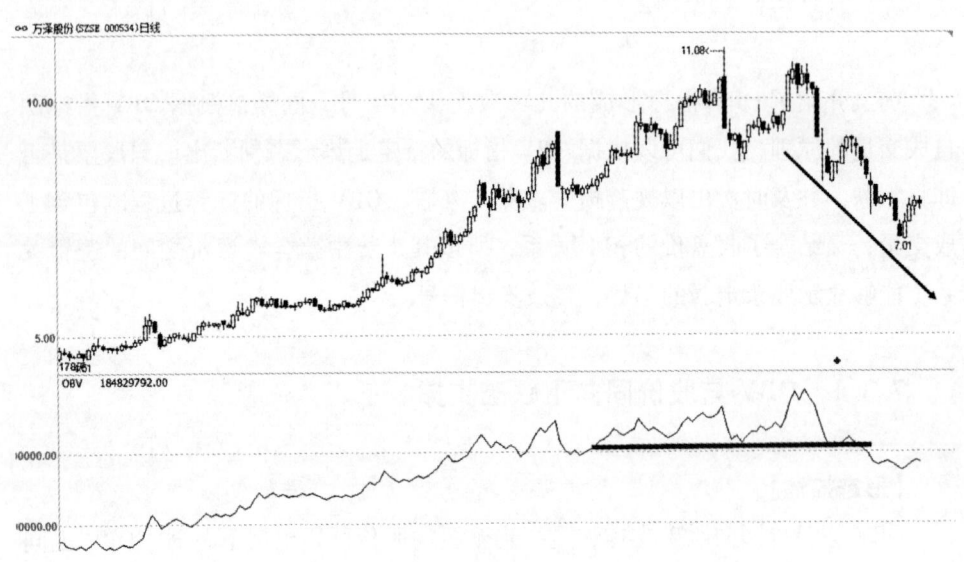

图7-6 万泽股份（000534）OBV与股价同向下

## 7.3.2 股价上升OBV不升

**【形态描述】**

股价上升OBV不升，是指在个股的上涨过程中，随着股价逐步创出新高，OBV线并没有不断增长，而是保持在一定的位置横向盘整。出现这样的形态，一般预示着股价上涨到头，要下跌了。

**【市场含义】**

OBV指标主要反映了成交量的释放过程，它出现了横向盘整，说明随着股价上涨，成交量迅速萎缩，相比之前的巨量，现在的成交量减少比例非常大。

另外，股价虽然上涨，但收盘价仍比前一日收盘价低（即出现"跳空低开"后的上涨），而 OBV 在计算中需要减去当日成交量，因此 OBV 指标的值不增反减。总之，在这一阶段的 OBV 线盘整，说明上升的能量已经是"强弩之末"了，庄家勉强维持上涨的形态，后续会迎来下跌行情。

需要注意的是，有时为了避免庄家"做"出的 K 线图对 OBV 线的干扰，可以在 OBV 线下行穿过盘整范围的低限位时，判断确定股价的短期头部，并在这一时点择机卖出。

【个股实战】

以皖能电力（000543）2014 年 10 月 16 日至 2015 年 2 月 16 日走势图为例，如图 7-7 所示，股价在上涨过程中，OBV 却走平，说明资金进场的力量不强，至少是没有集团军一样成规模的进入，所以更有可能是主力在悄悄出货。因此在力量消弱的上涨中，要及时离开。

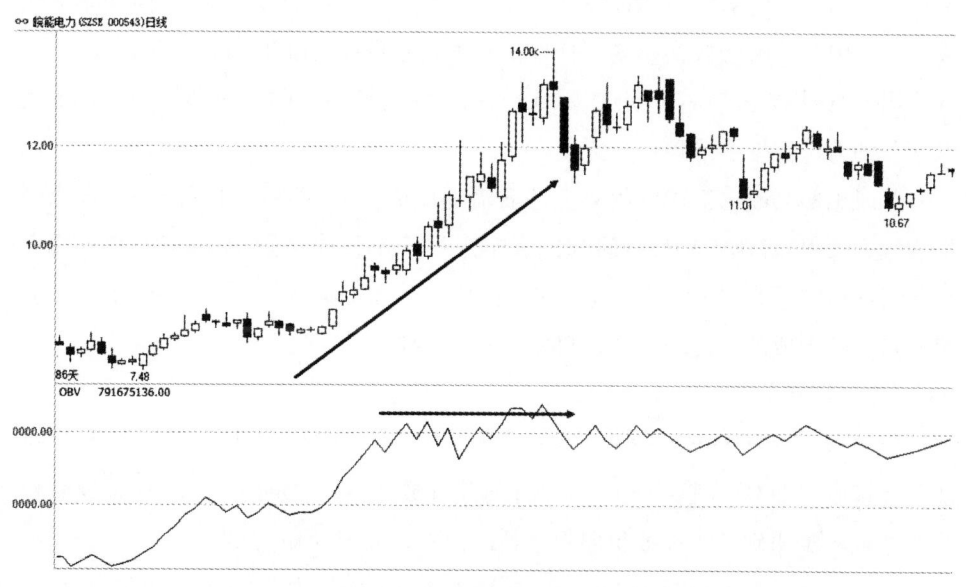

图 7-7 皖能电力（000543）股价上升 OBV 不升

### 7.3.3　OBV 高位拐点且成交量均线金叉

【形态描述】

OBV 高位拐点且成交量均线金叉，这种形态是一个综合判断形态，它是指股价上涨过程中，OBV 线出现近期以来的高位后向下行走，即出现拐点。与此同时，在成交量指标之中，其 5 日均线也向上金叉 10 日均线或处于金叉之后的扩散状态（即 5 日成交量均线高于 10 日成交量均线）。通过这两项指标联合判断，可以确定股价头部，应该卖出。

【市场含义】

OBV 指标主要反映了成交量的变动趋势，其计算原理中也融合了收盘价的影响因素。但是对于庄家控盘力度很强的个股，仅 OBV 指标还不能准确判断卖出点，因为庄家绝对控盘后即使成交量萎缩股价也还是可以有较大幅度的上涨或下跌。因此，融合成交量均线指标来辅助判断可以更加准确。

当个股 OBV 出现高位拐点时，说明以上涨力量为主的情况即将开始转变为以下跌的力量占据主导地位，天要变了。

此时想要判断出准确的拐点，还需借助成交量的金叉信号，即当 5 日成交量均线金叉 10 日成交量均线后（或者本来处于 5 日成交量均线高于 10 日成交量均线的形态下），说明成交量正在迅速放大，而 OBV 线的拐点主要是由于股价放量下跌形成的。此时即可以确定为短期头部。

【个股实战】

以 ST 新都（000033）2014 年 1 月 3 日至 6 月 24 日走势图为例，如图 7-8 所示，该股的 OBV 线直线下降，同时其 5 日成交量均线向上金叉 10 日成交量均线。进一步明确了短期股价向下反转的信号，此时应该卖出。

# 第 7 章　OBV 指标买卖点详解

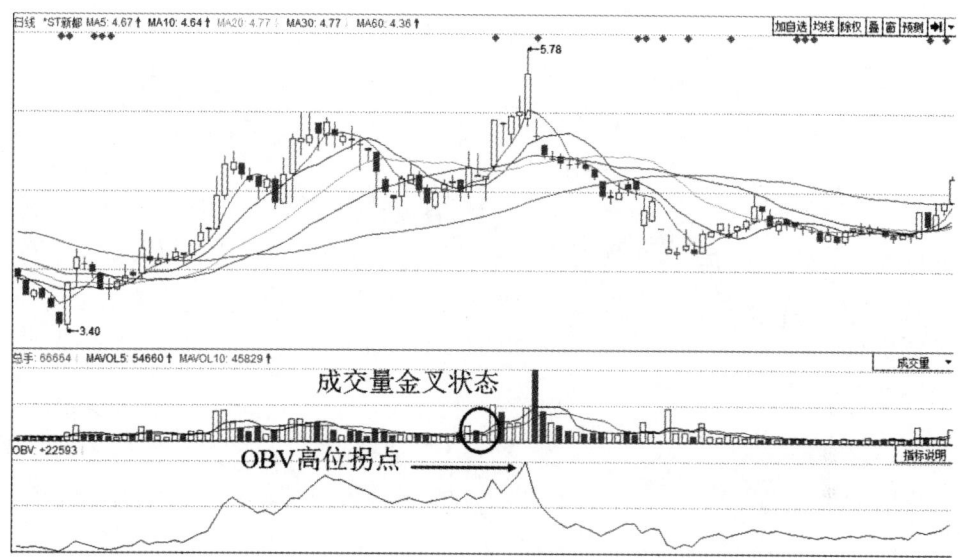

图 7-8　ST 新都（000033）OBV 高位拐点且成交量均线金叉

## 7.3.4　OBV 上升而股价不升

【形态描述】

OBV 上升而股价不升，是指在个股上涨过程中，出现了这样一种阶段：OBV 值快速增大，OBV 线迅速向上，而股价并未出现同步上涨，反而呈现一种盘整的形态。这种形态出现后，应引起警惕，及时卖出。

【市场含义】

个股的股价在上涨过程中，如果出现 OBV 快速增大的情况，一般是成交量正在迅速放大所产生的必然结果。如果这时股价并未形成大幅增长，而是出现横盘整理的情况，说明此时所形成的成交量之中，有不少是庄家在借机出货，才会导致大量的买盘进入却没有推高股价。

既然庄家已经在出货，短期内个股显然以下跌为主，宜及早卖出。

【个股实战】

以靖远煤电（000552）2014 年 6 月 5 日至 2015 年 2 月 13 日走势图为例，如图 7-9 所示，股价在横盘宽幅震荡，股价的绝对值基本没有什么变化，而此

图 7-9 靖远煤电（000552）OBV 上升股价不升

时的 OBV 却有了很大的升幅。两相对照，显然 OBV 指标的上升幅度超过了股价的升幅，从图形上可以看出股价 K 线图基本上处于横向延伸形态，OBV 线则处于快速增长形态，这一快一慢，说明成交量快速放大，但却没有推动股价大幅上涨，这显然是因为有大量的抛盘将买方的能量抵消，所以必定是庄家在出货。

### 7.3.5 OBV"双峰夕照"

【形态描述】

OBV"双峰夕照"，是指个股在上涨期间，OBV 线在较短的时间内连续出现两次近期最高值，这是庄家出货的强烈信号，应该及时撤出。我们借用"夕照"的说法，即"好景不长、早卖为佳"。

【市场含义】

个股在上涨期间，OBV 线的正常情况应该是不断增大、向上发展。出现第一次峰值，说明 OBV 线在创出近期高点后，突然转为向下，此时股价也会在近期高位后出现破位下行，成交量也较大。这种情况，一般是庄家在大规模出货。

由于出货过急,后期股价形态破坏,接盘的投资者减少,因此成交量快速缩小,庄家出货没有完成。

为此,庄家还需再做一波上升行情,以完成第二次出货。于是 OBV 线反映出第二次峰值的过程:庄家首先用小成交量拉高股价,OBV 快速向上;当有投资者受到吸引进入接盘后,庄家顺势边拉高边出货,成交量开始放大,OBV 线再次出现峰值,股价达到出货的理想空间;随后,庄家再次大规模地抛售筹码,股价再次从高点破位下行,成交量放大,庄家成功完成二次出货。

"双峰"过后,庄家基本出清,个股短期内显然不会再有大的行情。

【个股实战】

以东北制药(000597)2014 年 5 月 23 日至 2015 年 1 月 20 日走势图为例,如图 7-10 所示,该股出现 OBV 且第一次形成最高峰值,随后是快速向下;随后该股的 OBV 再次形成峰值,再次快速向下,确定了"双峰夕照"的形态,投资者应该卖出该股以避免后期下跌损失。

图 7-10　东北制药(000597)OBV"双峰夕照"

### 7.3.6 OBV 高位 M 头

【形态描述】

OBV 高位 M 头，是指在个股上涨过程中，OBV 线向上延伸，达到一定的高度后出现了 M 形状的头部，这种形态也是一种卖出信号。

【市场含义】

OBV 随着股价上涨而不断提升，但是到了近期高位后却出现了"M"形态，此时成交量仍然较大，但是个股的收盘价出现了高一天低一天的波动状态，也就是说此时个股的上涨动能正处于释放末期，而卖盘压力已经足够强大到可以形成较大成交量并拉低股价，多空双方正在进行博弈，所以 OBV 线处于一种"犬牙交错"的形态。

在这种情况下，由于前期个股已经出现了较大规模涨幅，上涨能量已经释放接近尾声，因此短期来看，在 M 头之后更多的是出现下跌，投资者应在 M 头时卖出股票。

【个股实战】

以焦作万方（000612）2014 年 1~10 月走势图为例，如图 7-11 所示，该股

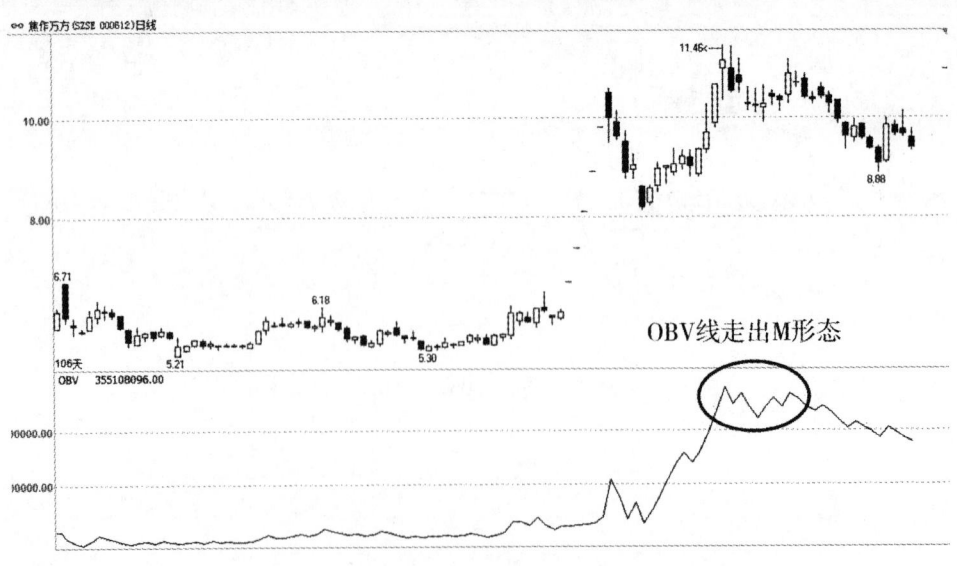

图 7-11 焦作万方（000612）OBV 高位 M 头

股价在前期上涨后达到高位，同时 OBV 线走出了典型的 M 形态，说明该股的买盘、卖盘量都非常大。在这种情况下，由于前期涨幅大消耗了过多的上涨能量，最终空方将占据优势。该股在 M 形态后发生了快速下跌，跌幅接近 30%，所以在明确 M 形态后就应该卖出，如果等到向下破位确定后再出手，就已经晚了。

# 第 8 章　RSI 指标买卖点详解

市场经济理论中最重要的一个基础理论就是：价格取决于供求关系，供过于求，价格下跌；供不应求，价格上涨。这一理论也可应用于股票市场，股票价格行情是取决于供求关系的变化，某只股票买方多于卖方，股票供不应求股价就上涨；反之，卖方多于买方，股价就下跌。RSI 指标就是一项反映股票供求关系的技术指标。

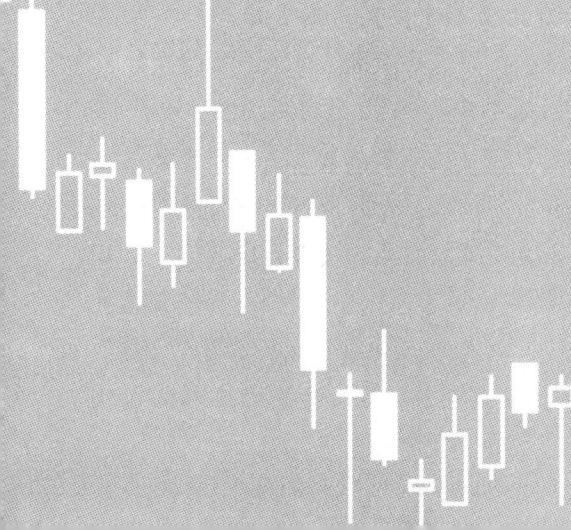

## 8.1 新股民学 RSI 指标

**【历史】**

RSI（Relative Strength Index）指标，中文一般译为"相对强弱指标"。RSI 指标是由美国的 J. Welles Wilder, Jr.（小威尔斯·威尔德）发明的，他曾是一个机械工程师，后来成为房地产开发商，最终由于涉足期货市场而成为全世界知名的技术分析专家。

1978 年 6 月，小威尔斯·威尔德出版了自己的第一本专著《技术交易系统中的新概念》，在这本书中他首次提出 RSI 指标，还创造性地提出了"平均真实波幅（Average True Range）""抛物线时价系统（Parabolic Time/Price System）"等技术指标，这些指标，尤其是后来被广泛应用的 RSI 指标，奠定了他在技术分析界的卓著名声。小威尔斯·威尔德后来到全球各地宣讲他的这些方法和理论，2002 年 10 月，美国《证券期货技术分析》杂志在一次评比中把他誉为"技术分析界的英雄"。

**【原理】**

RSI 指标的理论前提是：在一个充分交易的市场内，如果对同一件商品（比如某只股票），买的人数多于卖的人数，价格自然上涨；反之，卖的人数多于买的人数，价格就会下跌。因此 RSI 指标通常以 14 天为周期，通过计算 14 天内的涨幅之和作为买方力量的指标，计算 14 天内下跌的幅度之和作为卖方力量的指标，然后以数学方法和指数移动平均方式将买方力量与卖方力量转化为 0～100 的系数，从而可以用数字的方式来说明某只股票的买卖力量状况，对未来的价格走势形成预判。

RSI 指标的计算公式如下：

RSI = 100 - 100 ÷ (1 + RS)

其中，RS = 收盘价涨幅平均值 ÷ 收盘价跌幅平均值

以上 RSI 的计算公式，根据小威尔斯·威尔德的理论是以 14 日为计算周期的，在计算 RS 时要先计算 14 日周期内的收盘价涨跌幅平均值，此时引入了指数移动平均方法，即：

收盘价涨幅平均值 = [（前 13 天的收盘价平均涨幅）×13 + 当日收盘价涨幅] ÷ 14

收盘价跌幅平均值 = [（前 13 天的收盘价平均跌幅）×13 + 当日收盘价跌幅] ÷ 14

由于这种移动平均的设计，使 RSI 指标在计算周期越长、数据越多的情况下，越加准确。

根据一般规律以及小威尔斯·威尔德的理论，当 RSI 指标处于 50 以上时，市场处于强势区域，其中，80~100 为极强，即"超买"区域；RSI 指标处于 50 以下时，市场处于弱势区域，其中，0~20 为极弱，即"超卖"区域。

当 RSI = 50 时，从公式推导可以得出，前 14 日的收盘价涨幅平均值正好等于收盘价跌幅平均值，也就是说，市场的买卖力量指标处于一种平衡状态。

当 RSI 大于 50 时，说明前 14 日的收盘价涨幅高于收盘价跌幅，RS>1，市场的买方力量正在加强。尤其是 RSI 在 80 以上时，说明前 14 日收盘价涨幅是前 14 日收盘价跌幅的 4 倍以上，买方力量正处于顶峰。当 RSI = 100 时，说明前 14 日股价没有下跌，每日都在上涨，这显然是一种极端的强势状态。

当 RSI 小于 50 时，说明前 14 日的收盘价涨幅小于收盘价跌幅，RS<1，市场的卖方力量正在加强。其中，当 RSI 小于 20 时，说明前 14 日的收盘价涨幅不到收盘价跌幅的 25%，卖方力量相当强大。当 RSI = 0 时，说明前 14 日股价根本没有上涨而是全部下跌，处于极端的弱势状态。

【种类】

在常用的股票软件如同花顺中，RSI 指标一般包括 6 日、12 日、24 日三种曲线。

6 日 RSI 指标线，是以 6 日为计算周期，根据公式计算出 RSI 值并绘制成线，反映了 6 日内股票的强弱形态；同理，12 日、24 日分别表示不同计算周期的 RSI 值，通过三种周期的 RSI 值对比，可以更清晰地分析出股票的未来走势，

为投资者的操作提供指南。

**【实践应用】**

RSI 指标的应用过程中，需要注意的是，针对不同类型的个股（如大盘股、小盘股），RSI 指标关于强弱的分界线可以作为参考，但是"超买""超卖"区域不能完全固守"80 以上""20 以下"的分界。一般而言，大盘股的投资者应将"超买"的指标提前，将"超卖"的指标推后；反之，小盘股的投资者，"超买"指标可以更高一些，而"超卖"信号也要略高于 20。

## 8.2　RSI 指标买入信号

RSI 指标反映了个股的买卖力量对比，它可以看作经济学一般规律应用于股票市场的一项具体实践，贴合市场的本质特征，即"供求关系决定价格走向"这一普遍真理。因此，RSI 指标在开发的理论依据上具有科学性的特点，投资者在实践中通过分析 RSI 指标的走势形态，可以为买入操作提供参考。

### 8.2.1　短期 RSI 高于长期 RSI

**【形态描述】**

在股票软件中，RSI 指标有三条线：6 日、12 日和 24 日三条线，一般称为短期、中期、长期 RSI 线。如果一只股票的短期 RSI 线在较长一段时间内一直高于 12 日 RSI 线和 24 日 RSI 线，这是个股处于强势市场的表现，可以买入。

**【市场含义】**

根据 RSI 的原理，6 日、12 日、24 日分别表示从当前交易日往前计算 6 日、12 日、24 日的 RSI 指标并绘制成曲线。

如果6日RSI曲线一直高于12日或24日RSI曲线，首先说明个股在前12个或24个交易日内个股曾出现过一段盘整行情，即涨、跌幅接近的形态。因此12日或24日RSI的值较低，形成的曲线位置在低位；但近6日个股的走势明显强于前期走势，上涨幅度明显超出下跌幅度，从而使6日RSI值高于12日或24日RSI值。并且这种情况一直延续，致使6日RSI线在中长期RSI线之上强势挺进。

因此，短期RSI高于长期RSI的形态，表示个股已由盘整转为向上突破，可以买入。

【个股实战】

以深振业A（000006）2015年2月3日至4月28日走势图为例，如图8-1所示，该股的RSI在底部向上反转，6日RSI值位于最高，24日RSI值位于最下方，类似于均线的多排列，是买进信号。根据该股的RSI形态，说明该股已经突破前期的盘整区间，正处于拉升阶段，此时可以买入。

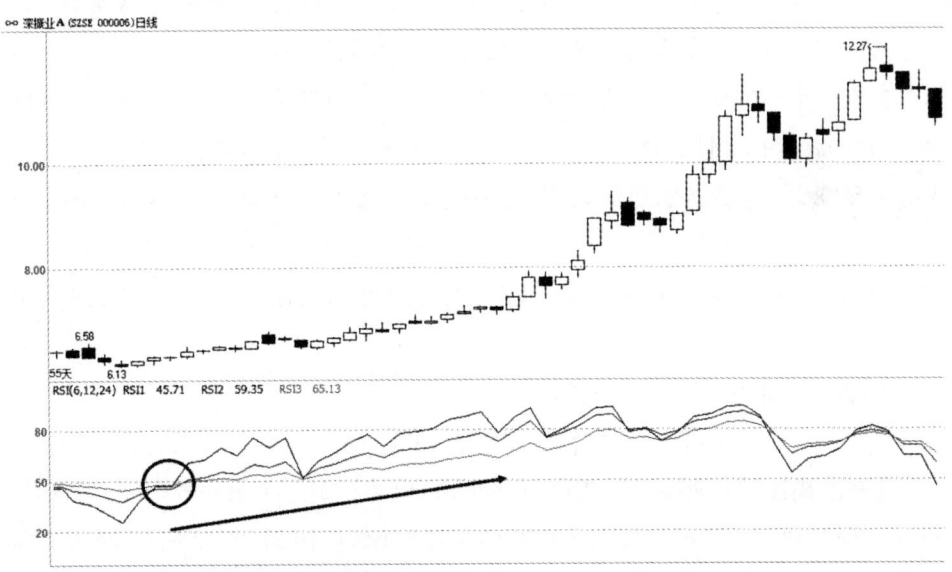

图8-1　深振业A（000006）短期RSI高于长期RSI

## 8.2.2 RSI 金叉后扩散

**【形态描述】**

当技术指标曲线存在短期、中期、长期几种情况时，必然会出现金叉现象，即短期线由下向上穿过长期线的形态。RSI 金叉后扩散，是指个股的 6 日 RSI 线由下向上穿过 12 日、24 日 RSI 线形成金叉形态后，6 日线与另外两线的距离逐步加大，三条线呈现向上扩散形态。

**【市场含义】**

金叉形态发生前，6 日 RSI 线位于 12 日、24 日 RSI 线之下，说明在金叉发生之前，个股 6 日内处于一种弱势状态，6 日内跌多涨少，卖方力量强于买方。

当金叉发生时，6 日 RSI 线与 12 日、24 日 RSI 线交叉，三条线的 RSI 值相等，说明此时个股的股价已经止跌回涨，而且当日的涨幅发生后，6 日、12 日、24 日的涨跌幅平均值相同，这意味着在这一天买方力量已经增强，达到了与近一个月内的卖方力量平衡的水平，显然这是一个积极信号。

接着，个股的 6 日 RSI 线继续加快向上，一方面带动 12 日、24 日 RSI 线向上，另一方面与 12 日、24 日 RSI 线的距离逐步拉开，这说明近期股价走势更强，涨多跌少，买方力量已经占据强势地位，个股处于触底反弹后的快速拉升阶段。

因此，一旦确定 RSI 金叉后扩散，投资者可以快速买入，获取一段上涨行情。

**【个股实战】**

以零七股份（000007）2015 年 1 月 30 日至 5 月 20 日走势图为例，如图 8-2 所示，该股在前期连续下跌到 11.80 元后企稳，走出了第一根阳线，其 6 日 RSI 线在前期低于 12 日、24 日 RSI 线的位置上掉头向上金叉 12 日和 24 日 RSI 线。该股的三条 RSI 线继续向上并拉开距离，形成了金叉后扩散形态，说明该股处于强势之中，可以买入。

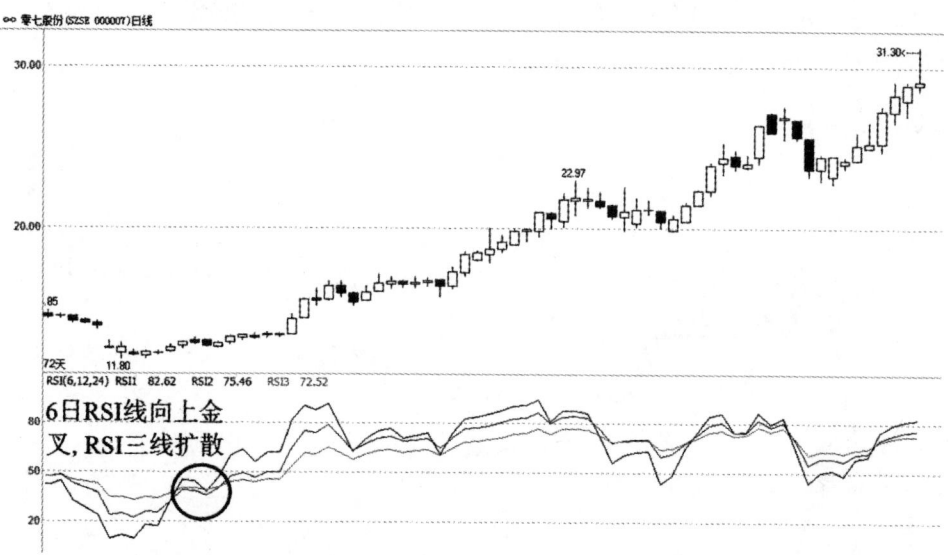

图 8-2　零七股份（000007）RSI 金叉后扩散

### 8.2.3　底背离

**【形态描述】**

底背离，是指短期 RSI 指标曲线的走势越来越弱，进入到弱势区域甚至接近超卖区域，而股价并没有大幅度下跌，呈现出 RSI 走势与股价走势的背离现象。

**【市场含义】**

个股出现了底背离形态，其中蕴含的逻辑是：短期 RSI 指标走弱，说明近期股价下跌的交易日较多，跌幅平均值大，而上涨的交易日少，涨幅平均值小，因此 RSI 指标逐步减小。

另外，从股价上来看，虽然下跌的交易日多于上涨的交易日，但总的股价并没有下跌太多，这说明每次的跌幅非常有限，是一种有支撑的下跌。买方的力量虽然没有明显表现出来，但是股价的这种形态说明此时正是买方力量释放的"前夜"，因此我们可以推断出个股的底部出现，可以买入。

**【个股实战】**

以深赤湾 A（000022）2014 年 11 月 28 日至 2015 年 4 月 22 日走势图为例，

如图8-3所示,与所有指标的底部背离是一样的,股价走出新低,而RSI却未随着股价走低。这是见底信号,可以买入。

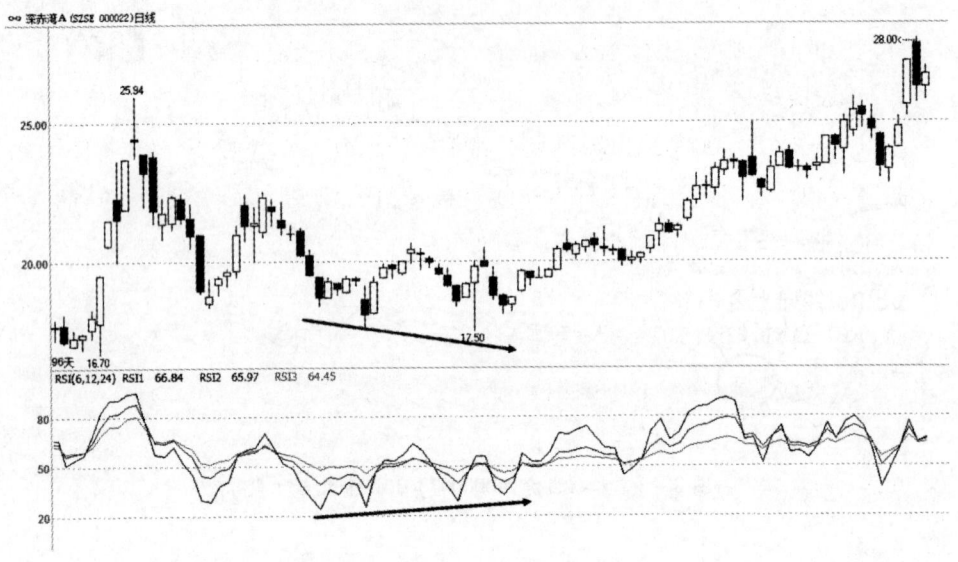

图8-3 深赤湾A（000022）底背离

### 8.2.4 长期RSI支撑

【形态描述】

在股票软件中RSI曲线一般会有三根,其中24日RSI曲线一般称作长期RSI线。长期RSI支撑,是指在一段时期内个股的RSI三条线,短期(6日、12日)线大部分时间内均处于长期RSI线的上方,即使其中有短暂的下降,也会很快又回到长期(24日)RSI线的上方,从形态上看就像是24日RSI线对6日、12日RSI线形成了支撑一样。

【市场含义】

个股的长期RSI线形成了对6日、12日RSI线支撑,说明个股在此前一个月内尚处于股价下跌的调整行情之中,而近6日直至近12日,个股开始出现了连续上涨的行情,上涨的动能还处在释放初期,因此6日、12日RSI线会一直在24日RSI线的上方。

更重要的是，在上涨的过程中也可能发生回调，造成 6 日、12 日 RSI 线落入 24 日 RSI 之下，但是回调的幅度有限、时间有限，很快个股又重新上涨，回到上升通道之中，使 6 日、12 日 RSI 线继续站在 24 日 RSI 之上高歌奋进，这是一种强势的拉升形态，短期内可以买入，从而追随庄家获得一段上涨行情。

**【个股实战】**

以飞亚达 A（000026）2014 年 9 月 11 日至 2015 年 5 月 28 日走势图为例，如图 8-4 所示，该股的 24 日 RSI 线就被 6 日、12 日 RSI 线突破，长期（24 日）RSI 线在绝大部分时间内都被短期（6 日、12 日）RSI 线压制在下方，短期（6 日、12 日）RSI 线保持着向上伸展的强势形态。其间也有 3 次股价回调造成 6 日、12 日 RSI 线回落到 24 日 RSI 线以下，但并没有低于 24 日 RSI 线太多，并且都在 3 个交易日内迅速拉回到长期 RSI 线以上，且继续向上扩张。

从 RSI 曲线的长期支撑形态，可以看出个股上升的强劲走势，这期间都可以买入追涨。

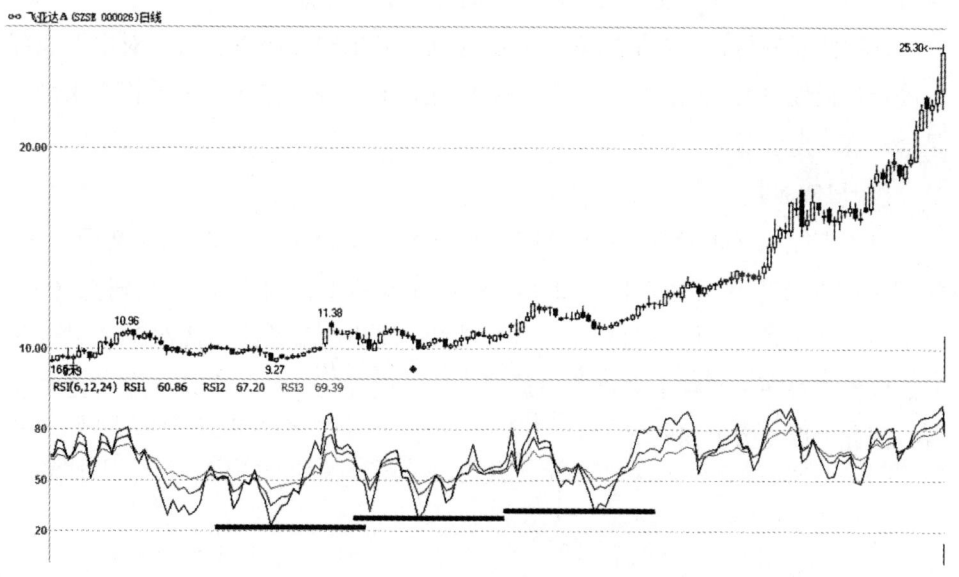

图 8-4　飞亚达 A（000026）长期 RSI 支撑

### 8.2.5 低位 W 底

**【形态描述】**

低位 W 底,是指个股的 RSI 曲线在一段时间内在 50 以下的弱势区域内形成"W"形的形态,这一般是中期底部形成的信号,可以买入。

**【市场含义】**

个股的 RSI 曲线下降到 50 以内,根据 RSI 指标的含义可以判断为进入了弱势区域,说明此前个股出现了一段较大幅度的下跌,下跌的幅度和持续时间打破了上涨幅度和上涨时间形成的向上力量。

在 50 以内,个股的 RSI 曲线多次向上突破,虽然没有突破 50 这一涨跌势态的平衡点,但是其下行也没有加剧。这说明下跌的能量释放将尽,股价的底部可以确立。另外,RSI 线在不断的下跌中仍能拉回到 50 附近,也说明其中蕴含着新生的上涨能量,此时买入,可以期待后期的上涨行情。

需要注意的是,一般情况下,W 底连续重复出现一次以上时,对中期底部的确定把握性更大一些。但仅出现一次 W 底形态,则还需结合其他指标来判断是否出现中期底部。

**【个股实战】**

以深圳能源(000027)2014 年 11 月 25 日至 2015 年 5 月 28 日走势图为例,如图 8-5 所示,该股的 6 日、12 日 RSI 曲线开始下行到 50 以下的弱势区域,在不断的"上攻—下降"过程中,其 6 日 RSI 曲线底部始终保持在 34,显示该股的股价走势在一个狭小的箱体内运行,这是底部的特征,也是庄家控盘的表现,因此可以视为中期底部。

第⑧章 RSI指标买卖点详解

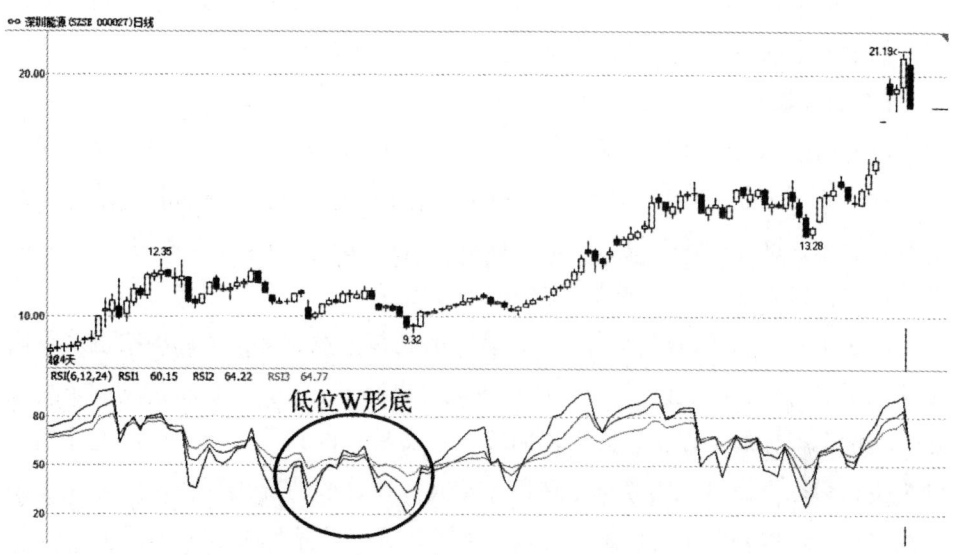

图 8-5 深圳能源（000027）低位 W 底

### 8.2.6 金叉遇金叉

【形态描述】

金叉遇金叉，是指在个股的 RSI 指标之中，6 日 RSI 线从低位向上穿过 12 日 RSI 线，形成金叉形态，随后个股的股价均线指标之中，也发生了 5 日均线上穿 10 日均线的金叉形态，两个金叉相遇，喜上加喜。

【市场含义】

金叉遇金叉一般出现在个股下跌一段时间之后。其意义如下：

首先，RSI 指标说明了个股的涨幅平均值与跌幅平均值的对比情况。由于在下跌过程中，跌幅肯定大于上涨幅度，因此 RSI 指标一路下行，RSI6 日线处于最低位置。如果出现了 RSI6 日线向上反转，并穿透 RSI12 日线，这说明从近 6 日的上涨幅度来看，已经出现了上涨幅度高于近 12 日以来的下跌幅度，这种情况表明个股不再是单边下跌，而是有上涨的 K 线图出现。

在这种情况下，再综合个股的收盘价指标，如果随后出现了 5 日均线由下向上穿透 10 日均线的情况，这说明个股的收盘价也从前期的下跌过程逐渐降低，转变为短期收盘价逐步向上，因此 5 日均线穿过了 10 日均线。

在个股下跌尾期,出现了涨幅增强、股价逐步抬升的形态,这说明庄家已经开始进入个股,正在启动拉升操作,投资者可以买入跟庄。

【个股实战】

以深圳能源(000027)2015年3月4日至4月16日走势图为例,如图8-6所示,在该股的RSI指标之中,RSI6日线从下向上穿过了RSI12日线,走出了金叉形态,这说明该股近6日的上涨幅度开始超过了12日以来的下跌幅度,股价不再是以阴线为主,而是有更多的阳线出现。

RSI6日线金叉RSI12日线之后,该股的均线系统之中,5日均线也从下向上穿过了10日均线,这反映出该股的收盘价也逐步上升,突破了前期的下降通道。这两个指标的走强,一方面说明股价在交易日的具体过程中,以上涨的波动为主;另一方面也说明股价正在逐步抬高。而这些情况出现在该股前期大幅下跌之后,可以判断出有庄家正在入手该股,所以投资者也可以跟庄进入。

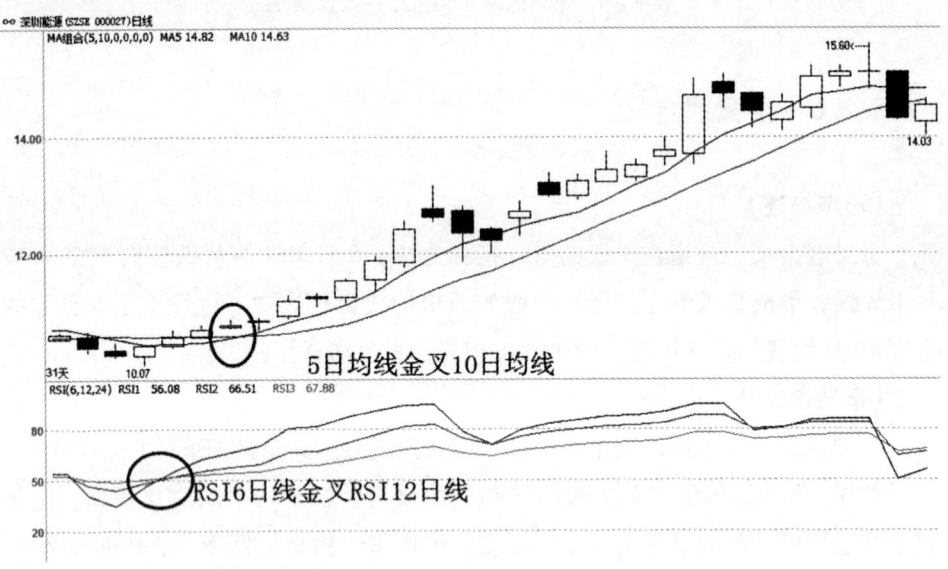

图8-6 深圳能源(000027)金叉遇金叉

## 8.2.7　RSI 三线收敛成交量金叉

【形态描述】

RSI 三线收敛成交量金叉，是一种多维度信号，结合了 RSI 指标的形态以及成交量指标的情况，它是指在个股下跌一段时间后，RSI 指标在低位逐步靠拢、收敛，同时成交量指标之中又出现了成交量 5 日均线上穿成交量 10 日均线的金叉形态。

【市场含义】

个股在下跌过程中，RSI 指标的三条线一定是一路向下的，如果保持一定的幅度持续下跌，那么计算其跌幅平均值一定是大于涨幅平均值的，在这种情况下，RSI 线会向下移动，并且三条线的距离会拉开。因此，如果出现了 RSI 三条线在低位开始靠拢和收敛，这说明个股在下跌一段时间后出现了 K 线的阳线，上涨的幅度增加。另外，下跌的幅度缩小，即出现了阴线十字星，因此 12 日的下跌幅度与 6 日的下跌幅度计算出来的差距正在缩小，这就反映了 RSI 三条线在低位收敛的真实含义：股价下跌情况正在好转！

再结合成交量指标来看，由于前期的下跌，股价成交量逐步缩减，5 日成交量均线一直在低于 10 日成交量均线的情况下移动。如果在 RSI 三条线收敛的情况下，5 日成交量均线由下向上穿过 10 日均线，说明在 RSI 收敛的同时成交量正在悄然放大。也就是说，股价下跌幅度的减缓和好转，是由于有人在大量接收卖出筹码形成的，这个人只能是庄家，他正在开始建仓。

做出了这个判断，投资者当然可以顺势进入，跟庄而行。

【个股实战】

以万科 A（000002）2015 年 2 月 17 日至 5 月 28 日走势图为例，如图 8 - 7 所示，在该股的 RSI 指标中，三条线就在低位开始聚集靠拢，这说明该股下跌的幅度正在缩小，且出现了一些上涨的 K 线。该股的 RSI 三条线仍然保持着收敛胶着状态，其股价的波动还看不出走势变化明显的迹象。此时可以看到其成交量指标之中，5 日成交量均线从下向上穿过 10 日成交量均线，说明有庄家正在大量接收筹码，成交量不断放大，改变了 5 日成交量均线的走势。

根据 RSI 指标和成交量指标的走势，我们断定有庄家进入，因此也可以买入该股。

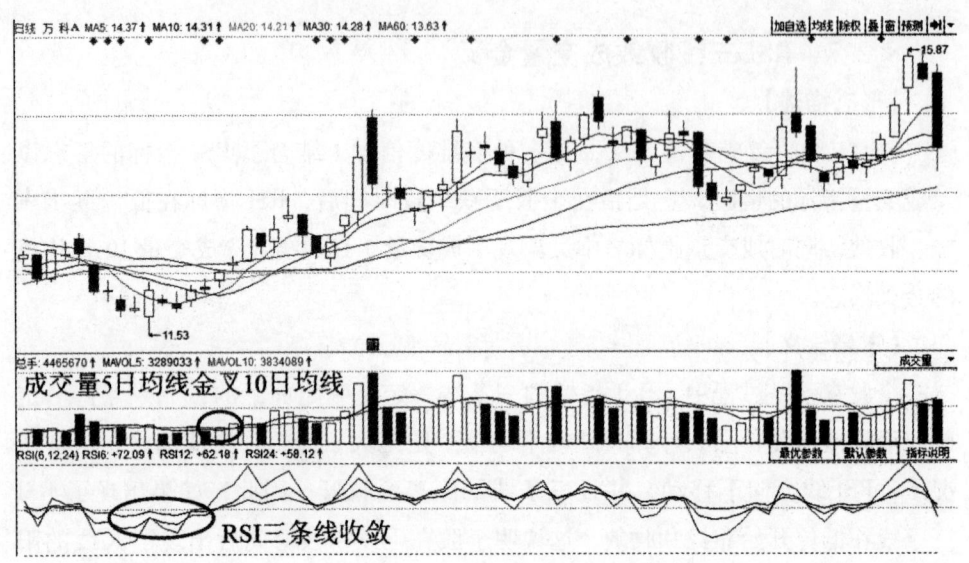

图 8-7 万科 A（000002）RSI 三线收敛成交量金叉

## 8.2.8 底部反攻

**【形态描述】**

底部反攻，是指在个股的 RSI 指标之中，6 日 RSI 线从低位向上移动，意图突破 12 日 RSI 线，数次上冲未果后，最后才突破成功的一种走势形态。

**【市场含义】**

底部反攻是一种比较先行的指标，适合用于判断个股在下跌期间何时出现底部。

根据 RSI 指标的含义，它主要表示在统计期间内个股上涨平均值与下跌平均值的对比情况。在底部反攻这一形态之中，初期个股处于下跌之中，因此 RSI 指标的三条线（6 日线、12 日线、24 日线）均一路向下移动。

在这一下行过程之中，一般是由于下跌造成跌幅平均值大于上涨平均值（因为基本没有上涨的情况），所以 6 日 RSI 线处于 12 日线和 24 日线之下。此时如果出现了 6 日 RSI 线向上冲击 12 日 RSI 线的情况，说明股价在单边下跌之中出现了上涨的情况，这有可能是止跌回稳的信号。此时还需等待，因为下跌的能量尚不能确定是否释放充分。

但是第一次6日RSI的冲击没有成功,且由于卖方力量的强大,个股重新下跌;不久后6日RSI线再次上攻……一般经过2~3次上攻,如果最终6日RSI线突破12日RSI线,说明底部反攻成功。每一次的6日RSI线上攻,都表示有买方力量在进入,形成了股价上涨的情况,增大了上涨平均值,拉动6日RSI线向上。在下跌的后期,敢于这么操作的,只能是有庄家在底部吸筹了。

最后一次,6日RSI线成功上穿12日RSI线,说明个股确实在下跌后企稳,近期的上涨平均值已经超过了12日以来的上涨平均值,后续将是筑底,然后就是拉升。因此,我们说底部反攻是比较先行的指标,适合于风格比较激进的投资者采用。

【个股实战】

以宝安地产(000040)2015年3月30日至5月28日走势图为例,如图8-8所示,该股一直是处于缓慢下跌过程之中,RSI指标之中,RSI6日线处于其他两条线的下方,说明下跌平均值高于上涨的平均值很多。该股的RSI6日线第一次向上反转,显示出上涨的力量在增强,但可惜这一次反攻失败。

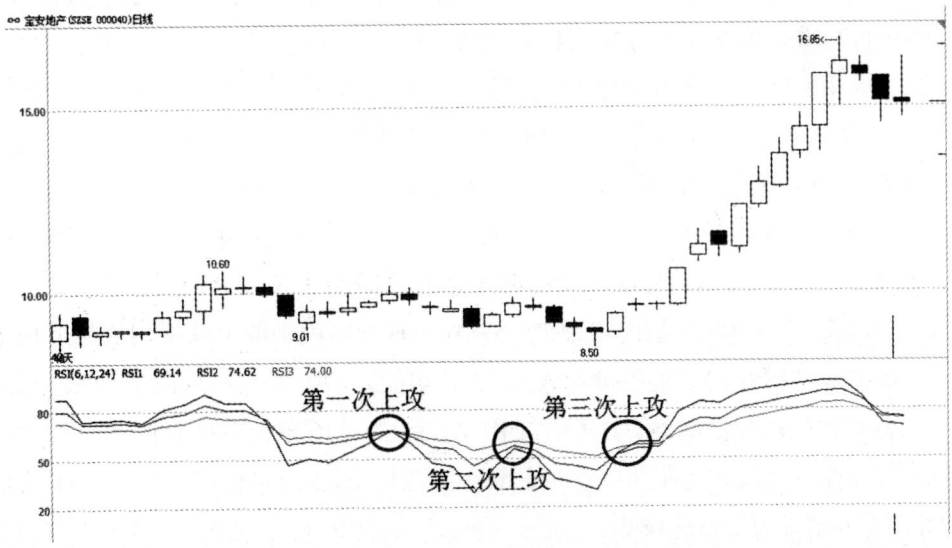

图8-8 宝安地产(000040)底部反攻

接下来该股的 RSI6 日线再次向上进攻,说明股价又一次出现了上涨波动,这使上涨平均值增大,但这一次仍然是由于卖方力量过于强大,所以上涨力量没有成功。随后该股的 RSI6 日线缓缓上攻,虽然没有成功穿过 RSI12 日线,但是三次上攻,显示出在该股下跌的尾期,说明已经有资金流入吸筹,增大了上涨力量,产生了股价上涨的平均值。

此时可以判断出庄家进入的意图,虽然该股还没有走出明显上涨的趋势,但是细心的投资者可以择机进入,因为一旦庄家开始快速拉升,后期进入的成本就会大大提高。

### 8.2.9 RSI 先锋

【形态描述】

RSI 先锋,是指根据 RSI 具有先行性的特点,利用 RSI 指标与股价均线指标的关系来判断买入时机,从形态上来看,就是指下跌后期个股的 RSI 指标已经变为向上移动了,而 10 日均线依然向下。

【市场含义】

RSI 指标由于以上涨和下跌的平均值作为计算依据,因此具有比其他指标(如股价均线)等指标先行反映趋势变动的特点,我们可以利用这一点,在个股下跌一段时间之后来判断是否已经达到了底部。

一般来说,在下跌过程中个股的 RSI 三条线都是依次下行的,此种形态说明下跌的平均值比较占据优势,股价处于单边下跌之中。如果在下行之后,RSI 三条线发生了反转,从向下移动转变为向上移动,这说明个股的股价已经出现了很多的上涨 K 线图,上涨平均值不断增大,因此从 6 日 RSI 线开始,12 日 RSI 线以及 24 日 RSI 线依次转为向上移动。

而在这段时间内,从股价均线的 10 日均线来看,并没有从向下转变为向上,这说明虽然股价走出的日 K 线是阳线,产生了上涨的波动幅度,但是收盘价并没有较大的变化,阳线的产生只是在收盘价附近的低开高走形态,所以股价 10 日均线还没有发生变化。

但是反过来考虑,股价处于下跌之中,如果没有庄家的介入,在下跌后期的大量阳线怎么能够产生?所以,这段时间内 RSI 线的变动,反映了有庄家在底部开始吸筹，而庄家的操作相当耐心，并未有大幅的动作。所以 RSI 指标作为"先锋"已经有了反映，而 10 日均线尚未动作。英国诗人雪莱曾经说过，"如果冬天来了，春天还会远吗？"所以，既然 RSI 先锋已经显示庄家的介入，激进的投资者也可以同期进入。

【个股实战】

仍以中航地产（000043）2015 年 4 月 7 日至 5 月 28 日走势图为例，如图 8-9 所示，该股的 RSI 指标之中，首先是 RSI6 日线向上反转，接着 RSI12 日线、RSI24 日线也先后向上反转，这说明该股在前期的下跌之后，这段时间内上涨的平均值不断增加，已经出现了即将转强的迹象。

但是这段时间内庄家相当耐心，也可以说是相当老练，只是利用低开高走的盘面来吸筹，其收盘价并未有太大的变化，因此从 5 日、10 日均线上来看，个股的走势还没有发生明显的反转，所以一般投资者还不能把握住其中隐藏的机会。

这种 RSI 先行的情况，可以作为激进的投资者的操作信号，但需要冒一定的风险，所以投资者可以结合自身不同的情况确定是否进入。

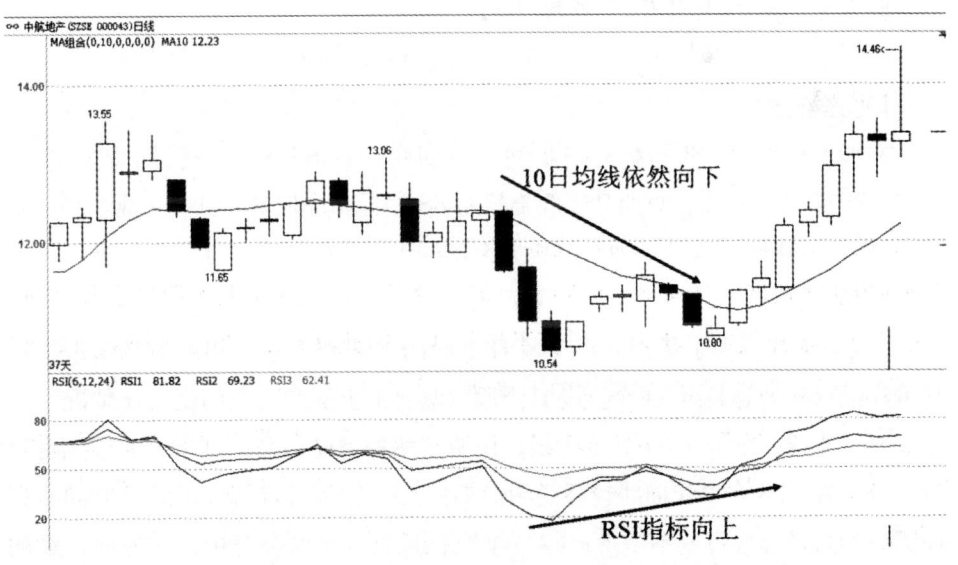

图 8-9 中航地产（000043）RSI 先锋

## 8.3 RSI 指标卖出信号

RSI 指标既可用于买入操作之前的分析判断,也可以用于对股价未来是否下跌进行研判,它的走势形态也有几种典型的下跌形态,本章将逐一介绍这些下跌信号。通过对下跌形态的分析,投资者可以观测出股价的根源——市场供求双方的强弱力量对比,形成结论之后再进行买卖操作,采用这种操作习惯的投资者,成功的可能性更大。

### 8.3.1 短期 RSI 低于长期 RSI

【形态描述】

在股票软件中 RSI 指标有三根线:短期线 6 日 RSI 线,中长期线为 12 日 RSI 线和 24 日 RSI 线。短期 RSI 低于长期 RSI,是指个股的 6 日 RSI 线走势一直低于 24 日 RSI 线,这是一种股票卖方力量处于强势的形态,宜卖出股票。

【市场含义】

6 日 RSI 线反映了最近 6 个交易日个股的上涨和下跌的幅度对比情况,24 日 RSI 线反映的是最近 24 个交易日个股收盘价的上涨和下跌幅度对比情况。如果 6 日 RSI 线持续低于 24 日 RSI 线,说明有两种情况存在:(1)个股前期有过较大的涨幅,24 日 RSI 曲线较高说明前期的涨幅较大,且持续了较长时间,因此买方的力量释放得差不多了;(2)个股在最近 6 个交易日中,一方面下跌的交易日数较多,另一方面下跌的幅度也较大。

结合这两种情况,可以分析出在经过一段时间的大幅上涨后,个股出现了连续下跌,这是庄家出货信号,应该及时卖出。

**【个股实战】**

以深纺织A（000045）2014年11月24日至2015年1月7日走势图为例，如图8-10所示，该股的6日RSI线开始向下穿过12日、24日RSI线，出现了死叉形态。然后的一段交易日中，该股的6日RSI线始终在12日和24日RSI线之下运行，期间即使有几次6日RSI线走出向上突破的形态，但向上的力量极为虚弱，马上就又被压制到12日、24日RSI线之下。该股的这种情况持续时间较长，对于中小投资者而言，当6日RSI线向上反弹欲突破12日、24日RSI线的压制却没有成功时，这样的形态出现后即可卖出股票。

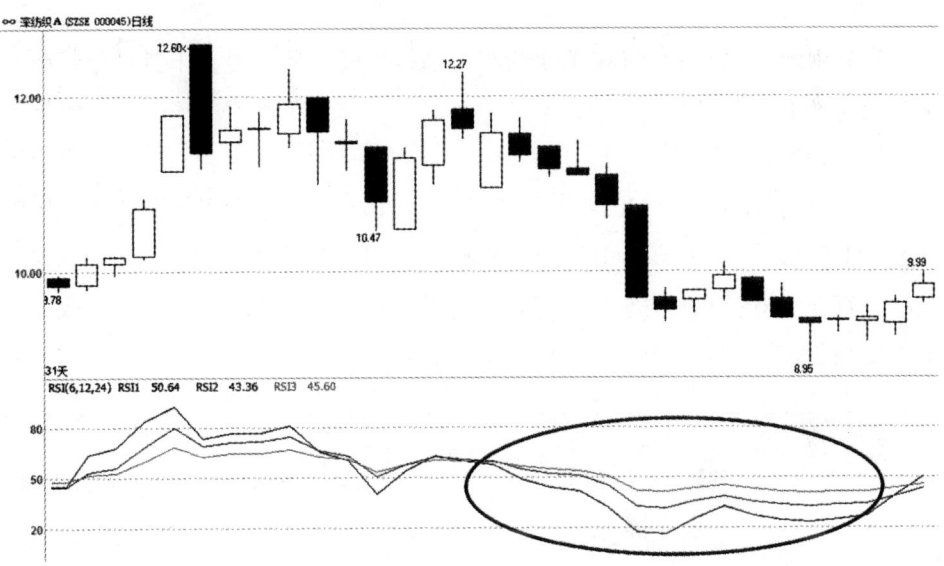

图8-10 深纺织A（000045）短期RSI低于长期RSI

## 8.3.2 RSI死叉后扩散

**【形态描述】**

RSI线死叉，是指6日RSI线向下穿过12日、24日RSI线的形态。RSI死叉后扩散，则是在死叉的基础上，6日RSI线继续向下延伸，而由于12日、24日RSI线的下行态势相对较缓，导致了三条线之间的距离逐渐拉开，形成了一种扩散形态。这是个股破位向下的信号，应该卖出。

**【市场含义】**

RSI 线死叉之前，6 日 RSI 线是在 12 日、24 日 RSI 线之上，说明死叉之前个股近期股价走势比较强，涨幅比跌幅要大。

死叉发生时，个股一般是在连续小幅上升后出现了第一次较明显的下跌，使 6 日 RSI 线的值低于 12 日、24 日 RSI 线的值。

接下来三条线向下扩散，说明个股的跌幅继续扩大，6 日 RSI 值快速缩小，但与此同时 12 日、24 日 RSI 线因为受前期上涨期间涨幅的支撑，反映出的值并未显著变化，而是缓慢减小，因此反映在 RSI 曲线图上，三条 RSI 线出现了明显的扩散走势。

一旦出现扩散形态，即说明个股正在加快出货，后期将是下跌行情，我们应该及时卖出。

**【个股实战】**

以盐田港（000088）2014 年 12 月 2 日至 2015 年 1 月 29 日走势图为例，如图 8－11 所示，该股的 6 日 RSI 线向下死叉 12 日、24 日 RSI 线，这是因为该股前期一直处于小幅上涨的态势，当日出现了第一次幅度较显著的下跌，改变了 6 日 RSI 的发展方向，使 6 日 RSI 线掉头向下，形成了死叉。

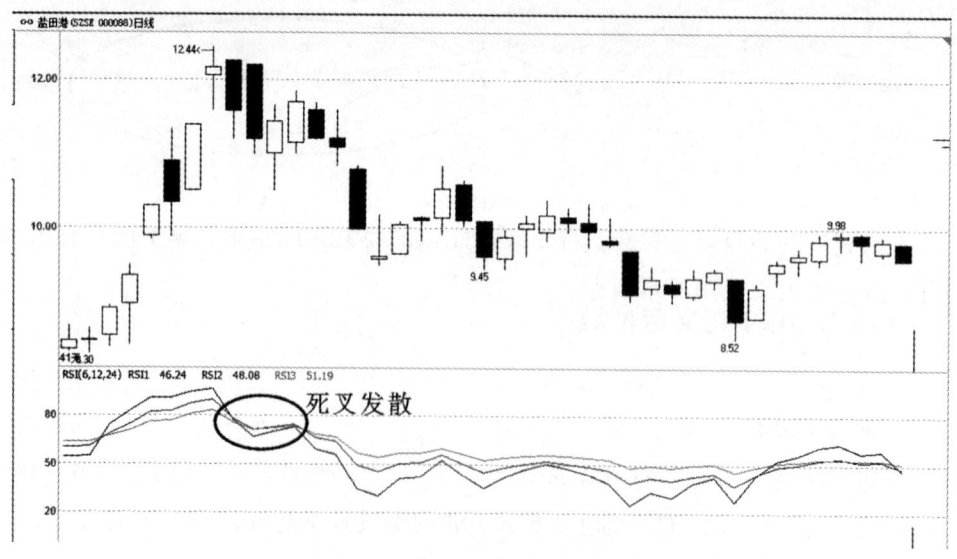

图 8－11　盐田港（000088）RSI 死叉后扩散

接下来，该股不再上涨，而是以一连串的小阴线下跌，跌幅虽小但涨幅为0，因此 6 日 RSI 线加速向下，而 12 日、24 日 RSI 线向下行的幅度较小，三条线拉开了距离，形成"死叉后扩散"的形态，释放卖出信号。

有趣的是，在"死叉后扩散"信号之后，该股又走出了"短期 RSI 低于长期 RSI"的形态，进一步强化了其弱势特点，卖出是必然的选择。

### 8.3.3 高位 M 头

【形态描述】

高位 M 头，是指 6 日 RSI 线在高位（80 附近），走出了形如英文字母"M"的形态，并且左右两峰基本平行。这是个股的中期头部信号，应该及时卖出。

【市场含义】

在高位 M 头形态中，有两个要素：首先是 6 日 RSI 线处于 80 附近，这说明个股在近 6 个交易日走出了急速拉升的行情，连续上涨，涨幅较大，基本没有下跌过，因此计算 6 日 RSI 值时处于强势区域的上限位置。

其次，6 日 RSI 线出现了 M 形走势，说明在连续上涨后，6 日 RSI 线出现了一次下行，然后又被一个上涨交易日拉起，回到与前一次峰值（即 80）基本齐平的地方，这就是 M 形中间的一次波动。

但是最终，个股的 6 日 RSI 线还是选择了再次向下，形成了"M"头的最右边一笔，这说明个股的操纵者们在快速上涨后选择了抛售，股价不再上涨改为下跌。

经过这一轮反复过程后，可以确定庄家的拉升到此结束，剩下的只有出货了，所以此时以卖出股票为宜。

【个股实战】

以美的集团（000333）2014 年 10 月 20 日至 2015 年 3 月 10 日走势图为例，如图 8-12 所示，该股从前几日的连续上升转为下跌，6 日 RSI 线迅速反映了这一变化；随后，该股的股价又被拉起，于是 6 日 RSI 线又回到了向上行走的形态。

经过这一轮反复后，该股的 6 日 RSI 线却并未保持在高位，而是转头向下，这是因为该股的股价随后出现了连续大幅下跌，致使 6 日 RSI 线向下行走，

M头出现。M形的最后一笔,即宣告了庄家大规模出货,短期内将以下跌为主。

图8-12 美的集团(000333)高位M头

### 8.3.4 RSI顶背离

【形态描述】

顶背离是技术指标分析中的一种常见形态,RSI指标的顶背离形态,是指在个股股价的上涨过程中,随着股价不断向上突破,K线图上不断创出新高,但是6日RSI线却在达到一个较高值后不再向上、反而逐波向下,形成了在顶部两种情况背离的形态,这是短期头部的典型特征,股票以卖出为佳。

【市场含义】

当RSI出现顶背离时,一般出现在股价经过一段时间上涨后,达到了较高的水平。此时在高位上,个股的上涨与下跌频繁交替出现,说明多空双方正在激烈的交战之中。

随着股价向上、收盘价出现新高,6日RSI线达到高位后,由于随后出现了股价下调,收盘价下跌幅度增大,改变了前期单边上涨的情况,因此6日RSI值向下行走。

接下来,股价拉升到新的高价,但这种创新高是靠单个交易日的大幅上涨来实现的，其他几个交易日的上涨幅度很小，因此计算上涨幅度平均值时较小，从而拉低了最终的 RSI 值，导致 6 日 RSI 不能像股价那样创新高。

以上分析了 RSI 顶背离的技术形成原因，从市场的角度来看，这是由于股价的上涨是庄家的刻意拉升、操纵技术形态所为。而 RSI 指标反映了个股内在的买卖力量对比，因此股价的上涨在没有 RSI 创新高的支持下，是一种虚幻的"新高"，是短期见顶的表现，是卖出股票的信号。

【个股实战】

以潍柴动力（000338）2014 年 10 月 15 日至 2015 年 2 月 17 日走势图为例，如图 8 - 13 所示，股价走高而 RSI 却走低，这是经典的顶背离形态，后市看跌。

图 8 - 13　潍柴动力（000338）RSI 顶背离

## 8.3.5　死叉后弱反弹

【形态描述】

死叉后弱反弹，是指个股的 RSI 在出现死叉走势后发生反弹，但反弹的力道很弱，6 日 RSI 线仅触及上面的 12 日、24 日 RSI 线，或者刚刚突破 12 日、24 日 RSI 线后又掉头向下。这种反弹，实际上说明了买方的力量在做"最后的挣扎",但这无济于事,后市将延续下跌走势。

【市场含义】

死叉发生时,6 日 RSI 线快速向下,突破 12 日、24 日 RSI 线,这是因为股价从前期上涨的情况突变为大幅下跌,改变了 6 日 RSI 线的走势。

在这种急跌的情况下,很容易发生股价的反弹,这是因为前期上涨的走势还吸引了一部分人幻想着借回调机会进入,因此在下跌后有投资者买入,所以在急跌后股价易出现补涨。但是这种反弹(或者说补涨)并非下一次上升的前兆,因为庄家本无意再拉高,正好借着反弹出货,于是在大量卖盘的抛压下,这一次反弹的上涨幅度有限,不能突破前期的高位,并且反弹之后股价将继续破位下行。因此,从 RSI 指标来看,6 日 RSI 线即使回抽,也只能是触及其上位的 12 日、24 日 RSI 线,或者略有突破但旋即又被打压回来,反弹的力度之弱相当明显。

出现这种死叉过后的弱反弹,可以让投资者明确:不要幻想,尽早卖出。

【个股实战】

以鄂武商 A(000501)2015 年 2 月 3 日至 5 月 8 日走势图为例,如图 8-14 所示,该股在前两个交易日连续下跌之后,居然走出了一段小幅上涨的走势,

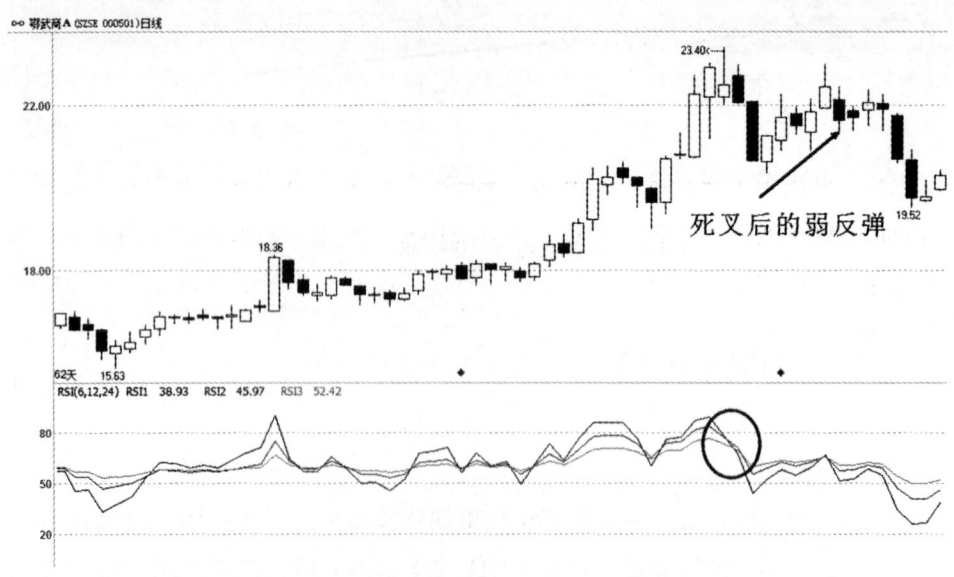

图 8-14 鄂武商 A(000501)死叉后弱反弹

此时6日RSI线受其影响也从前两个交易日的死叉形态变为向上回抽。但是仅一个交易日的上涨，其涨幅与前几日的大幅下跌形成的跌幅相比显然力量不足，从RSI指标上也可以看出其回抽的力度较弱，图中当天的6日RSI线仅与12日、24日RSI线相触及。

接下来，该股的6日RSI线继续向下，股价也连续出现大阴线，走出了典型的"死叉后弱反弹"形态，显露了庄家无意拉高、只想出货的心态。因此，投资者应尽早撤出。

### 8.3.6 双死叉

【形态描述】

双死叉，是指个股的RSI指标高位向下，6日RSI线穿过12日RSI线，随后个股的股价均线指标之中，5日均线向下死叉10日均线，走出2个死叉形态。

【市场含义】

双死叉形态一般出现在个股上涨的末期，结合了RSI指标与股价均线指标，综合判断个股的走势，它是一种上涨结束的信号。

在个股前期上涨过程中，RSI指标向上移动，此时由于单边上扬，上涨幅度平均值高于下跌幅度平均值。但随后6日RSI线向下穿过12日RSI线，说明此时个股出现了较大幅度的下跌，从而改变了上涨幅度大于下跌幅度的走势。在上涨末期出现了跌幅增多的情况，说明有大量的卖盘出现，因为如果是买方力量仍很强大的话，一般的获利盘都会被消化，不至于造成股价走出阴线，只有过量的卖盘（或买盘因价高减少）才会造成走出阴线的这种情况。因此从RSI指标上来看，个股开始走弱。

再结合股价均线指标来看，如果在RSI指标发生6日线下穿12日线的"死叉"之后，股价5日均线同时向下穿过10日均线。这说明不仅仅是从股价的波动幅度上来看，下跌占据优势；从收盘价来看也已经突破了前期上涨的通道，逐步向下移动了。

综合两种指标显示出来的意义，双死叉形态一旦发生，就表示个股已处于庄家出售筹码期间，后期将是持续下跌，投资者宜卖出为佳。

**【个股实战】**

以珠海港（000507）2014年12月9日至2015年1月26日走势图为例，如图8-15所示，该股的RSI6日线从高位向下，穿过了RSI12日线以及RSI24日线，走出了死叉形态。这说明该股6日以来下跌的平均值已经高于12日以来的上涨的平均值，说明波动方向上发生了变化。

同时，该股的均线指标之中，5日均线也向下穿过10日均线，基本同步走出了死叉形态，这说明该股的收盘价也正一步一步地向下走，最终形成了向下的通道。

双死叉的形态出现后，根据该股前期已经积累了一定涨幅的特点，可以判断是庄家正在出货了，投资者也需要及时卖出。

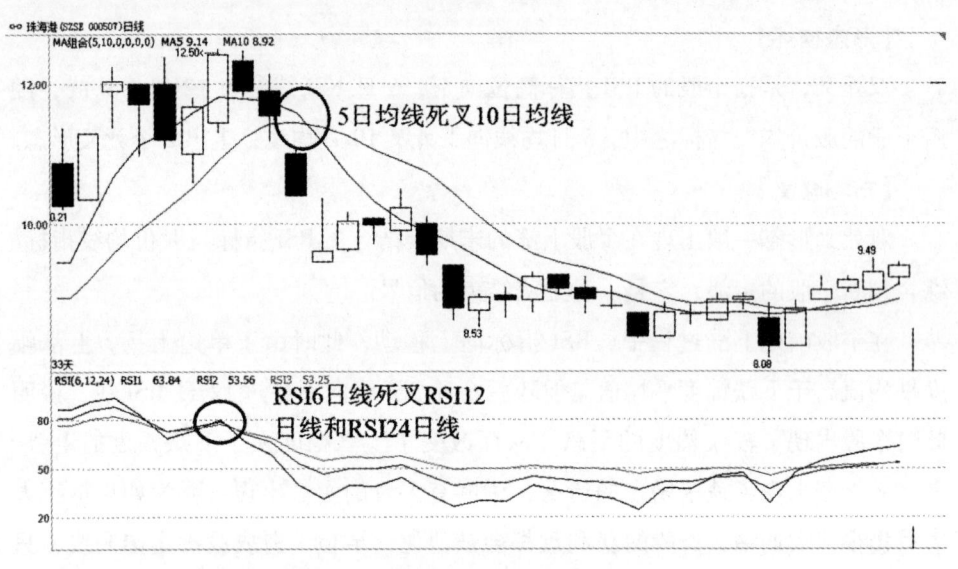

图8-15 珠海港（000507）双死叉

### 8.3.7 RSI收敛后成交量死叉

**【形态描述】**

RSI收敛后成交量死叉，是指个股的RSI指标从高位转为向下逐步靠拢、收敛到一起，同时成交量指标之中，5日成交量均线向下穿过10日成交量均线，走出死叉形态。

## 第❽章　RSI指标买卖点详解

**【市场含义】**

本形态是一种综合信号,结合了RSI指标与成交量指标,通过这两种指标的综合走势来判断个股的下一步趋势,准确性更高。

RSI收敛后成交量死叉,一般发生在个股上涨一段时间之后,此时由于前期的上涨,个股的RSI指标处于较高的位置,上涨的平均值高于下跌的平均值,股价的K线图走势以阳线为主。但是随后,个股走出了一些阴线,或者走出了阳线十字星(此时上涨平均值为0),在这种情况下,股价上涨幅度的平均值与下跌平均值之间的差异开始减小,6日RSI线带动12日RSI线和24日RSI线向下,同时三条线之间的距离逐步缩小。因此,RSI线的高位向下收敛,已经说明了个股向下的波动正在增大。

再结合成交量指标来看,由于在前期的上涨过程尾期庄家利用上涨的形态大肆出货,成交量放出"天量",因此10日成交量均线将会处于较高的值。而随着RSI线的收敛,股价走出阴线,这是庄家进一步的出货,此时接盘的能量减少,股票的成交量也迅速减小,从而导致5日成交量均线的值也迅速减小,因此5日成交量均线向下穿过10日成交量均线,形成了死叉。

两种指标综合判断的结果,就是个股已经被庄家出货接近完成,短期内难有大的行情。此时投资者应该卖出股票。

**【个股实战】**

以中国联通(600050)2015年3月20日至5月28日走势图为例,如图8-16所示,该股的RSI6日线从高位逐步向下,同时RSI12日线和RSI24日线保持水平移动,因此RSI指标的三条线不断靠近、聚拢,形成收敛的形态,这一走势说明,在股价经过一段时间的上涨后,上涨方向的波动逐步减弱,近6日的上涨平均值下降,与12日、24日以来的上涨平均值越来越接近了,因此说明股价的上涨走势正在快速减弱之中。

此时该股的成交量也出现了萎缩,由于此前的上涨期间出现了巨量,5日成交量均线因此远离10日成交量均线,但在RSI指标收敛后,成交量5日均线由上向下死叉10日成交量均线,出现了死叉形态,说明成交量也在快速萎缩。考虑到之前上涨过程的"天量",可以初步判断为庄家已经在出货了,投资者应该及时卖出。

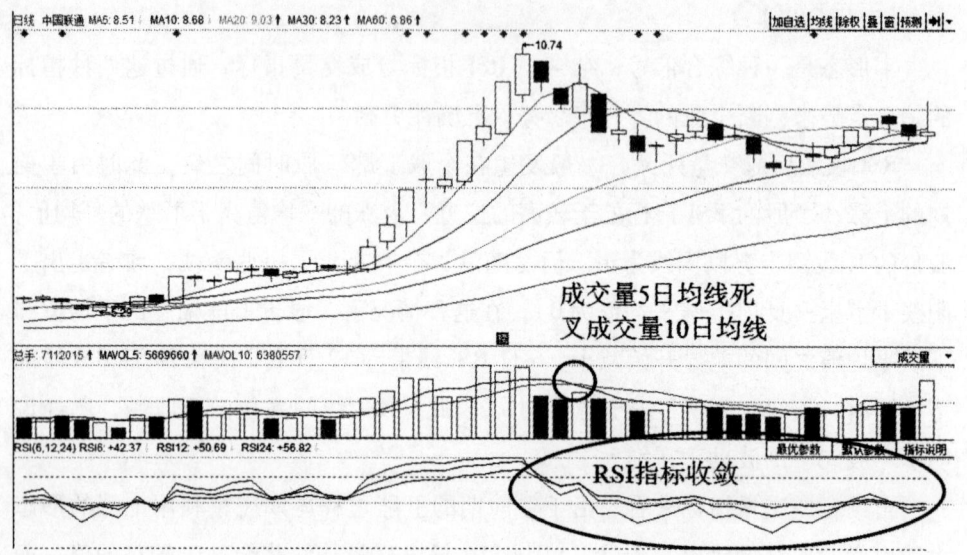

图8-16 中国联通（600050）RSI收敛后成交量死叉

# 第 9 章　BOLL 指标买卖点详解

股票市场上，股价时刻处于变动之中。随着股价的变动，在某一时刻股票的价值范围也在不断的变化之中。哲学上有句名言：存在即合理。当股价的变动发生后，说明市场对其价值的判断发生了变化。那么，当前的股价到底是高了，还是低了？回答这个问题需要基于个股的价值范围来做出判断。反映股票价值范围波动的技术指标，就是布林线指标（BOLL 指标）。

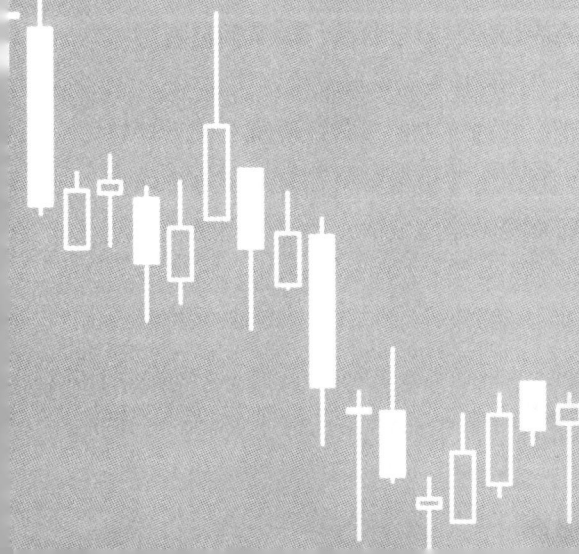

## 9.1 新股民学 BOLL 指标

**【历史】**

BOLL（Bolinger Bands）指标，中文称为"布林线指标"，是由美国的 John Bollinger（约翰·布林格）于 20 世纪 80 年代初期开发出来的一项技术指标。约翰·布林格出生于 1950 年 5 月 27 日，是一名注册金融分析师（CFA）和注册市场专家（CMT），他在美国非常出名，因为他多年来经常在电视上进行市场分析和点评；他在加利福尼亚创建了一家以自己的姓氏冠名的投资管理公司——布林格投资管理公司，向个人、家庭、信托基金等提供基于技术分析的资产管理服务，该公司所有客户的投资决策均由布林格一个人管控。

约翰·布林格关于布林线指标的专著 *Bollinger on Bollinger Bands* 自 2002 年出版以来已被翻译成 8 种文字，由于在技术分析领域的杰出贡献，2005 年他获得了市场技术协会的年度大奖。

**【原理】**

布林线由三条曲线组成，分别称为上轨线（UP）、中轨线（MIDDLE）和下轨线（LOWER），另外，采用美国方式表示的股价走势线位于其间。通过这样一组曲线设置，目的是确定股价是否处于一种相对高价或低价范围。

布林线实质上是关于波动度的一条带，它的产生前提是：股价总是会围绕着最近一段时间内的价值均值上下波动，而这个"价值均值"是基于标准偏差而形成的波动范围。当股价波动大时，布林线的带宽变大；反之，当股价波动很小时，布林线的带宽收窄。

其计算公式如下：

中轨线 =20 天收盘价的移动平均线

上轨线 = 中轨线 + 20 天收盘价的标准偏差 × 2

下轨线 = 中轨线 – 20 天收盘价的标准偏差 × 2

其中，20 天收盘价的标准偏差，其计算公式为：

（1）首先计算 20 天的收盘价平均值 = 20 天的收盘价之和 ÷ 20

（2）其次，计算 20 天收盘价的偏差之平方和 = [（前 20 天实际收盘价 – 20 天收盘价平均值)$^2$ +（前 19 天实际收盘价 – 20 天收盘价平均值)$^2$ + …… +（前 1 天实际收盘价 – 20 天收盘价平均值)$^2$] ÷（20 – 1）

（3）最后，计算 20 天收盘价的标准偏差 = sqrt（20 天收盘价的偏差平方和），即对第（2）步求出的值进行求平方根计算。

标准偏差，反映了 20 天收盘价与收盘价平均值的离散程度，即波动程度。标准偏差越大，说明 20 天内股价与平均值之间的差异越大，股价越是呈现"上蹿下跳"的剧烈波动状态。

根据布林线指标的计算公式，布林格认为布林线的带宽可以涵盖 85% 以上的股价走势，因此，当股价线出现突破上轨线、突破下轨线的形态时，都是异常走势。

【种类】

在绝大多数股票软件中，BOLL 指标是由四条线组成的，即上轨线 UP、中轨线 MB、下轨线 DN 和价格线（又叫美国线），其中上轨线 UP 是 UP 数值的连线，用黄色线表示；中轨线 MB 是股价移动平均值的连线，用白色线表示；下轨线 DN 是 DN 数值的连线，用紫色线表示；价格线是用美国线表示，颜色为浅蓝色，它与普通的 K 线图略有区别，用一根竖线表示当天的最高价与最低价，竖线左边有一根横线表示当天的开盘价，右边有一根横线表示当天的收盘价。

【实践应用】

布林线的上轨线与下轨线，相当于个股的压力位和支撑位，在实践应用中股价突破上轨线或下轨线，往往都表示股价走势的异常，后期股价可能发生异动。

布林线的带宽变窄，说明股价的波动情况减小，预示着股价将出现方向性选择。

## 9.2 BOLL 指标买入信号

BOLL 指标反映了股价在价值区域内的波动情况，市场经济规律认为，一种商品的价格总是在其价值上下一定的范围内波动。股票也是一种广义的商品，因此也符合这一特征，价格在其价值区域内波动，表现为三条轨迹线。通过三条轨迹线的形态，结合股价线的位置情况，可以判断股价的走势，做出买入或卖出的选择。

### 9.2.1 "黎明破晓"

【形态描述】

布林指标的上轨线与下轨线之间的范围，一般称为布林带。"黎明破晓"，是指当布林带出现由宽变窄，同时价格线由下向上突破中轨线的形态，如同黎明的第一束光明。此时，一般是结束盘整即将启动的信号，可以买入。

【市场含义】

布林带由宽变窄，说明之前的布林带其宽度较大，根据布林线的计算原理，布林带较宽的情况表示个股的股价处于大幅振荡之中。这一般是多方空方分歧较大、个股的筹码大量交换之时。

当布林带收窄后，说明个股的股价已经变动很小，多空之中的某一方取得了胜利，股价的趋势将要明确。此时，当价格线由下向上突破中轨线后，说明是多方取得了胜利，股票的筹码得以锁定，前期的大幅振荡是庄家的洗盘行为，股价的上行表示庄家已经开始启动拉升。此时买入，还可以追上庄家的炒作步伐。

**【个股实战】**

以平安银行（000001）2014年12月8日至2015年4月24日走势图为例，如图9-1所示，前期较宽的布林带，是由于股价从16.39元快速跌回到13.22元，这种窄幅振荡的股价走势，可以看出有较强的庄家洗盘痕迹，而这也使布林带变得非常宽。

随后该股的布林指标上轨线下行、下轨线上行，布林带开始明显收缩。这说明股价的波动幅度已经很小，筹码得到控制，股价进入拉升前的筑底过程。该股的价格线突破了中轨线，说明股价已经超过了20天的移动平均线，股价将进入强势拉升过程，因此这一时刻可以买入。

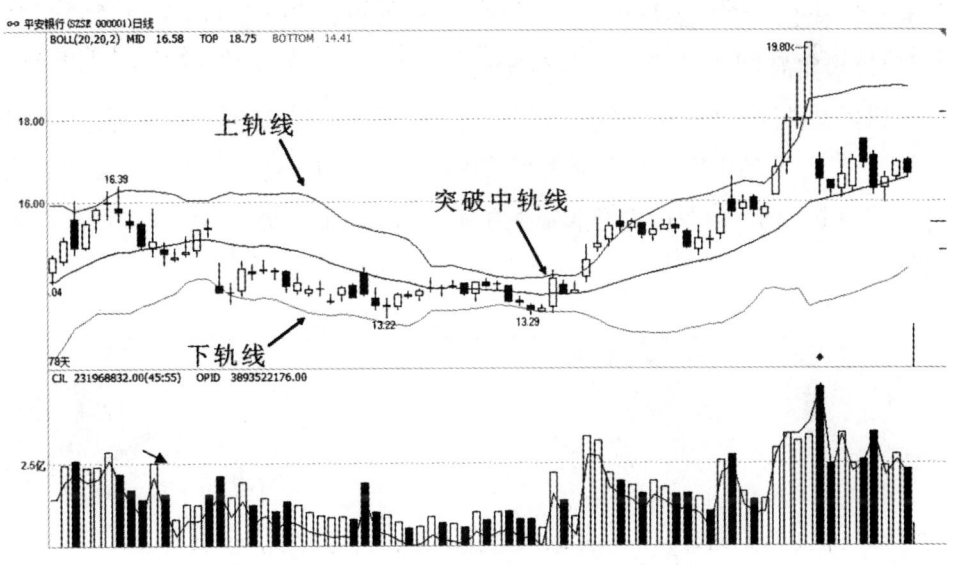

图9-1 平安银行（000001）黎明破晓

## 9.2.2 中轨线支撑价格线向上

**【形态描述】**

本形态是指在布林指标四条线的走势中，价格线基本保持在中轨线之上，即使有短暂的下调而落到中轨线之下，又会快速回升至中轨线之上，仿佛受到中轨线的有力支撑，同时上、中、下三条轨迹线基本保持平行向上。这种形态是个股处于强力拉升期的形态，后市看涨，可以买入。

【市场含义】

布林指标中的中轨线，其意义是 20 天的股价移动平均值连成的一条线，当个股的价格线绝大多数时间位于中轨线之上时，说明其股价处于连续不断的上涨过程之中，这是个股被庄家快速拉升的常见形态，对于这种强势个股，后期价格当然可以有所期待。

另外，上、中、下三条轨线以接近于平行的态势向上，说明在拉升的过程中，个股的上涨幅度保持相对稳定，没有大幅、剧烈的操作，买方力量均匀释放，筹码锁定良好，有短暂的下跌也能迅速回补。这样的操作手法，意味着庄家的志向远大、手法低调，并且由于没有大幅的拉升，可以判断其出货的时点还较远，对中小投资者而言，追涨获利的保险系数大大提高。

【个股实战】

以国农科技（000004）2015 年 1 月 12 日至 4 月 21 日走势图为例，如图 9-2 所示，该股的价格线由下向上突破中轨线后，即保持在中轨线上方与上轨线之间的范围内，该股的价格线基本都在中轨线之上，呈现出庄家强势控盘的特征。

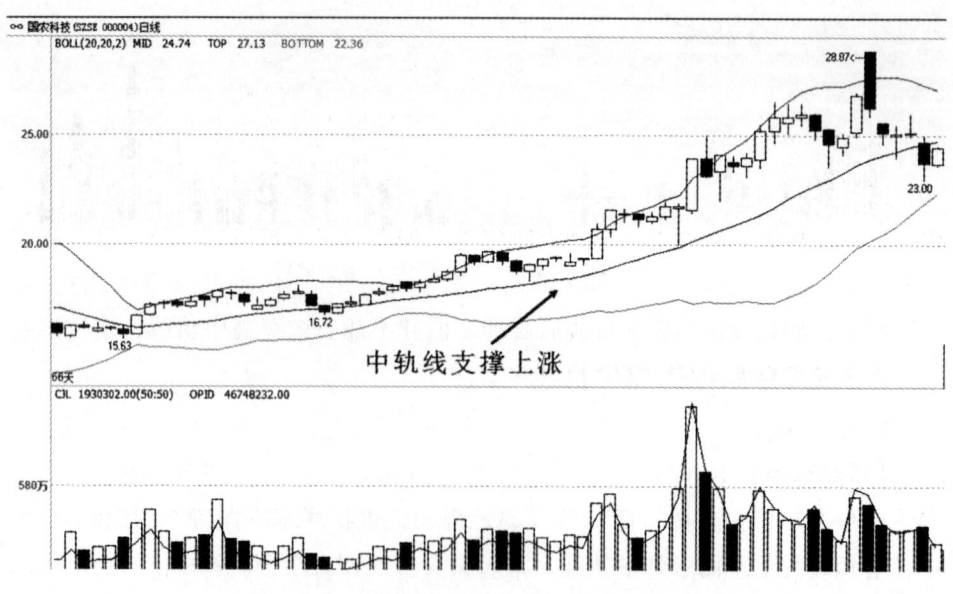

图 9-2　国农科技（000004）中轨线支撑价格线向上

另外，该股的上、中、下三条轨线，以近似于平行的形态向上延伸，说明这只股票的拉升过程非常均衡，没有涨停的操作。这种细水长流的操作手法，延长了该股的上涨期间，我们可以买入，与庄共舞。

### 9.2.3 价格线突破下轨线后反弹

**【形态描述】**

价格线突破下轨线后反弹，是指个股的 BOLL 指标中，价格线在中轨线与下轨线之间的区域中运行，一段时间后突然突破下轨线，在突破后不久出现反弹，价格线又回升到下轨线之上，随后穿过中轨线。这种形态是底部启动的信号，可以买入。

**【市场含义】**

在 BOLL 指标中，下轨线表示前 20 个交易日的股价下跌幅度的平均范围，价格线处于中轨线与下轨线之间的范围运行，这说明个股的股价近期一直处于下跌之中，卖方力量在持续的释放之中。

当价格线突破下轨线时，说明此时的股价发生了急速下跌，幅度之大已经超过了近期的跌幅范围。这是卖方力量的强烈释放，呈现出"最后一跌"的特点。

紧接着股价开始反弹，价格线回到下轨线之上，如果 4 个交易日后价格线能够触及中轨线，说明股价已经回到了前期的移动平均价格，买方力量已经形成了优势，这更加确定了前期的下轨线破位形态就是底部启动信号，可以放心买入。

反之，如果价格线破下轨线后反弹，但并不能有效突破中轨线，这种形态一般表示反弹力度不足，还需观望。

**【个股实战】**

以零七股份（000007）2015 年 1 月 20 日至 5 月 20 日走势图为例，如图 9-3 所示，该股价格线连续击破了下轨线，跌幅超过了近期的平均范围。接下来，该股价格线连续走阳，11 日内价格线就与中轨线相接。由此可以确定击破下轨线，正是该股由跌转涨的启动信号，投资者可以稳妥地在击穿上轨线后买入。

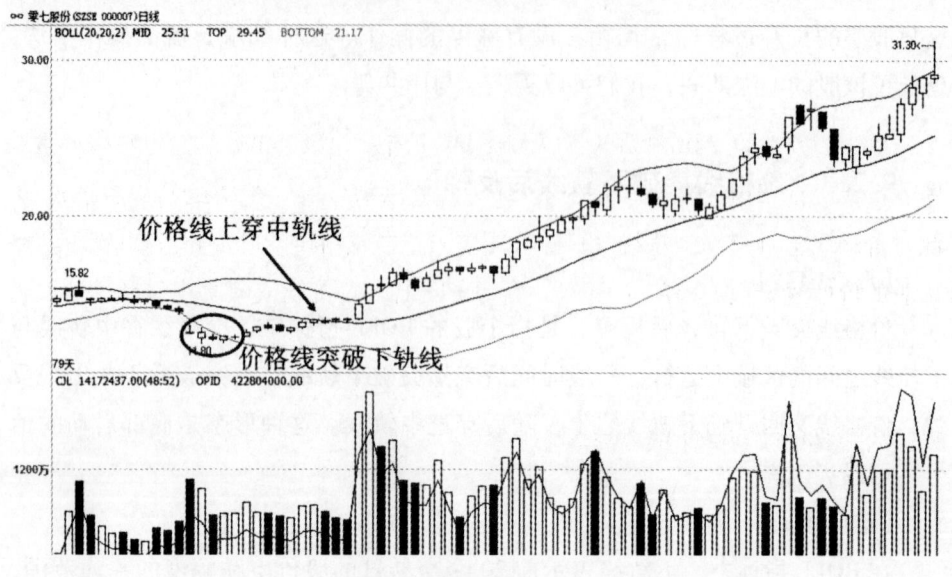

图9-3 零七股份（000007）价格线突破下轨线后反弹

### 9.2.4 中轨线止跌后支撑价格线

**【形态描述】**

中轨线止跌后支撑价格线，是指在个股的BOLL指标中，轨线在前期持续下跌一段时间后，由下行转为水平延伸，同时价格线穿过中轨线之上，形成中轨线对价格线的支撑。

**【市场含义】**

这种形态是个股止跌回稳后向上拉升的形态，买入后可以获得短期上涨行情。

当中轨线不断向下延伸时，说明个股的股价持续下跌，移动平均值不断下降。如果中轨线不再向下，而是出现水平延伸形态，根据移动平均原理，说明个股的股价不再是单边下跌，而是出现了有力的上涨，把股价拉回到近期平均价位附近。这种操作已经不再是无序的跌后惯性反弹，它反映了在中轨线转为水平的价位处有庄家在支撑。

接下来，价格线又跳升到中轨线之上发展，中轨线形成了对价格线的良好支撑,这也说明庄家的拉升将要开始,股价会快速脱离中轨线这一成本区域。因此,在中轨线止跌回稳、价格线跳升中轨线之上后,可以及时买入。

**【个股实战】**

以丰原药业(000153)为例,如图9-4所示,该股 BOLL 的中轨线一直是向下行走,说明前期股价"跌跌不休"。随着跌势渐缓、中轨线转为水平延伸,此时价格线已触及到中轨线了,这说明庄家正在发力拉动股价到近期的支撑位。该股的价格线豪迈地超越了中轨线、一路向上,中轨线成为其支撑线,这时已是庄家大幅拉升的阶段。

因此,在该股的中轨线转平、价格线触及中轨线之时,可以较有把握地买入,后期将能收获不错的收益。

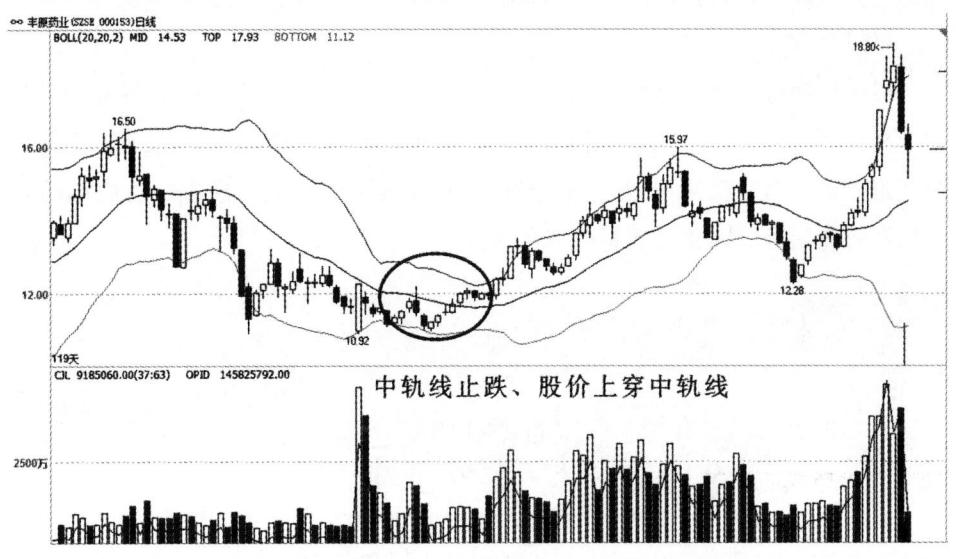

图9-4 丰原药业(000153)中轨线止跌后支撑价格线

### 9.2.5 W 形底

**【形态描述】**

W 形底,是指个股 BOLL 指标的价格线在中轨线与下轨线之间形成了类似大写字母 W 的走势形态,W 结束时突破了中轨线。这一形态是 BOLL 指标的一种典型的底部形态,可以买入。

**【市场含义】**

形成 W 形底之前,个股的 BOLL 指标一般处于中轨线与下轨线之间的区域,此时股价处于下跌过程;接下来,个股的价格线向上反弹,形成 W 形态的第一次上升过程,这是个股的第一次触底反弹,也可以看作是庄家的第一次向上拉升的试探。

第一次反弹或拉升的过程没有继续,价格线再次下行。但接下来庄家发动了第二次拉升,成功突破中轨线,形成了 W 形的第二次上升过程。从第二次的拉升中,可以判断出庄家已经控制了足够的筹码,股价的两次下跌也洗去了那些不够坚定的投资者,所以后续庄家将展开强力拉升阶段。

BOLL 指标走出的 W 形态,宣示了庄家震荡洗筹筑底的过程,并以对中轨线的突破发出了启动行情的信号,此时可以买入。

**【个股实战】**

以民生银行(600016)2014 年 12 月 26 日至 2015 年 5 月 29 日走势图为例,如图 9-5 所示,该股 BOLL 指标的价格线开始下行,股价在下轨线处反复穿越,走出了一个完整的 W 形。由于这一 W 突破了中轨线,形成了对底部的确认以及启动信号,因此投资者可以买入。

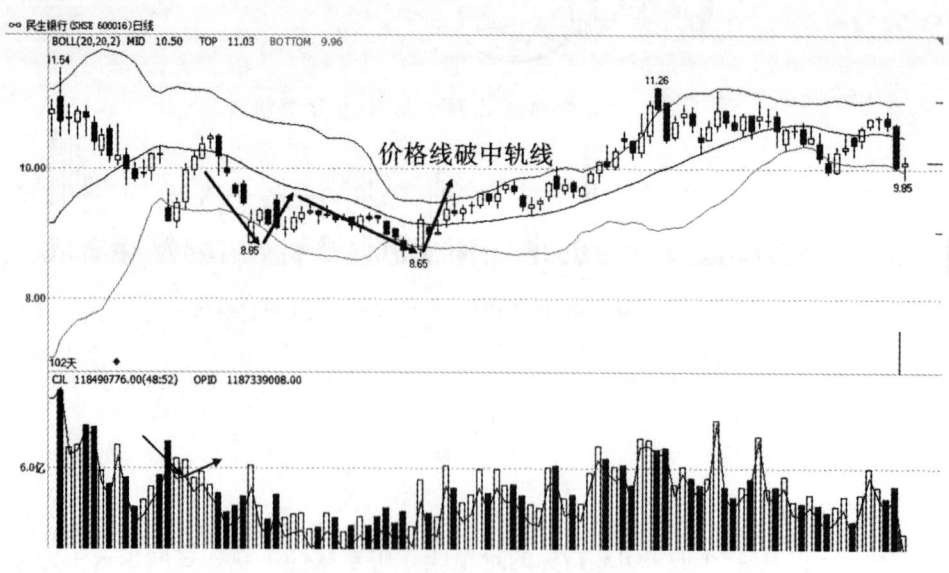

图 9-5 民生银行(600016)W 形底

### 9.2.6 缩量十字底

【形态描述】

缩量十字底，是指个股的 BOLL 线在向下行走过程中，价格线以十字形状突破下轨线，同时个股的成交量也出现了大幅萎缩的形态，这是一种底部确立的信号。

【市场含义】

缩量十字底信号一般出现在下跌后期。根据 BOLL 线所代表的含义，价格线有左右两条辅助线表示当天的开盘价和收盘价，如果价格线走出了十字形状，说明个股的收盘价与开盘价相同。这种情况出现在个股的下跌过程中，表示个股当天以下跌开始，中途开始发力上攻，最后又回到与开盘价相同的位置上。从股价来看，已经改变了下跌过程中单边向下的走势，这反映出有积极的力量介入到个股的走势之中。

但是，由于个股的股价最终又回到收盘价的位置上，说明庄家还是相当谨慎，并未开始大力拉升，试盘的心态比较明显。

因此，需要结合成交量来综合判断。如果成交量缩小，一方面说明股价在下跌过程中并无太多的卖盘，卖方的能量已经释放得差不多了；另一方面，说明由于卖方无力，庄家以少量的筹码操作就能轻松地拉起股价，市场上个股的平均成本价远远高于当前价位，庄家拉升的空间很大，足以吸引庄家后期介入。

所以，BOLL 线的十字底破下轨，同时配合成交地量形态，这是个股达到底部的先行信号，此时买入是一种具有很强的战略眼光的投资。

【个股实战】

以山东钢铁（600022）2014 年 12 月 18 日至 2015 年 5 月 29 日走势图为例，如图 9-6 所示，该股的 BOLL 线逐步接近下轨，当天走出了一个十字形，并突破了下轨，这说明该股当天延续了下跌之势后，又产生了向上攻的走势，但最后还是回到了开盘价附近，总体呈现出向上试盘之势。

同时，从该股的成交量指标中可以看出，在触底以前，成交量一直处于不断缩小之中，说明卖方的力量一直在减小，快要释放完毕了。结合 BOLL 指标，可以判断出该股的底部即将出现，投资者可以考虑买入该股。

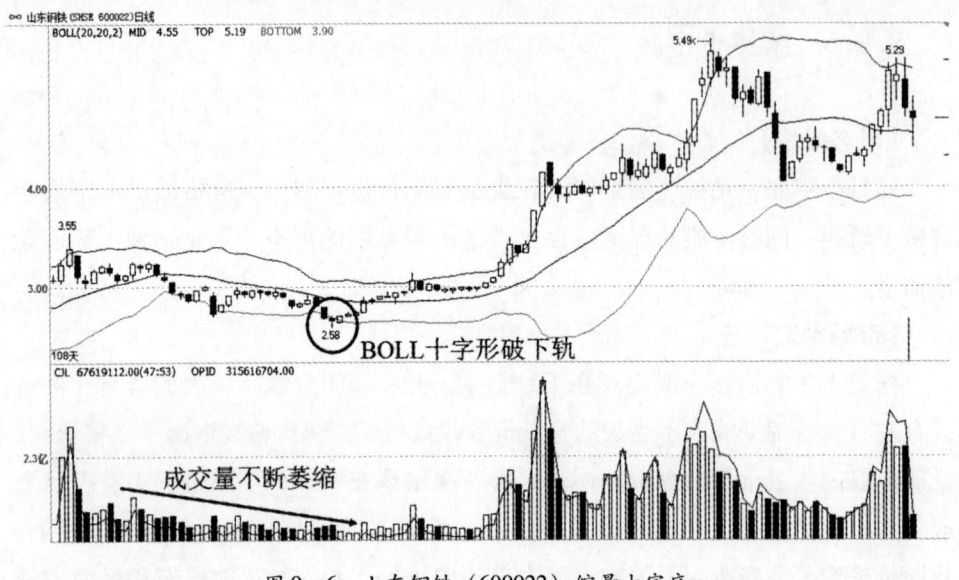

图9-6 山东钢铁（600022）缩量十字底

### 9.2.7 破底金叉

**【形态描述】**

破底金叉，是指个股在下跌后期、BOLL线之中，价格线击穿下轨线后回升并向中轨线靠近，随后个股的均线系统中出现了5日均线上穿10日均线的金叉形态，两者合起来就叫作破底金叉。

**【市场含义】**

BOLL线上、下轨与中轨之间的距离，反映了20日内股价波动最高值与股价平均值之间的偏离程度，也就是说下轨线可以看作最近20日内股价向下波动的最大限度。

在个股的股价下跌过程中，一般而言BOLL指标的股价线是在下轨线和中轨线之间的区域内波动，这说明其下跌是一种阴跌，幅度虽然不大，但是没有逆转的可能。此时，如果出现了股价线向下击穿下轨线，说明股价在当天的波动幅度突破了近20日的下跌范围，是一种很大的跌幅。

出现这种跌幅后，股价线又回到了下轨线与中轨线之间的范围内，说明大跌之后个股没有继续下跌，而是转为向上波动。这种反常的情况告诉我们，前面的大跌实际上是庄家在强力打压，目的是要用恐慌性下跌挤压出中小投资者手中更多的筹码。大跌之后庄家的筹码基本收集到位，开始控制股价向上走，BOLL线的股价线回升并向中轨线靠近。

此时结合股票的均线系统，一旦出现了5日均线向上穿过10日均线的金叉形态，说明个股的收盘价在逐步抬升，这主要是由于庄家在操作股票、拉升价格所致。一旦出现均线金叉，结合BOLL线显示的股价波动幅度缩小和向上，即可确定个股的底部出现，可以买入。

【个股实战】

以万科A（000002）2015年1月6日至5月29日走势图为例，如图9-7所示，该股的BOLL价格线在低位击穿下轨后转为向上，逐步靠近中轨线，随后该股的BOLL价格线已经成功接触到中轨线，说明该股已经转向。几个交易日后该股的均线指标之中，5日均线从底部向上金叉了10日均线，说明此时该股的收盘价已经脱离出之前的下降通道，进入了短期向上的通道。综合该股的BOLL指标及股份均线指标，可以判断出该股底部确立，投资者可以买入。

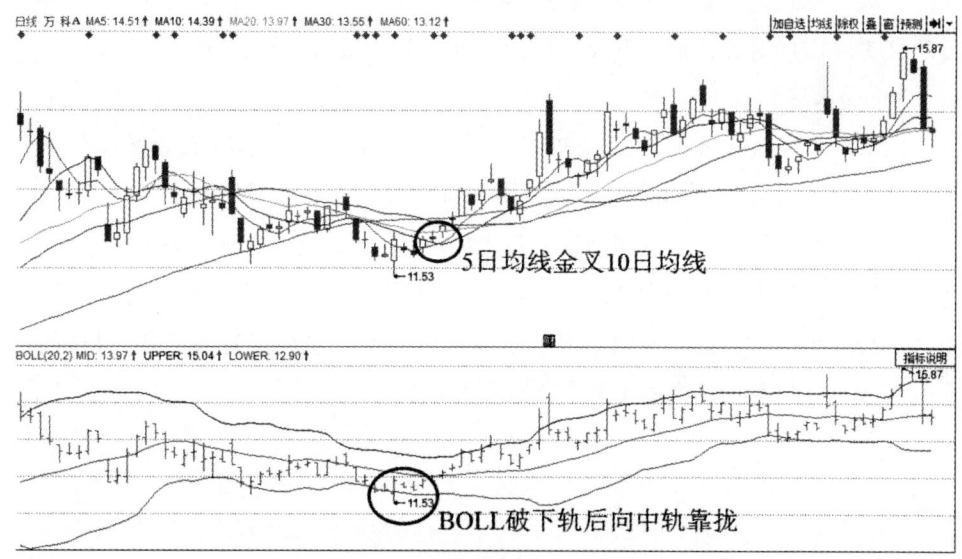

图9-7 万科A（000002）破底金叉

### 9.2.8 "单边红"

**【形态描述】**

"单边红"是 BOLL 线的一种强势形态,是指在个股的走势过程中,BOLL 线的股价线始终贴着上轨线移动,而且在移动过程中主要呈现红色,因此形象地称之为"单边红"。

**【市场含义】**

前面曾经提到,BOLL 线的上轨线表示个股的股价在近 20 个交易日中的最大向上波动幅度。如果在一只股票的走势之中,股价线始终保持在上轨线附近,有时候是在上轨线外,有时候在上轨线以内,但是始终贴着上轨线,这说明每一天的收盘价都在近 20 日与中轨线相比的最大波幅附近,而且这种波幅是向上涨的波幅,实际上就是每一天的股价收盘价都在拉开与中轨线的距离。

另外,中轨线其实反映的是股价收盘价 20 日以来的移动平均值,在本形态中,每一天的股价线都在远离这条中轨线的最大波幅附近。因此,也就是说每天的收盘价都在创造着近 20 日以来的新的上涨值,这其实就是股价单边上扬的反映,说明市场对其价值上升表示认同,这样的股票后期会有较大的行情。

**【个股实战】**

以鄂尔多斯(600295)2014 年 12 月 8 日至 2015 年 5 月 29 日走势图为例,如图 9-8 所示,该股的 BOLL 指标之中,价格线就一直紧紧围绕着上轨线,并保持着向上移动的趋势。这说明该股每天的收盘价都在近 20 日的最大向上波动幅度附近,并且不断地与中轨线(也就是 20 日以来的移动平均值)拉开距离,走势十分强劲,一直处于单向上升的过程之中。对于这样强势的股票,投资者可以买入,并且利用后期的上涨空间获得盈利。

# 第 9 章　BOLL 指标买卖点详解

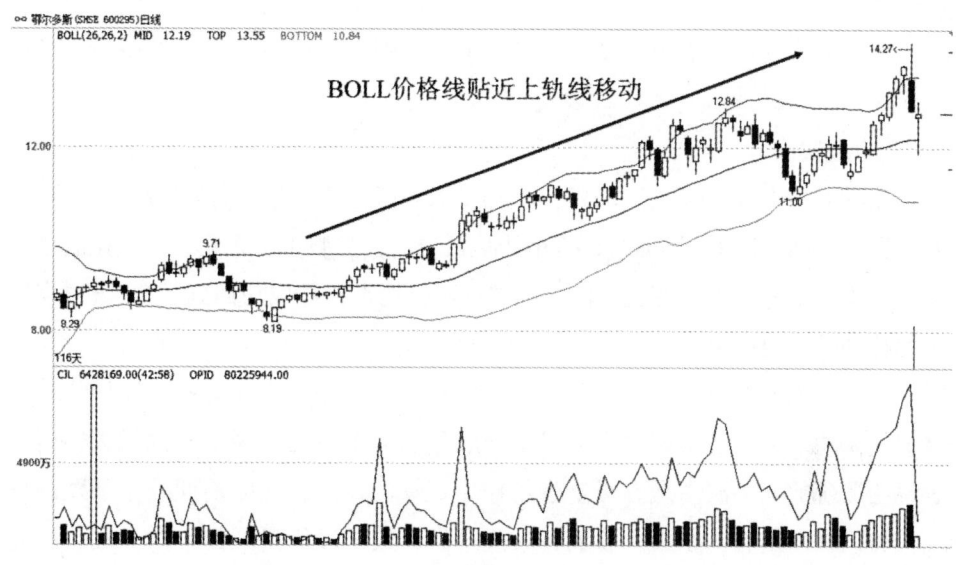

图 9-8　鄂尔多斯（600295）"单边红"

## 9.2.9　突破中轨后成交量金叉

**【形态描述】**

突破中轨后成交量金叉，是指个股的 BOLL 指标中，股价线由下向上突破中轨线，同时个股的成交量指标之中，5 日成交量均线也上穿 10 日成交量均线，走出了金叉形态。这是一种底部开始启动的信号。

**【市场含义】**

"突破中轨后成交量金叉"形态一般出现在个股下跌一段时间后。在个股的 BOLL 指标之中，中轨线表示 20 日以来股价的移动平均值。在下跌过程中，个股的股价线一般处于中轨线之下，当股价线由下向上突破中轨线之时，说明股价向下的波动程度处于不断减小之中，并且最终回到了 20 日以来的平均值上。结合近 20 日以来股价已出现了大幅下跌的情况，这意味着股价已经通过上涨填平了前期下跌造成的向下波幅。

再结合成交量指标做出综合判断，在股价线突破中轨时当走出了 5 日成交量均线向上金叉 10 日成交量均线的形态后，可以认为该股下跌后回涨是有较大的成交量作为支撑，可以判断是有大量的资金在持续流入，从而造成了股价强势回升。

本形态出现后,说明个股走势已经由弱转强,后期将有较好的行情,可以买入。

**【个股实战】**

以零七股份(000007)2015年2月5日至5月20日走势图为例,如图9-9所示,该股的BOLL指标中,价格线从低位向上突破了中轨线,说明该股之前一直下跌的走势发生了变化,向上的波动不断增大,并成功回到了20日以来股价的移动平均值以上。

此时,该股的成交量指标之中,也出现了5日成交量均线从下向上金叉10日成交量均线的形态,说明成交量配合股价的向上波动出现了有效增大,同时也说明股价的向上波动是有资金进场作为支撑的。结合该股前期处于下跌的情况,可以判断出有庄家进入该股,吸收筹码导致了股价出现向上的异动,因此投资者在此时点上可以买入跟庄。

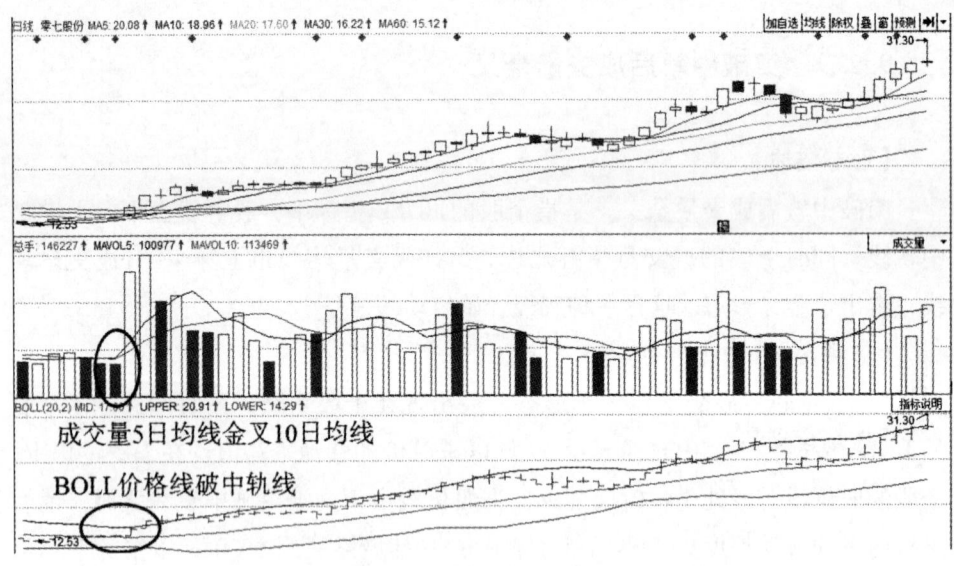

图9-9 零七股份(000007)突破中轨后成交量金叉

## 9.3 BOLL 指标卖出信号

股票市场是一个充分自由交换的市场，这个市场的特点就是：当价格在某一段时间内大大超过其价值时（即产生了暴利），市场的调节机制会促进价格向价值的回归，即价格的下跌。BOLL 指标反映了股票价格与其价值范围之间的关系，因此，BOLL 指标也能形成股价下跌的信号。

### 9.3.1 "上升休止符"

【形态描述】

"上升休止符"，是指个股 BOLL 指标的三条线在前期平行上升后，随着股价的大幅拉升而出现了三条线拉开扩散的形态，价格线也突破上轨线，但是紧接着股价出现了下跌，BOLL 的价格线击破上轨线形成了死叉。这是个股上涨的头部确立信号，就像是音乐的休止符，意味着上涨行情的结束，到了卖出的时候。

【市场含义】

个股在价格上涨过程中，有一件很重要的事情，就是要准确判断出头部位置并及时出货。分析庄家的心理，在出货之前，首先要拉高价格到足够的高位，为后续出货的下跌腾出空间，否则出货时几个下跌就到了成本价位处，庄家的筹码都砸在自己手里了；其次，庄家出货之前已经控制了足够的筹码，可以用较小的成本轻易做出很大的涨幅；最后，为了吸引散户接盘，庄家必须做出股价仍然要大幅上涨的现象，因此要拉出几根大阳线，吸引其他买盘进入，为自己的出货吸引下家。

反过来讲,在吸筹阶段,庄家控制的筹码还不足量,拉高的能力不足,拉得过高所需资金量太大,所以在吸筹阶段大涨幅较少见。

正是基于这些心理,如果一只股票在持续上涨后出现了快速拉升,导致BOLL线的三条线距离拉开,可以说明庄家已经开始做大幅的拉升,要快速拉到出货价位。接下来,价格线突破了上轨线,这说明当日的涨幅超过了之前的庄家吸筹节奏,庄家已是"图穷匕见",做出最后的虚假涨幅。紧接着,股价轰然下跌,价格线击穿上轨线,形成死叉。这是庄家出货开始的信号,也是个股头部确立的信号,尽快卖出才是最好的选择。

在这种形态中,需要注意的是:(1)BOLL三条线明显拉开、扩散后;(2)价格线先明显上穿上轨线;(3)价格线明显跌穿上轨线。只有这三个条件同时成立,才能确立头部信号。

【个股实战】

以长江通信(600345)2014年5月5日至2015年1月15日走势图为例,如图9-10所示,价格线洞穿上轨线,符合了"上升休止符"的三个构成条件,该形态成立,说明该股的上涨行情结束,后续将会下跌,因此应该及时卖出。

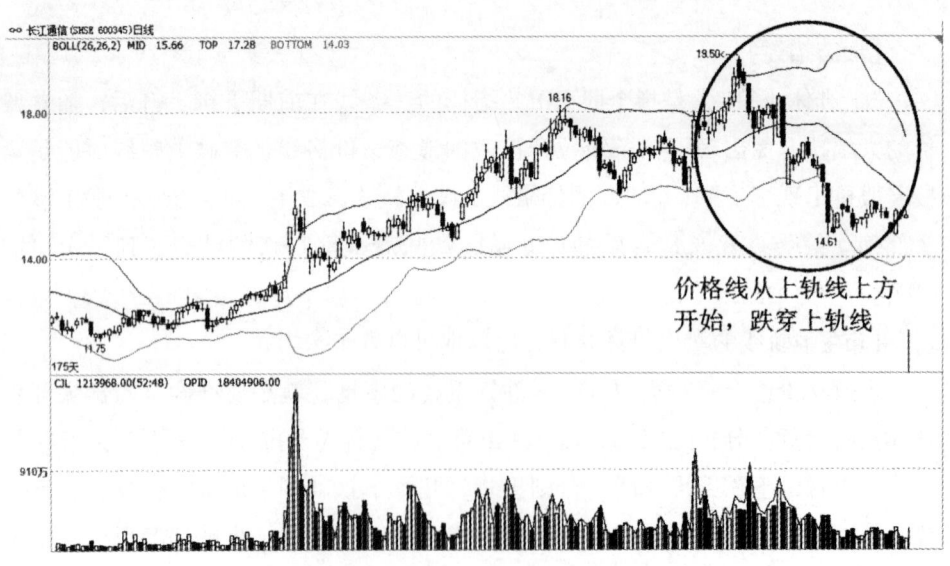

图9-10　长江通信(600345)"上升休止符"

### 9.3.2 "第 4 日生死"

【形态描述】

"第 4 日生死",是指当个股的 BOLL 指标出现了价格线从上到下穿透上轨线后,4 日后的走势情况是判断个股后期走势的关键:如果在第 4 日出现了价格线继续下穿中轨线的情况,这将确定了后期的下跌走势,宜卖出股票;如果第 4 日价格线没有向下,而是向上走,那么后期还有上升的机会。

所以,第 4 日的情况,决定了个股是"生"还是"死",因此我们命名这一形态为"第 4 日生死"。

【市场含义】

在这一形态中,个股的股价首先会出现快速上升的走势,这是价格线走到上轨线之上的必要条件。同时,在最近 1~2 个交易日中,个股会出现大幅快涨,促使价格线上穿到上轨线上方。

然后,个股出现了下跌,价格线击穿了上轨线,回落到上、中轨线之间的区域。

此时出现的下跌,如果属于短暂回调、消化获利盘,那么个股不会再下跌突破中轨线,因为中轨线是近段时间内绝大多数投资者的持股成本线所在,只要庄家不出货,即使突破中轨线也会很快回补。同时,通过短暂回调和消化获利盘,后期还能有进一步的上升空间。

相反,如果在第 4 日,个股的价格线触及或突破了中轨线,说明此时个股下跌的主导力量已经不是中小投资者了,而是持股成本远低于中轨线的庄家所为。庄家在中轨线的卖出仍然获利,所以他可以放手卖出。

正因为如此,在第 4 日个股的 BOLL 走势情况,说明了后期个股股价将如何发展,的确是"第 4 日生死"。

"第 4 日生死"的作用:一是确定个股的下跌走势;二是在上涨过程中出现回调时,确定股价到底是短期回调还是一跌不起了。依据第 4 个交易日的形态来判断,可以减少在短暂回调又上涨的过程中发生"踏空"。

【个股实战】

以五洲交通(600368)2014 年 12 月 5 日至 2015 年 1 月 29 日走势图为例,

如图 9-11 所示，该股 BOLL 指标的价格线从上轨线上方击穿上轨线，跌回到上轨线与中轨线之间的区域之中。随后该股的价格线继续向上，在第 4 个交易日，价格线穿过了中轨线，这一走势说明该股下跌之势已非常明显，短期内上涨无望，宜尽快卖出。

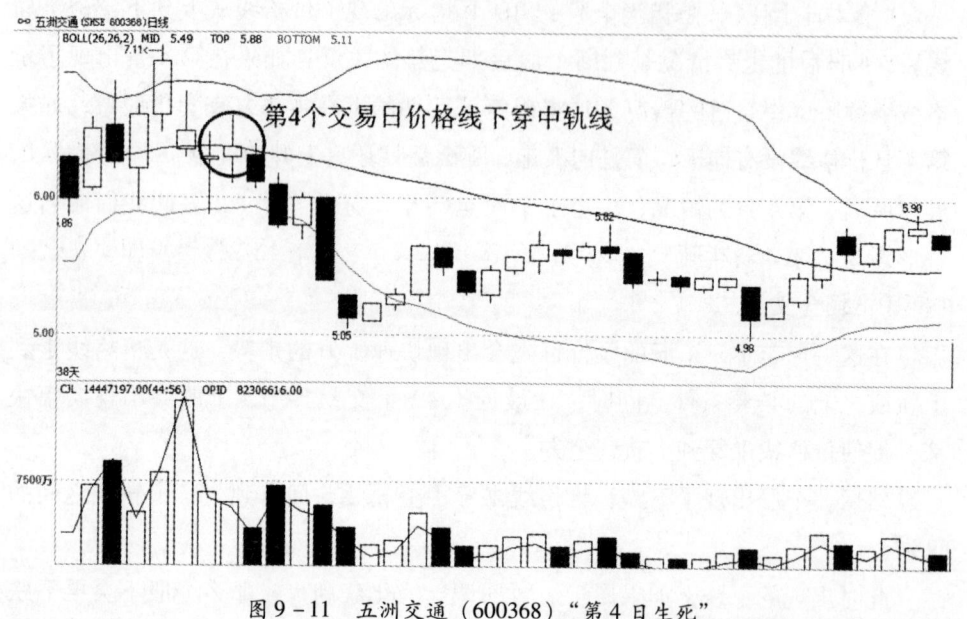

图 9-11 五洲交通（600368）"第 4 日生死"

### 9.3.3 中轨线压制

【形态描述】

中轨线压制，是指个股的 BOLL 指标在走势中出现了价格线下穿中轨线后，一直保持在中轨线下方延伸的形态，仿佛是中轨线压制着价格线，因此形容为"中轨线压制"。这是股票弱势的典型形态，宜卖出。

【市场含义】

我们知道，中轨线是近 20 个交易日以来股票的收盘价的移动平均值，它反映了近一段时间的绝大部分交易的成本价位。

如果 BOLL 指标的价格线穿过中轨线，说明个股的股份发生了较大幅度的下跌，击穿了近段时间的交易均价。这时一般会引发反弹，但是在"中轨线压制"形态中,反弹并没有出现,或者即使有小幅反弹也很快被打压到中轨线以下,这种情况说明有大量的卖盘在压制着股价的上涨。

从股市成交的原理判断,这是持股成本远远低于中轨线的一方(也就是在早期大量吸筹的庄家)正在大量地卖出。因此,"中轨线压制"的形态让我们可以确定这是庄家在出货,股价将一路下跌,越早卖出越好。

**【个股实战】**

以海越股份(600387)2014年9月11日至2015年1月16日走势图为例,如图9-12所示,该股BOLL指标的价格线下穿了中轨线,显示出了要跌的迹象。

接下来的一段时间内,该股的价格线始终在中轨线下方行走,即使在之间出现了反弹,从价格线上来看,也只是在中轨线下方稍高的位置运行,偶有突破也很快被打压到中轨线以下,中轨线仿佛成为其价格线的压力位。

图9-12 海越股份(600387)中轨线压制

### 9.3.4 "平沙落雁"

**【形态描述】**

"平沙落雁"是金庸武侠小说《笑傲江湖》中青城派武功招式名称之一，这里借用这一名称表示一种 BOLL 指标的走势形态：股价经过一段时间的上涨后，在高位时 BOLL 指标的上轨线和中轨线同步转为横向水平延伸，同时价格线向下击穿中轨线，如同下落的大雁。

**【市场含义】**

个股的股价上涨一段时间后，如果 BOLL 指标开始出现了上轨线水平延伸的形态，说明个股的股价已不再突破性地上涨了，而是处于一种在前期高点以内横向盘整的状态，因此股价的标准偏差趋向于同一数值。

与此同时，中轨线也出现了由上升转为横向水平发展的形态，根据中轨线的移动平均原理，反映了近期股价的趋势发生了改变。总之，上轨线和中轨线的水平横向移动，共同印证了股价"滞涨"的特征。

另外，价格线向下击穿中轨线，说明最新的收盘价格已经突破了近 20 日交易价格的平均值。这一方面造成了上轨线、中轨线的形态扭转；另一方面也确定了股价的下跌是来自于庄家的发动，后期短时间内将以出货为主，上涨难见。

**【个股实战】**

以安源煤业（600397）2014 年 11 月 24 日至 2015 年 3 月 3 日走势图为例，如图 9-13 所示，该股的股价达到近期相对高点后，BOLL 指标的上轨线便不再向上，转为水平横向移动。

同时，随着股价的下跌，价格线向下移动，中轨线从一路上升的趋势转变以水平横向盘整。该股 BOLL 指标的价格线击穿了中轨线，确定了"平沙落雁"的走势形态，此时应该尽快卖出。

第 9 章　BOLL 指标买卖点详解

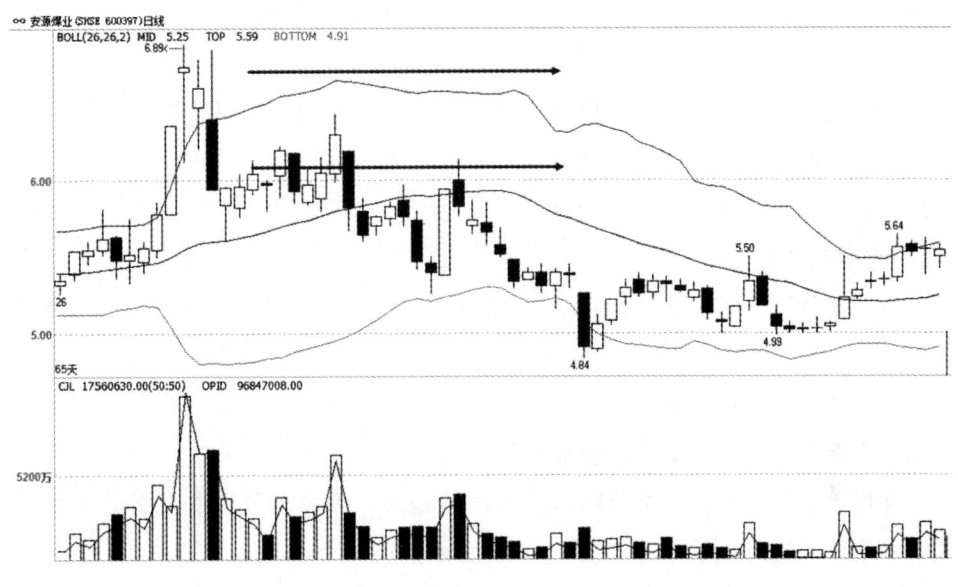

图 9-13　安源煤业（600397）"平沙落雁"

### 9.3.5　M 形头部

**【形态描述】**

M 形头部，是指个股 BOLL 指标的价格线在上轨线、中轨线之间走出的如同大写字母"M"的形态，由升而降，再由降而升，最后再降并突破中轨线。

**【市场含义】**

M 形头部是用来确定个股上涨的头部的一个相对准确的信号。"M"左边的第一次上升，是延续前期个股的上涨走势，价格线在上、中轨之间的区间内向上移动，显示了个股处于强势的状态。

但随后个股的价格线转为向下移动，形成了一个转折点，这说明股价出现了下跌，原因可能是：（1）上升过程中的短暂回调，后市将继续上涨；（2）庄家试探性出货。这时还不能确定到底是哪一种原因，需根据接下来的走势形成来判断。

接下来，个股的价格线止跌回升，此时看起来是短暂回调后的继续上涨，但是这一次上涨力道很弱，价格线也不会离中轨线很远，并且形成的价格线高点不会超越前一个转折点。这是一个很重要的标志，说明短暂的上涨并非再次拉升，上涨难以为继。

最后股价又出现下跌，使价格线第四次向下，走出了"M"形状，并击穿了中轨线。由此可以排除"上升过程的短暂回档"的判断，确定了庄家出货的头部形态。作为普通投资者，此时以卖出为佳。

**【个股实战】**

以三友化工（600409）2015年1月16日至5月12日走势图为例，如图9-14所示，该股保持一路向上的上涨形态，价格线在上、中轨线之间的区间内移动，股票走强的特点还在延伸；在11.18元高位处出现了第一波下跌，形成了第一个拐点。此时还不足以确定头部。

随后该股被拉高，价格线转为向上，但是这一段的上涨基本上都是贴近中轨线的上涨，同时上涨的最高点仍低于前面的第一个拐点，这说明力度不足，主力无意再拉高。

在11.38元处该股价格线再次转头向下，破中轨线，留下了一个大写的"M"形态，宣告了庄家开始大规模出货，股价一路下跌。

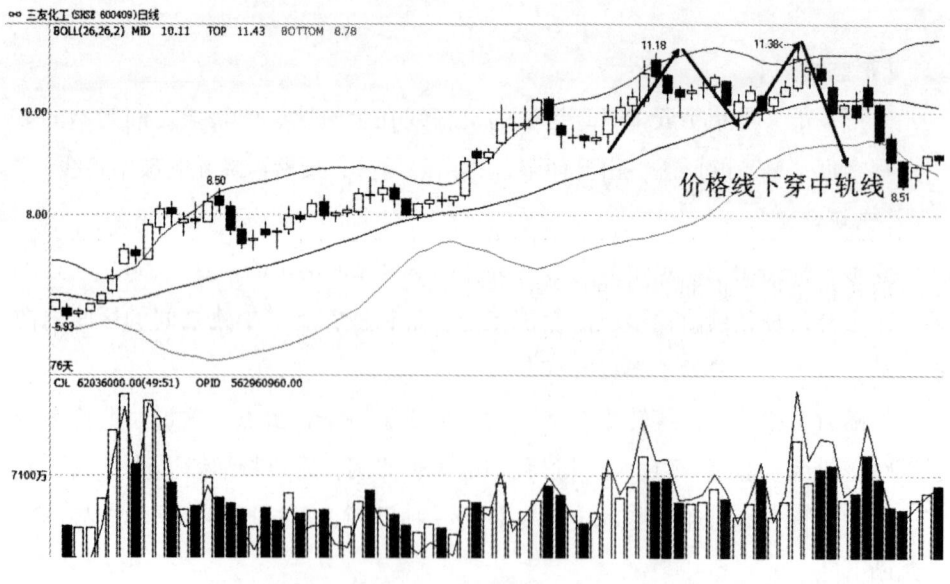

图9-14　三友化工（600409）M形头部

### 9.3.6 破顶后均线死叉

【形态描述】

破顶后均线死叉，是指个股的 BOLL 指标之中，股价线击破上轨线后下行，随即个股的均线指标之中 5 日均线向下穿过 10 日均线走出死叉形态。这是一种上涨头部出现的形态。

【市场含义】

"破顶后均线死叉"形态一般出现在个股经过了一段时间的上涨后。从 BOLL 指标来看，股价线在上涨过程中处于上轨线附近，直到有一天突破了上轨线后不再向上，而是转为向中轨线靠拢。这说明当天发生了一次较大幅度的向上涨的波动，随后个股的股价上涨波动幅度逐步减小，出现了向下跌的波动幅度，导致股价也在向近 20 日的移动平均值靠拢。实际上这就是市场对于股价向上的认同感在迅速消失。

结合均线系统指标来看，由于股价向上的认同感减弱，个股收盘价越收越低，短期走势发生大幅度逆转，并破坏了上升通道，这种情况说明个股正在由强转弱，投资者需要尽快卖出。

【个股实战】

以深物业 A（000001）2015 年 1 月 5 日至 5 月 13 日走势图为例，如图 9-15 所示，该股的 BOLL 指标之中，价格线突破了上轨线后转变为向下移动，逐步向中轨线靠近，反映出这只股票的上涨幅度越来越小，出现了下跌的波动幅度，股价也接近了近期 20 日的平均价格。

再看该股的均线指标，该股的 5 日均线从上向下死叉了 10 日均线，说明随着股价向下的波动增加，该股的收盘价虽然略有抵抗但终于没有顶住压力，也进入了下行通道，庄家虽然在 BOLL 线向下后有过一些护盘，但最终还是放手向下了，因此投资者不应盲目等待，宜早日卖出该股为佳。

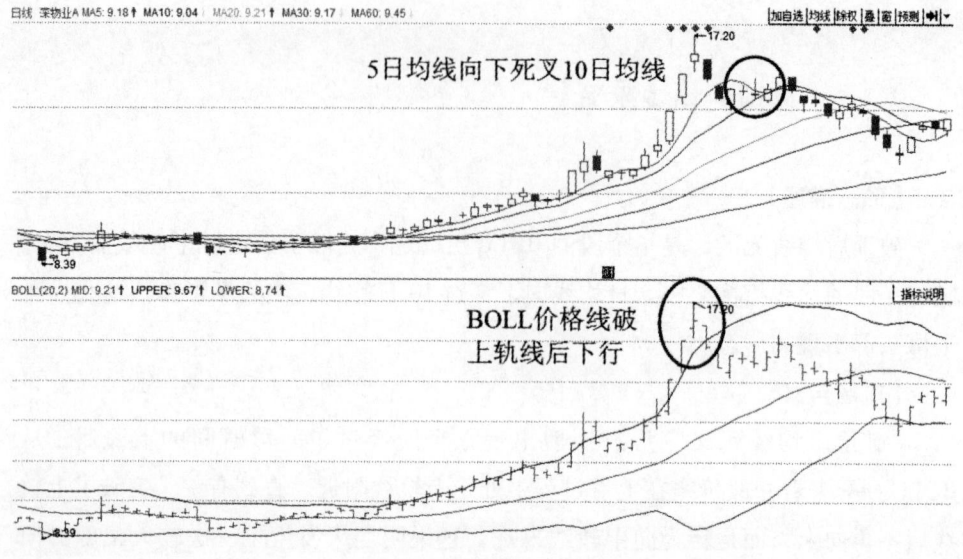

图 9-15 深物业 A（000001）破顶后均线死叉

### 9.3.7 破中轨后成交量死叉

**【形态描述】**

破中轨后成交量死叉，是指个股 BOLL 指标的股价线转为向下突破中轨线，同时成交量指标之中 5 日成交量指标由上向下穿透 10 日成交量指标，形成死叉。

**【市场含义】**

"破中轨线后成交量死叉"的形态，多见于个股经过了一段时间的上涨后，股价上升乏力，股价线不再向上波动而变为向下波动，因此股价线向中轨线靠近，达到或突破中轨线。这时说明股价的向下波动幅度已经较大，致使股价线处于近 20 日的股价移动平均值附近。

从股价上来看，个股已经出现了较大幅度的回调，此时成交量是什么样的情况呢？如果个股的价值仍然受到市场认同，那么随着股价的下调，会发生大量的资金逢低吸纳，成交量会有所放大。反之，如果股价已经超过市场认同，股价下调只会引发市场卖出的筹码并没有太多的人接手，于是成交量开始萎缩，体现在成交量的均线之上，就出现了 5 日成交量均线由上向下死叉 10 日成交量均线的走势，因为10日成交量均线受上涨尾期个股放巨量上攻的影响还处在较高位置，实际上当时的巨量上攻就是庄家利用上涨尾期投资者的追涨热情在大肆出货，因此也带来了后续下跌时无人接手的局面。

综合BOLL指标与成交量指标的走势，可以确定个股已经转弱，投资者需要卖出股票。

**【个股实战】**

以盐田港（000088）2014年12月2日至2015年2月26日走势图为例，如图9-16所示，该股的BOLL指标之中，价格线指标从前期的上轨线附近一路向下，接近了中轨线，这说明股价的向下波动幅度较大，同时价格也回到了近20天的平均值附近。

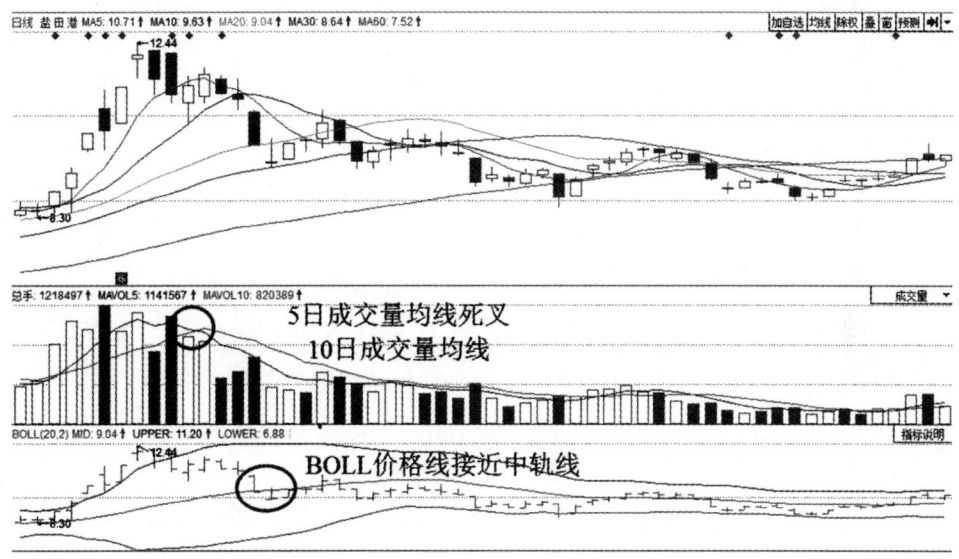

图9-16 盐田港（000088）破中轨后成交量死叉

该股的成交量指标之中，成交量5日均线从上向下穿过了10日成交量均线，说明前期价格线处于上轨线附近时曾经放出了巨量，使5日成交量均线处于较高的位置，而在价格线向下接近中轨线的过程中，该股的成交量快速缩小，因此出现了成交量5日均线死叉成交量10日均线的情况；也说明庄家利用前期的上涨实施了出货操作，对股价放任自流，后期只能是以下跌为主的走势。鉴于这种判断，投资者应在成交量死叉出现之后及时退出该股。

# 第 10 章　DMI 指标买卖点详解

前面介绍的一些衍生性技术指标，一般是采用股票收盘价作为理论推导的基础，如果某只股票在两个不同的交易日内收盘价相同，那么从这两日的收盘价所衍生出来的技术指标数据很可能是相同的。但是，如果在这两个交易日中，第一天的股价在收盘价附近平稳移动，而第二天的股价上蹿下跳、剧烈波动，只不过是收盘价与第一天相同。在这种情况下，这两个交易日的多空交锋情况是完全不同的，仅以收盘价来分析，就会忽视股价的波动过程，得出的结论就不够准确。有没有一项技术指标可以体现出这种收盘价之外的差异呢？有，那就是 DMI。

## 10.1 新股民学 DMI 指标

**【历史】**

DMI（Directional Movement Index）指标，中文译为"动向指标"。它是一项趋势追踪指标，也是由美国的 J. Welles Wilder Jr.（小威尔斯·威尔德）在 1978 年开发出来的一项技术指标，在小威尔斯·威尔德出版的著作《技术交易系统的新概念》中，他创造性地提出了 6 项技术指标，包括前面介绍过的 RSI 指标，以及本章所讲的 DMI 指标等。这些指标现在大多已成为非常流行的技术分析工具，正是由于其杰出的贡献，小威尔斯·威尔德被誉为 20 世纪末期最伟大的技术分析家。

**【原理】**

DMI 指标，可以揭示股票价格移动的方向和力道，显示股票走势是强还是弱。从本质上讲，DMI 实际上是价格波动范围的移动平均值，因为 DMI 指标的计算基础是一段特定时期内（一般默认选择 14 天）股票价格的波动范围，越是近期的价格波动，计算时其权重系数越高于早期的价格波动。通过比较目前的价格波动和前期的价格波动，计算出的结果位于 0 ~ 100 之间，把它们连接成线，就形成了 DMI 指标的两条组成曲线：向上移动的叫 PDI，它表示了股价向上涨的能量；向下移动的叫 MDI，它表示股价下跌的能量。当这两条线交叉之时，一般就是多空双方优势转换的时刻。

股票价格向上移动或向下移动，其能量可以通过 PDI 和 MDI 来计算，计算出来的结果为 Average Directional Movement Index，即 ADX。当 ADX 小于 20 时，说明个股交易清淡、死气沉沉，参与的能量不足，这时通常也伴随着成交量大幅萎缩。当 ADX 向 20 以上移动时，说明一种趋势即将开始。

DMI 的计算过程如下：

DMI 指标的计算方法和过程比较复杂，它涉及 DM、TR、DX 等几个计算辅助指标和 PDI、MDI、ADX 和 ADXR 等 4 个研判指标的运算。

具体过程：

（1）计算当日动向值 +DM 或 -DM。

DMI 指标的当日动向值分为上升动向、下降动向和无动向等三种情况，每日的当日动向值只能是三种情况的一种。

①上升动向（+DM）。

+DM 代表正趋向变动值即上升动向值，其数值等于当日的最高价减去前一日的最高价，如果 <=0 则 +DM 取 0 值。

②下降动向（-DM）。

-DM 代表负趋向变动值即下降动向值，其数值等于前一日的最低价减去当日的最低价，如果 <=0 则 -DM 取 0 值。

③无动向。

无动向是指 +DM、-DM 同时为零的情况，主要有以下几种情况：当日的最高价低于前一日最高价的同时，当日最低价高于前一日的最低价；当日的最高价与前一日最高价相同，当日的最低价与前一日的最低价相同。

（2）计算真实波幅（True Range）。

TR 代表真实波幅，是当日价格较前一日价格的最大变动值。计算时要先计算三项差额的数值，然后取其最大值（取绝对值）作为当日的真实波幅 TR：

①当日的最高价减去当日的最低价的价差。

②当日的最高价减去前一日的收盘价的价差。

③当日的最低价减去前一日的收盘价的价差。

TR 取 A、B、C 三个结果中的数值最大者。

（3）计算方向线 DI。

方向线 DI 是衡量股价上涨或下跌的指标，PDI 代表上升方向线，MDI 代表下降方向线。其计算方法如下：

$PDI = (+DM \div TR) \times 100$

$MDI = (-DM \div TR) \times 100$

为了减少方向线波动产生的干扰，计算过程中对各参数进行了平滑移动平均,以 14 日的计算周期为例,先将 14 日内的 +DM、-DM 及 TR 分别求出移动平均值 +DM14、-DM14 和 TR14,具体如下:

PDI(14) = ( +DM14 ÷ TR14) × 100

MDI(14) = ( -DM14 ÷ TR14) × 100

因为 TR 选择的是前 14 日中股价波动的最大值,而 +DM 或 -DM 是波动中向上的部分或向下的部分,因此其值总是小于 TR,所以 PDI、MDI 数值永远介于 0~100 之间。

(4)计算动向平均数 ADX。

PDI 和 MDI 两值的差的绝对值除以二者相加的和,所得到的百分比值,即为动向指数 DX。由于 DX 的波动幅度比较大,一般以一定的周期的平滑计算,得到平均动向指标 ADX。具体过程如下:

DX = ABS(PDI - MDI) ÷ (PDI + MDI) × 100

其中,ABS(PDI - MDI)意为上升指标和下降指标的差的绝对值。

ADX 就是 DX 的一定周期 n 的移动平均值,计算方法为:

ADX = EMA $DX_n$ - 1 + [(2 ÷ (n + 1)] × ($DX_n$ - EMA $DX_n$ - 1))

(5)计算评估数值 ADXR。

在 DMI 指标中,还有一个评估数值 ADXR 指标,其计算公式为:

ADXR = (当日的 ADX + 前一日的 ADX) ÷ 2

【种类】

在介绍 DMI 指标的原理时,我们已经提到,DMI 指标由 PDI、MDI、ADX、ADXR 这 4 个研判指标组成,股票软件中分别用不同的颜色曲线表示这 4 项数值。

PDI 表示前一个周期内,股价向上的波动情况,它反映了股价上涨的能量;

MDI 表示前一个周期内,股价下跌的波动情况,它反映了股价下跌的能量;

ADX 表示前一个周期内,股价上升与下跌的幅度比例,从本质上讲它反映了股价上升和下跌的力量对比情况。

ADXR 表示当日 ADX 与前一日 ADX 的算术平均值,通过连接为连续曲线,它反映了 ADX 的走势。

【实践应用】

DMI 指标,由于关注股价的波动过程,其推导、计算过程是所有技术分析指标中相对比较复杂的，借助于股票软件我们可以不用自己计算，但一定要理解每一项数据的本质意义，并且通过4个指标的相对变化，判断出股价的走势和力量情况，为自己的投资增添更高的准确性。

## 10.2 DMI指标买入信号

DMI指标通过对股价的波动情况进行指示和推移，揭示了在股价涨跌背后的买方或卖方力量的强弱分别，而买卖双方的强弱状态必将影响股价短期内的走势。因此，通过DMI的4项指标走出的形态，可以判断股票未来可能出现的趋势，及时操作获取赢利。

### 10.2.1 "春回大地"

【形态描述】

"春回大地"，是指DMI指标的PDI线在低位由下向上突破MDI，然后MDI迅速降低到0线附近，这一形态预示着股票价格上涨的开始，一段行情即将展开，仿佛是冬去春来，万物开始复苏。

【市场含义】

在前文介绍DMI指标的原理时，我们曾经说过，PDI表示推动股票上涨的力量的强弱，MDI则表示打压股票下跌的力量的强弱。当个股的PDI指标在较低的区域（即30%以下的位置）时，说明前期该股一直处于下跌状态，买方力量相对较弱，或者说买方处于积蓄力量的过程。

当PDI由下向上移动，并突破MDI时，首先说明PDI的数值逐步增大，而MDI的值在逐步减小。根据其意义，说明个股每一天的股价最高值都在超越前一日的最高值，而同时股价的最低值也在超过前一日的最低值，综合而言就是：个股正在开始连续上涨。

与此同时，MDI 迅速下跌，接近 0 线，这是因为个股的上涨已抬高了当日的最低价，并且连续地抬高最低价，使 MDI 的移动平均值迅速向 0 线靠近。这也说明了上涨的动力强劲，后续的行情涨幅不小。

因此，当 PDI 由下向上穿透 MDI 后，MDI 呈现快速下跌之时，正是买方力量增强、卖方力量转弱的一个强弱转换空间，如果及时买入，后期则可以参与个股的上涨过程。

【个股实战】

以国农科技（000004）2015 年 4 月 4 日至 5 月 29 日走势图为例，如图 10 -1 所示，该股 DMI 指标的 PDI 数值从个位数起步逐步增大，同时此消彼长，MDI 也从前期较大的值逐步减小。

PDI 一路昂首向上，MDI 快速向下接近 0 线，说明该股在持续上涨，拉高最高价格、抬升最低价格，股价的波动范围不断上移，这反映出该股的庄家正在进行拉升，应该买入追涨。

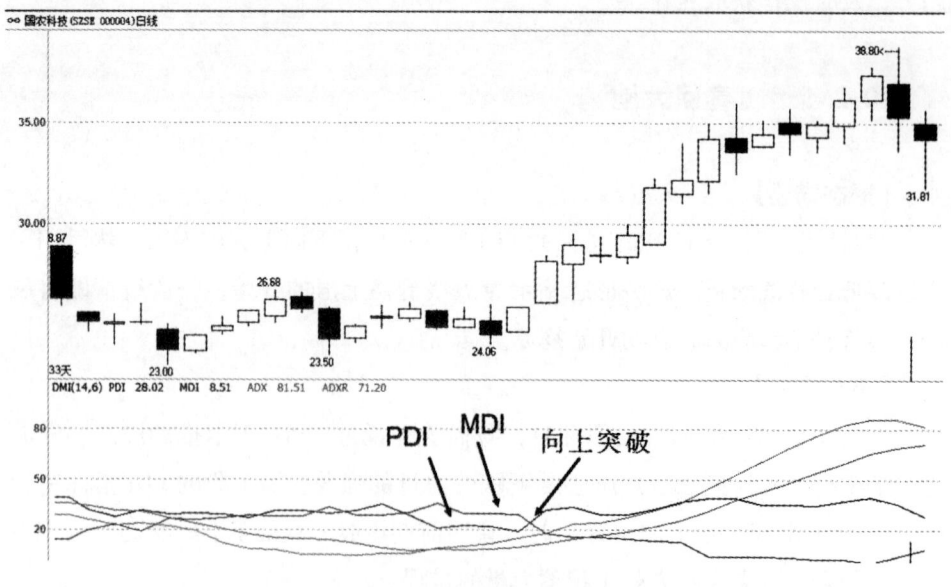

图 10 -1　国农科技（000004）"春回大地"

### 10.2.2　PDI 引领 ADX 向上

**【形态描述】**

PDI 引领 ADX 向上，是指 DMI 指标的走势图中，当 PDI 由下向上突破 MDI 后，PDI 线快速向上移动，触及 ADX 线，并带动 ADX 线一路上升的形态。

**【市场含义】**

从 DMI 指标的原理可以知道，PDI 表示股价上涨的力量，MDI 表示股价下跌的力量，ADX 线实质上表示了股价在此方向上的变动的幅度，也就是类似于物理学中的"加速度"的概念。

在本形态中，当 PDI 由下向上对 MDI 线完成了突破后，说明推动个股上涨的力量与下跌力量的形势对比开始扭转，同时 PDI 线在突破后快速向上移动，总的来看上涨的力量开始走强。

接着，PDI 线触及 ADX 线，让 ADX 线从向下移动的方向转变为向上劲升，这说明在上涨的方向上，个股的股价已经从初期上涨幅度较小的情况，正在快速地向上涨幅度较大的情况过渡。这正是股价将要大幅上扬的信号，此时及时买入，则可以抓住个股后期的拉升期。

**【个股实战】**

以深振业 A（000006）2015 年 2 月 16 日至 5 月 29 日走势图为例，如图 10-2 所示，PDI 线由下向上突破 MDI 线，金叉过后，PDI 一路继续上扬，MDI 线则颓势下跌。

发生突破的同时，该股的 ADX 线下跌之势也被扭转，ADX 出现向上移动走势，然后 PDI 线快速追上 ADX 线，并与 ADX 线一起上升，说明该股的拉升期揭开序幕。

该股随后出现了小幅回调，但由于 PDI 线下跌后迅速回补，说明这一回调是一次震仓洗盘，可以无视其调整而继续持有。

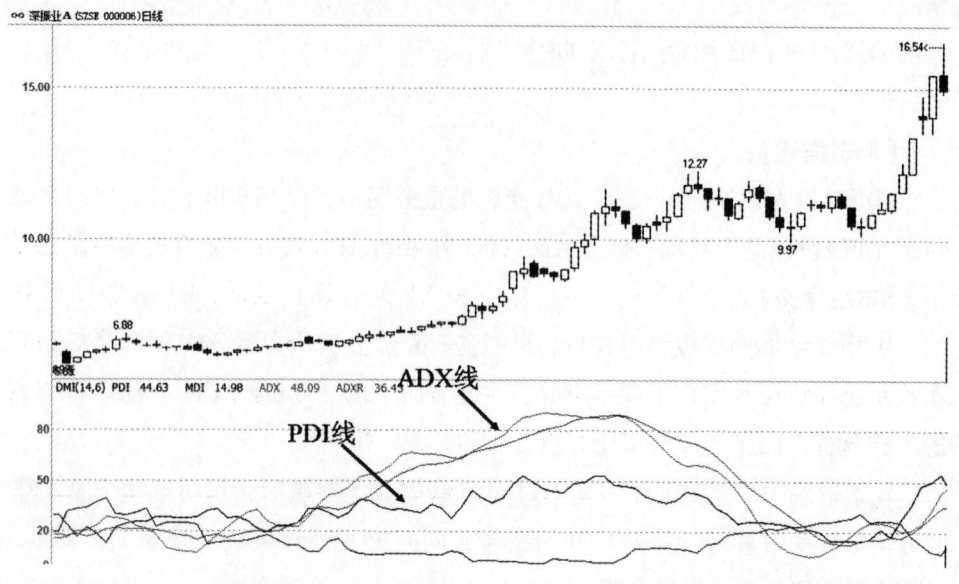

图 10-2 深振业 A (000006) PDI 引领 ADX 向上

### 10.2.3 "绝地反攻"

【形态描述】

"绝地反攻",是指随着个股股价逐步下跌,DMI 指标的 PDI 线、ADX 线、ADXR 线也逐步滑落到 30 以下的位置,并收敛、聚拢,但是反复筑底之后,三条线一齐反转向上,就像是经过多日的积蓄力量,股价开始绝地反攻,后期将迎来波澜壮阔的上升行情。

【市场含义】

个股的股价下跌过程中,由于上涨力量处在弱势,因此 PDI 线逐步向下跌落,随着股价下跌幅度从初期的大幅下跌,到后期的小幅阴跌直到最后的盘整期,PDI 线走出向下移动并在低位横向延伸的形态。

在这一过程中,如果 ADX 线、ADXR 线也一起下滑到 30 以下区域,说明股价下跌的幅度已经越来越小,打压股价下跌的力量也释放得差不多了,即将要达到尽头。

这一时点,正是黎明前的黑暗、孕育上涨空间的时刻。随着三线一齐收敛、聚拢后，同时随着庄家发力的开始，三条线一齐向上，说明个股股价已经一扫之前的阴跌，开始了大幅反攻的上涨走势；同时 ADX 线、ADXR 线的同步上升，进一步说明了上升力道之强劲，后期的上涨空间不小，可以果断买入。

【个股实战】

以宝利来（000008）2015 年 1 月 5 日至 3 月 11 日走势图为例，如图 10-3 所示，该股的 PDI 一直在 20 上下反复波动，随着这一过程，股价也不断呈现小幅下跌走势。在这个过程中，ADX 线、ADXR 线也逐步走低，随后就呈现 PDI 线、ADX 线、ADXR 线纠缠在一起的形态。该股走势开始反转，DMI 指标的三条线不再在低位盘整，而是一起转头向上，形成了"绝地反攻"。这说明该股的下跌盘整阶段已经结束，庄家正在启动拉升行情。

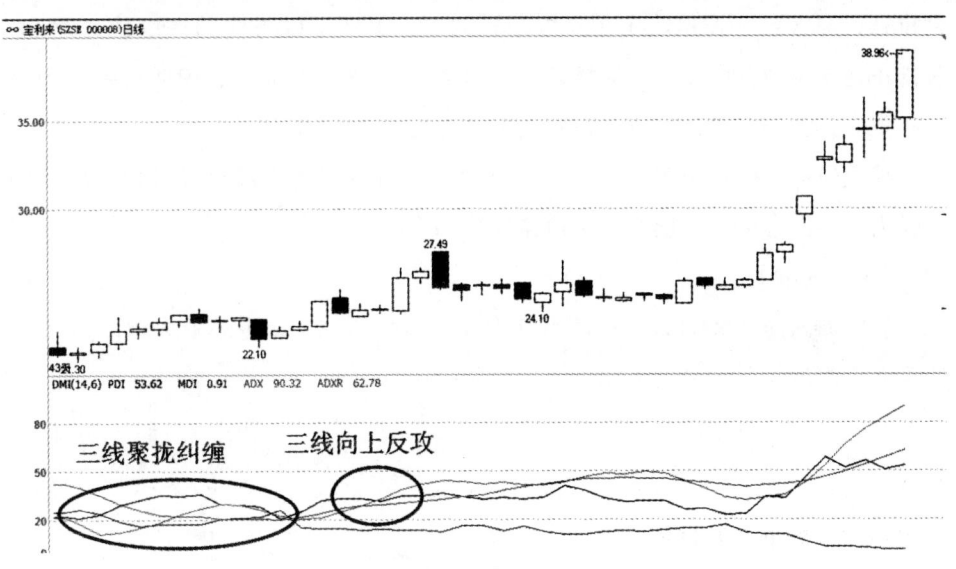

图 10-3　宝利来（000008）"绝地反攻"

### 10.2.4　强劲反弹

【形态描述】

强劲反弹，是指随着个股的股价下跌，PDI 线迅速向下跌落，一直触及 0 位线附近，ADX 线、ADXR 线都一路上移到 60 左右或 60 以上。但是这时，股价出现了上涨，PDI 反转向上，突破 MDI 线后并与 MDI 线拉开了距离。在反转点附近，ADX 线、ADXR 线也发生了对应的走势变化，从快速上升转为快速下跌，随后又与 PDI 一起快速向上，形成了强劲反弹的形态。

【市场含义】

"强劲反弹"这一形态，一般发生在个股出现股价大跌的末期。随着股价大跌，PDI 线快速向下，直到接近触及 0 位，这说明在前期下跌过程中，买方力量基本没有抵抗，任由卖方力量大肆抛压股价。另外，从 ADX 线、ADXR 线一路上升到 60 上下，这说明股价的下跌幅度逐步加大。在这种情况下，表面看起来股价下跌气势汹汹，实际上买方力量正在随时准备出击。

在下跌势尽之时，买方力量适时出击，庄家拉出上涨阳线，一洗前几日股价加速下跌的愁云。这时，PDI 线从 0 位起步快速向上，突破 MDI 线后继续与之拉开；ADX 线、ADXR 线在高位扭转向下，说明下跌方向的幅度快速缩小，股价正在向上涨方向发展。紧接着，ADX 线从下跌转为向上，说明反弹的力度足够强大，已经把股价的方向扭转为上涨方向上的大幅变化了。

综上所述，DMI 出现了这一形态，说明股价的快速下跌已经到位，出现的反弹力量足够强势，后期有一波值得期待的大行情。

【个股实战】

以中原高速（600020）2015 年 1 月 16 日至 5 月 29 日走势图为例，如图 10

图 10-4 中原高速（600020）"强劲反弹"

-4所示，该股出现了一根有力的阳线，随着这一阳线的出现，PDI 迅速向上，ADX 线、ADXR 线在接近 80 的高位处被扭转向下，有效地遏制了该股加速下跌的走势。该股的 ADX 线被扭转向上，彻底揭示了该股即将出现强劲反弹，因此可以买入。

### 10.2.5 "中场休息"

**【形态描述】**

这种 DMI 形态是指：随着个股的股价在上涨过程中出现了调整，PDI 向下移动，当其数值达到 20 附近时，ADX 线也同时下滑到 20 附近，与 PDI 纠缠在一起横向移动，而 MDI 线虽然上升，但是与 PDI 线并未拉开距离。从形态上来看，ADX 线、PDI 线、MDI 线三线汇聚到了一起。这种形态，名为"中场休息"。

**【市场含义】**

"中场休息"是足球比赛中的一个词语，这里借用来表示上述 DMI 的走势形态，反映了个股在上涨途中的小幅调整，调整完毕之后将再次上涨。

在这一形态中，PDI 向下移动，说明股价出现了下跌，但是 PDI 到 20 左右就止跌了，而 ADX 也大幅下跌到 20 左右，这说明股价下跌的幅度不大，并且没有逐步放大的现象，甚至在下跌过程中还有小阳线出现，这几个特征组合到一起，说明这一波下调是有庄家在暗中操纵，当价位过低时庄家在低位接盘（因此有小阳线出现）。

经过这一小幅调整，庄家完成了"震仓"，短线获利筹码被洗出，后续拉升阻力减小，预示着还将有较大幅度的上涨空间。

所以，当一只股票的 DMI 指标走出"中场休息"形态时，面对该股股价的下跌，持有这只股票者不必惊慌卖出，而其他投资者还可趁回调期间买入该股。

**【个股实战】**

以浙能电力（600023）2015 年 1 月 16 日至 5 月 29 日走势图为例，如图 10-5 所示，2011 年 3 月，该股上涨到 9.7 元左右后出现了下跌，PDI、ADX 线向下移动到 20 左右汇聚到一起，MDI 线上移到 PDI 线的上方，但是两线并未出现太大的差距。从 DMI 指标上来看，这时就是"中场休息"的形态，可以买入。

需要注意的是,该股在"中场休息"之后,DMI出现了类似10.2.4所提到的"强劲反弹"形态,这两种形态多数情况下会相继出现,如果求稳,投资者可以在"中场休息"出现时予以关注,等"强劲反弹"出现后迅速买入。如果势在必得、避免踏空,可以在"中场休息"之时就买入。

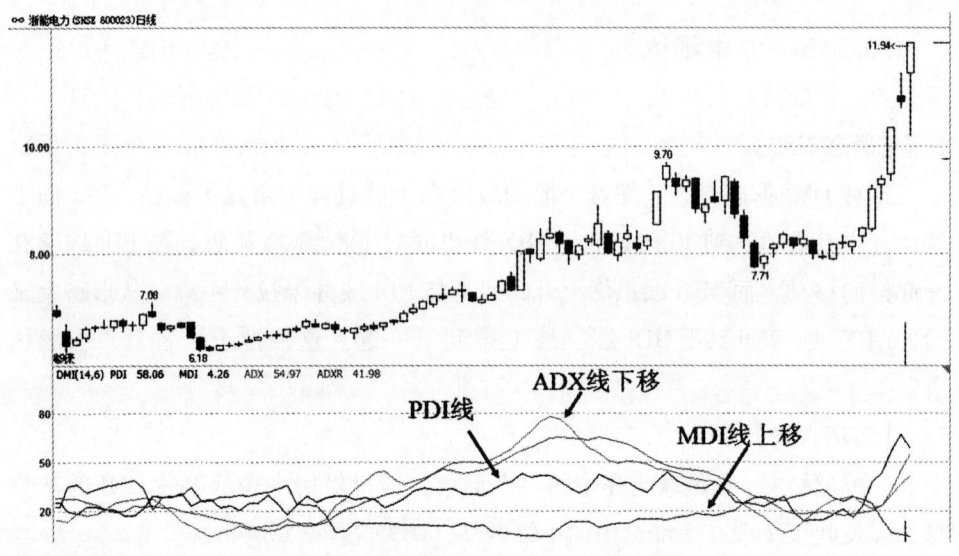

图10-5　浙能电力(600023)"中场休息"

## 10.2.6　DMI收敛成交量金叉

【形态描述】

DMI收敛成交量金叉,是指在个股的下跌过程中,DMI线组合的MDI线与PDI线之间的距离开始逐步接近,形成收敛的形态;同时,在个股的成交量走势中,5日均线出现向上金叉10日均线的形态。这一信号是由DMI线与成交量指标组合形成的综合信号。

【市场含义】

DMI收敛成交量金叉这一形态,一般发生在个股下跌的后期,当这种形态出现后,表明个股就要结束下跌,即将形成上涨行情。

首先,个股的MDI线与PDI走出收敛形态,这说明下跌之势开始大幅减缓、已有股价阳线出现。因为在下跌过程中,随着下跌幅度的加大,MDI线与

PDI 线之间的间隔会越走越大，不会出现收敛而是出现拉开、扩散形态。只有当下跌幅度减小，MDI 线与 PDI 线才会形成靠近、收敛形态。而且，只有 MDI 线向下移动同时 PDI 线向上移动才会形成收敛，而这种情况，一般是要在股价出现上涨的 K 线形态后才能形成。所以说，从 MDI 和 PDI 的形态上，可以判断出股价在底部企稳。

其次，成交量出现金叉，这说明个股的成交量已经逐步比前期下跌过程中萎缩的成交量增大，分析其原因，一般是庄家在个股下跌到合理的价位时，才开始逐步进入吸筹，因此成交量放大，使成交量的 5 日均线从底部突破成交量 10 日均线，形成金叉形态。

由于 DMI 线与成交量的形态都释放出了庄家在底部介入的信号，因此投资者可以买入，跟庄获取一段行情。

【个股实战】

以盐田港（000088）2015 年 1 月 3 日至 5 月 6 日走势图为例，如图 10-6 所示，该股的 MDI 线开始向下移动、PDI 线开始向上移动，两条线形成靠拢的趋势，同时 ADX 线与 ADXR 线也保持着逐步聚拢的走势，DMI 线持续收敛和靠拢。这一种走势说明该股的股价走出了底部。

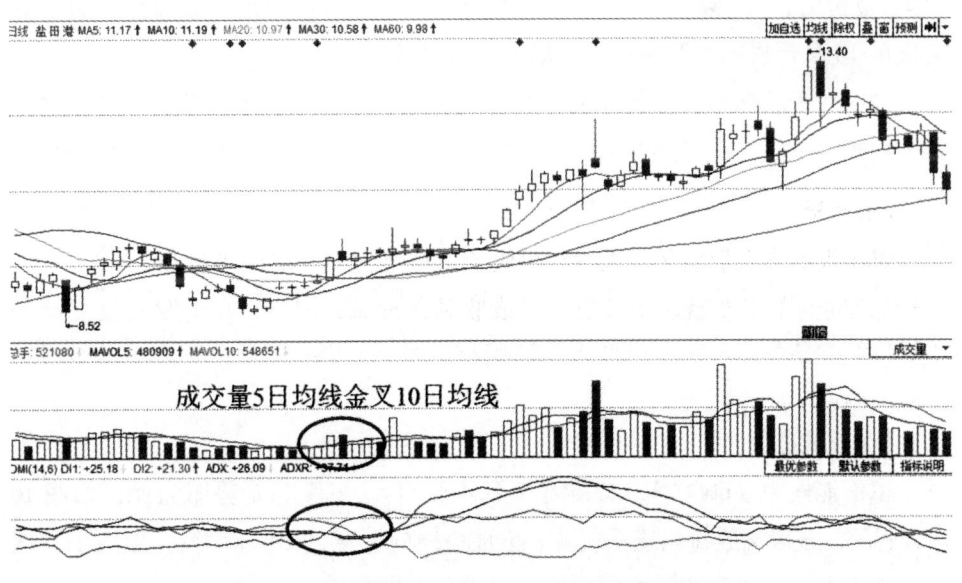

图 10-6　盐田港（000088）DMI 收敛成交量金叉

与此同时，该股的成交量指标中，5日成交量均线向上穿过10日成交量均线，形成了成交量的金叉，说明随着股价的向上，成交量温和放大，形成了对后期上涨的强力支持。因此，对于走出了"DMI收敛成交量金叉"形态的该股，是时候买入了。

### 10.2.7 双金叉

**【形态描述】**

双金叉，是指个股的股价均线组合中发生了5日均线向上金叉10日均线的形态，随后个股的DMI线也发生金叉（即PDI线从底部向上突破MDI线），这两项指标系统同时发出了金叉信号。

**【市场含义】**

双金叉信号也是一个组合系统信号，意在加强判断的可靠程度，适用于操作稳健的投资者采用。这一信号形态一般出现在下跌一段时间之后，它的发生，表示个股走出了下跌通道，即将出现上涨行情。

首先个股的均线系统发生了金叉，5日均线上穿10日均线，从股价走势（即收盘价的相对位置变动情况）上来分析，已经说明当前的收盘价走势正在突破前10日形成的下跌通道，形成了买入信号。

此时对于稳健型投资者来说，为避免跳入庄家的"做多"陷阱，还需要等待DMI信号的走势。因为DMI是从股价波动的角度形成的指标，它能反映出股价收盘价之外的波动过程信息。如果在5日均线金叉10日均线发生后不久，PDI也走出了向上穿透MDI的"金叉"走势，这说明在股价的波动过程中，向上波动的情况开始占据了近段时间的主流，"正能量"战胜了"负能量"，因此可以确定均线系统金叉发出的买入信号是可以成立的，稳健的投资者此时可以安心地买入。

**【个股实战】**

以浙能电力（600023）2015年2月4日至5月29日走势图为例，如图10-7所示，该股的股价均线系统中，5日均线向上穿过10日均线，形成了均线的金叉形态，这说明该股的收盘价在逐步向上攀升。

过了几个交易日后，该股的DMI指标之中，PDI线也走出了从低位向高位穿过 MDI 线的形态，这说明在股价的波动情况之中，前期上涨方向波动较少，但这种情况已经开始有了改观，上涨方向的波动开始超过下跌方向的波动，股价上涨的能量正在放大之中。一般而言，此时为个股启动之时，投资者可以跟随庄家买入。

图 10-7　浙能电力（600023）双金叉

### 10.2.8　"潜伏"

【形态描述】

"潜伏"，是指个股的 DMI 线在低位相交、缠绕在一起，看不清未来的股价走向，而在此时，个股的成交量却悄悄放大，形成一股暗流涌动的力量，未来必将有上升行情。

【市场含义】

"潜伏"信号，也是由 DMI 线与成交量两个指标系统形成的组合信号，常见于个股处于盘整后期，即将开始拉升之前。

首先，在个股处于盘整过程之中时，DMI 四条线在低位形成了相交、缠绕的形态，此时个股的股价波动姿态纷繁复杂，未来走势其实看得不是很清楚。而这种情况多数是庄家有意为之，他们通过同时使用打压、拉抬手法，使得股价在一个较小的区间内波动，未来股价可上可下未来走势不可确定。

在这种情况下，我们需要通过其他指标系统来判断庄家走势。此时结合成交量走势是一个比较好的信号，当成交量开始逐步放大时，说明庄家在股价的打压空间内，其实在悄悄地买入股票，为下一步的拉升进行筹码收集。

因此，当这种形态出现后，表明庄家正处在对个股的介入阶段，投资者此时跟庄进入，时机较好。

【个股实战】

以中信证券（600030）2015年1月13日至5月29日走势图为例，如图10-8所示，DMI在股价上涨之前一直处于收敛状态，在收敛状态的最后阶段，成交量放大。随后，股价和DMI都开始向上发散。

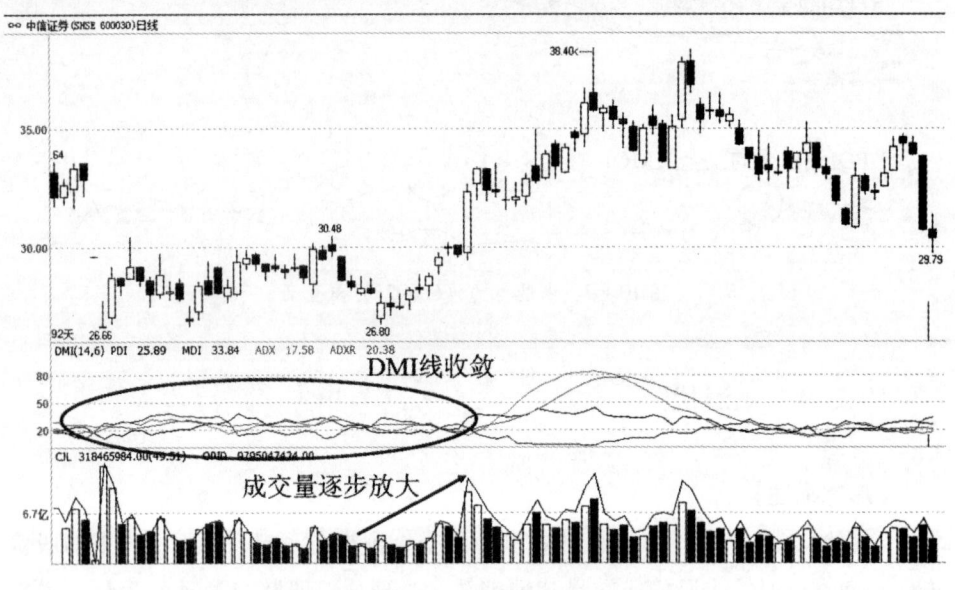

图10-8 中信证券（600030）"潜伏"

## 10.2.9 ADX向下反转5日均线向上反转

【形态描述】

ADX向下反转5日均线向上反转是一种组合信号，是指个股的ADX线从高处向下反转，与此同时，股价均线中5日均线同步走出向上反转。

【市场含义】

这种形态一般出现在个股下跌后期,表示个股走势发生了反转,可以快速进入。

从 DMI 线的意义来看,在下跌通道中,ADX 反映了 MDI 线与 PDI 线的差值,当 ADX 线上升到较高位置时,这说明在前期个股一直处于下跌的波动过程之中,MDI 逐步走高而 PDI 逐步走低。当 ADX 从高处开始向下反转时,这说明个股的 MDI 线开始减小,PDI 线增大,表示的市场意义是个股波动情况之中高于收盘价的波动情况越来越多,正能量开始涌现。

此时,个股的 5 日均线也发生向上的反转,表明个股的收盘价已从前期的逐步走低开始转变为向上走,股价的趋势即将扭转。

通过这两项技术指标走势形态的结合,个股的走势可以确定,此时投资者应及时进入。

【个股实战】

以福建高速(600033)2015 年 1 月 16 日至 5 月 29 日走势图为例,如图 10-9 所示,该股的 DMI 线组处于跌势之中,而 ADX 线逐步上升,说明跌势一直在持续和加大之中。但是从 1 月 20 日开始,该股的 ADX 线转为向下移动,这一形

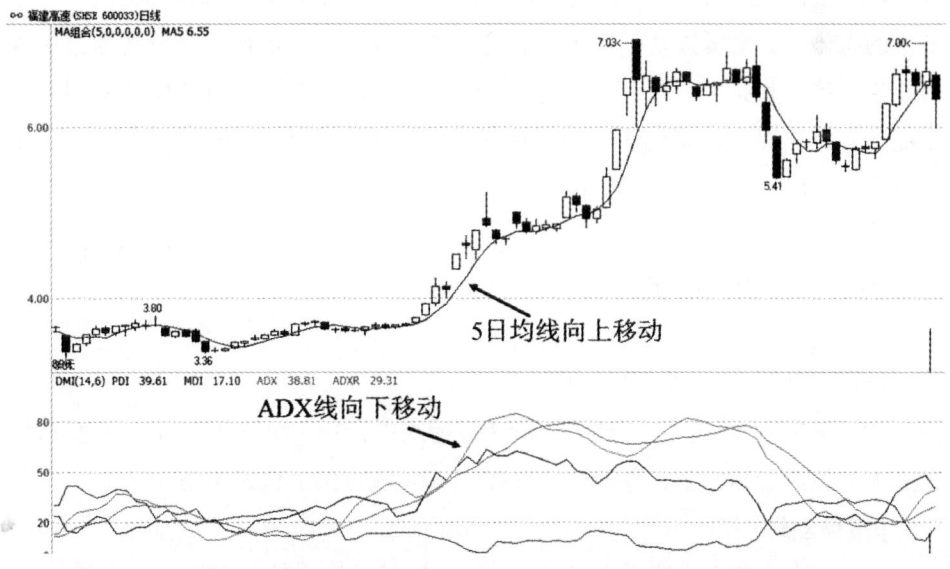

图 10-9 福建高速(600033)ADX 向下反转 5 日均线向上反转

态说明其下跌扩大的势头已经得到遏制，并且出现高于收盘价快速波动的情况，从而削弱了下跌波动的影响，才能改变ADX线的走势。

再结合5日均线来看，在ADX线向下反转的同时，该股的5日均线也从前期的一路向下转变为掉头向上，说明不但在该股的波动情况中出现了正向的能量，而且改变了前期持续走低的影响，正在向上移动。

结合这两项指标的意义，投资者可以判断出该股正处于底部启动期，可以买入。

## 10.3　DMI指标卖出信号

DMI指标以股票的价格波动范围为研究角度，能够揭示出买方与卖方在市场上的态势，如果卖方处于强势，股价当然难以上涨。因此，投资者通过关注DMI指标的一些典型形态，识别出卖出信号，可以在股票走势趋弱的初期（甚至提前）卖出股票，实现从"账面盈利"向"实际赚钱"的转变。常见的DMI卖出信号有以下几种。

### 10.3.1　MDI突破PDI

【形态描述】

MDI突破PDI，是指在个股的DMI指标线中，MDI线从低位向上快速移动，击穿PDI线后加速向上，伴随这一过程，ADX线也向上快速移动。

【市场含义】

这一形态一般会出现在个股经过一段时间的上涨之后，表示头部出现。

我们知道，MDI线、PDI线分别表示推动股价下跌、上涨的力量，MDI线从低位（一般是接近于0位）的位置开始向上，说明前期个股经过了大幅的上涨，下跌的力量一直被压制着；但是现在 MDI 已经抬头向上，说明股价出现了较大幅的下跌，卖方正在开始发力。

与此同时，ADX 线转为向上移动，说明下跌的幅度越来越大，因此表示这一波下跌很可能是庄家正在出货，所以导致大量的抛盘涌出，股价的下跌没有支撑，跌幅加大，ADX 加速向上。

总的来说，MDI 突破 PDI，并且 ADX 快速向上移动，说明短期头部出现，应该卖出。

**【个股实战】**

以零七股份（000007）2014 年 5 月 13 日至 2015 年 2 月 25 日走势图为例，如图 10 - 10 所示，该股的 MDI 线加速向上，其股价也出现了下跌的阴线，说明下跌的力量开始发力；

接下来该股的 MDI 线向上突破了 PDI 线，伴随着突破，ADX 线也转为向上移动，说明下跌幅度逐步放大，下跌过程正在加速。结合前期该股已经积累了较大涨幅的现象，我们可以分析出庄家正在出货，投资者也应该及时卖出。

图 10 - 10　零七股份（000007）MDI 突破 PDI

### 10.3.2 "寒潮袭来"

**【形态描述】**

"寒潮袭来",这一形态是指在个股 DMI 指标的几条曲线中,MDI 从低位横向移动突变为向上移动,在其附近 ADX 线、ADXR 线已处于峰值,但随着 MDI 线的向上变动,ADX 线、ADXR 线转为掉头向下。也就是说,在这一时刻,MDI 线、ADX 线、ADXR 线的走势都发生了扭转。

**【市场含义】**

"寒潮袭来"这一形态,一般发生在个股经过了大幅上涨之后,预示着涨势已竭,跌势已经开始。

首先,该形态出现之前,MDI 线一直处于 0 位或接近 0 位,说明个股前期的涨幅很大,并且处于连续、大幅的拉升状态,因此 ADX 线、ADXR 线都上移到了 60 以上。这种状态极易消耗买方的力量,因为上涨的时间和空间不足;也可以说这种急速拉升的行为一般都是庄家出货前的"最后疯狂",因此需要警惕何时出现出货迹象。

当 MDI 从 0 位开始向上移动之时,股价已经出现了下跌,但这一下跌可能并不显眼,K 线图上看不出来。而 DMI 指标的 ADX 线、ADXR 线分别从峰值快速跌落,MDI 线持续向上移动,都说明下跌的力量正在大批袭来,一旦随着 MDI 的上移 ADX 线也由下跌转为上行,表示跌势已经明朗,庄家出货已无顾忌。

所以,"寒潮袭来"是一个提前出货的预警信号,它出现后投资者宜及时卖出为佳。

**【个股实战】**

以深物业 A(000011)2015 年 1 月 8 日至 5 月 13 日走势图为例,如图 10-11 所示,该股的 MDI 线就在 0 值附近横向移动了几个交易日,这是由于之前该股一直在连续性上涨,涨幅也很大,空方的力量基本被压制。

随后,该股的 MDI 线突然从 0 位抬头向上,同时 ADX 线也立刻掉头向下,ADXR 线在随后的交易日中也转为下行,这说明该股已经上升乏力,卖方的力量正在积聚,马上就要抛压了。这就是"寒潮来袭"的形态,需要卖出股票。

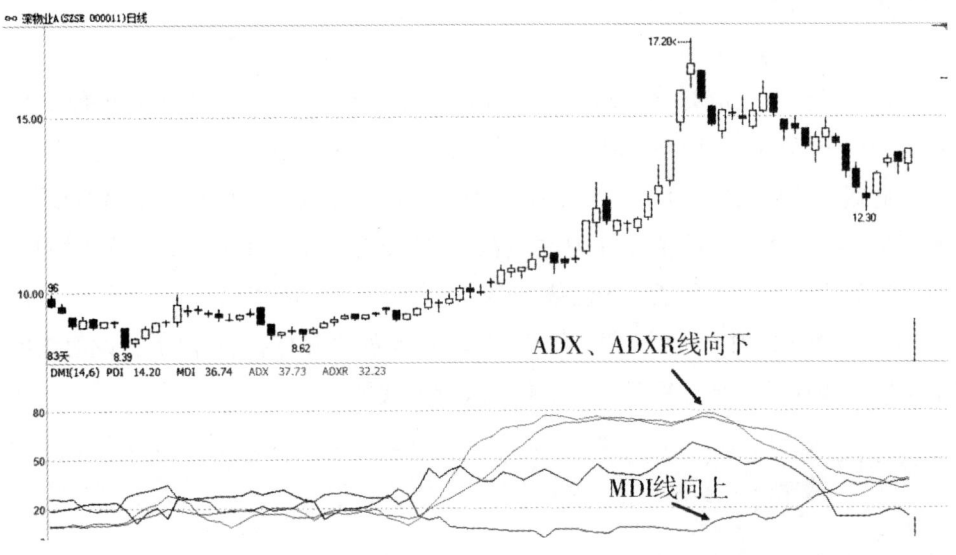

图 10-11 深物业 A (000011) "寒潮袭来"

### 10.3.3 MDI 高位压制 PDI

**【形态描述】**

这是一种表示个股处于弱势的形态，在 DMI 指标的曲线中，MDI 线一直保持在 PDI 线的上方，并且 MDI 线与 PDI 线的距离较远（两条线的数值差距在 20 以上），从形态上看 MDI 对 PDI 线形成了绝对优势；与此同时，ADX 线也保持在 50 左右的较高水平。

**【市场含义】**

MDI 表示推动股价下跌的力量，当 MDI 线一直保持在 PDI 线的上方，同时两条线距离差距在 20 以上时，说明 MDI 线的数值一般在 40 以上，而 PDI 线的数值在 20 以内，根据其原理，说明近期股价下跌的交易日数较多，股价下跌幅度变大。

同时，ADX 线也保持在 50 以上的较高水平，没有出现向下移动到 50 以内的位置，说明在下跌的方向上，当前还处于一个加速向下的过程，并没有出现止跌回稳的迹象。

综上所述，出现"MDI 高位压制 PDI"的形态时，说明个股正要进入"跌跌不休"的过程，早卖为佳。

【个股实战】

以丰原药业（000153）2014年11月17日至2015年2月17日走势图为例，如图10-12所示，该股的MDI线由下向上突破PDI线后，一路向上达到40上下，此后一段时间，MDI线一直保持在40附近横向移动。而PDI线被MDI线突破以后，一路颓势，数值仅在10左右。MDI线与PDI线之间形成了开阔的距离，这说明下跌的力量还处于优势之中。

随着MDI线对PDI线的压制，该股的ADX线也保持在50以上，说明该股的下跌之势还没有企稳的征兆，后期还有较大跌幅。

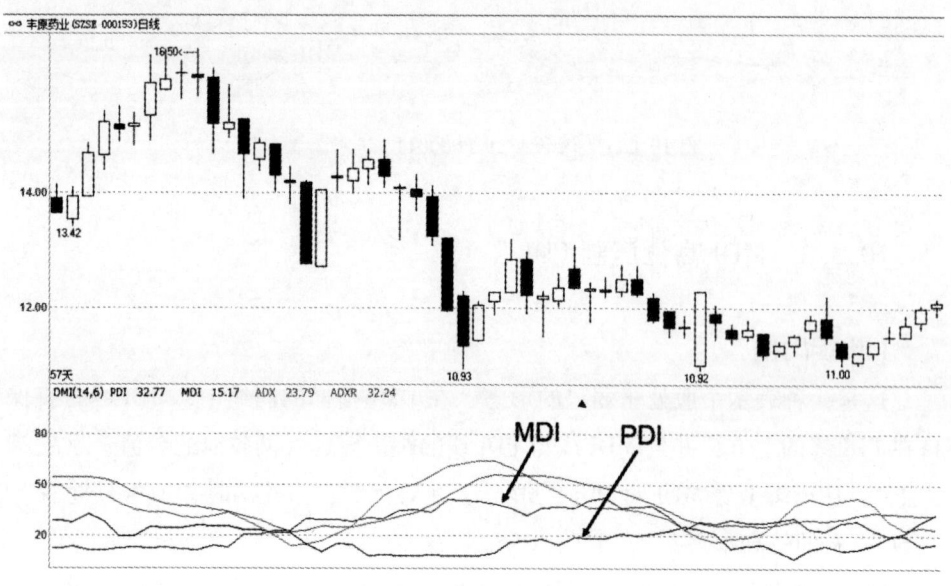

图10-12 丰原药业（000153）MDI高位压制PDI

### 10.3.4 假止跌

【形态描述】

假止跌形态，是指个股在下跌过程中股价在某一价位附近形成了横向盘整，似乎是止跌回稳了，但是在DMI指标的曲线中，MDI线虽然从高位回落，PDI线也从低位突破了MDI线，但两者并未拉开距离，而是纠缠在一起，同时ADX

线、ADXR 线却回落至 30 附近，这种形态出现后应该卖出。

**【市场含义】**

个股的股价在下跌过程中出现了短暂的止跌现象，这通常是庄家以继续出货为目的，从而托住股价为后期大量抛出提供空间。因此，面对下跌后止跌的现象，投资者需要判断是跌到底部了，还是下跌的短暂休息。

从 DMI 指标中，可以提供分析的信息：由于止跌，MDI 线被迫从高位滑落，PDI 线也得到了向上升的力量，PDI 线突破了 MDI 线。但是突破以后两条线却并没有拉开距离，而是汇聚、纠缠在一起，这说明止跌后个股并不全是小阳线，而是阴线阳线夹杂。

同时，ADX 线、ADXR 线也滑落到 30 附近，一方面说明因为有了阳线，下跌的幅度减小了；另一方面也说明止跌后的上涨幅度太小或连续上涨太少，没有形成上涨方向的根本扭转，没有让 ADX 线、ADXR 线形成上涨方向上的大幅上升。

总的来说，就是在这一次止跌过程中，庄家并没有全力护盘之意，所以从 DMI 指标来看，后期还有下跌，应卖出为宜。

**【个股实战】**

以许继电气（000400）2014 年 1 月 15 日至 5 月 15 日走势图为例，如图 10-13 所示，该股走出了一次下跌后的止稳过程，DMI 指标出现了"强劲反弹"

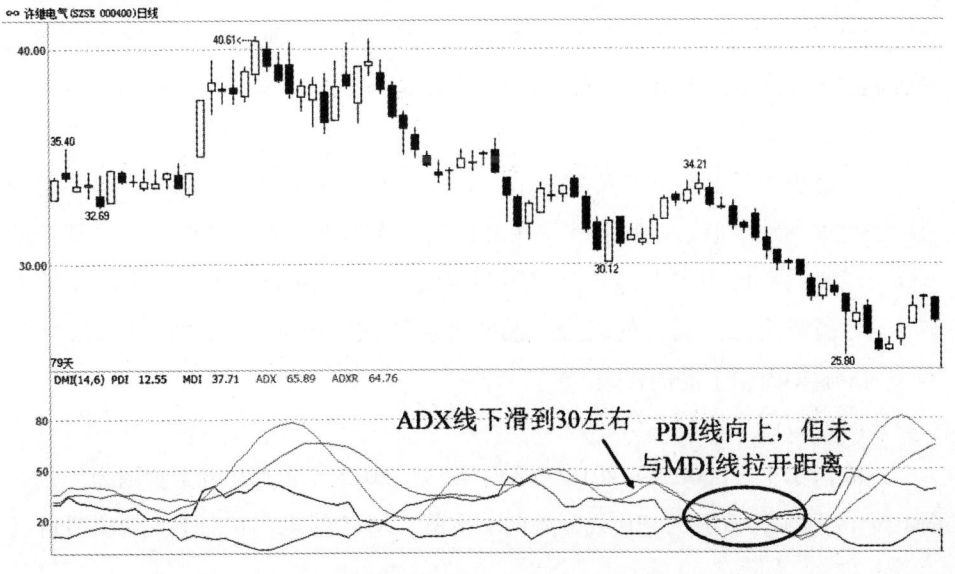

图 10-13　许继电气（000400）假止跌

的形态，似乎是要向上拉升了。但是接下来，该股的 PDI 线却平缓地横向移动，勉强突破 MDI 线后却不再大幅上升，而是与 MDI 线在 20 上下纠缠不休。

与此同时，ADX 线、ADXR 线先后滑落到 30 左右，说明上涨乏力。这一次止跌其实是虚幻的止跌，后期还有一波下跌过程。

### 10.3.5 头部出现

**【形态描述】**

"头部出现"的形态，是指在个股上涨后期，其 DMI 指标中，PDI 线由高位（30 以上）下滑到 20 以下并开始横向盘整，ADX 线、ADXR 线也下滑到 30 以下。这时就意味着短期头部出现了。

**【市场含义】**

个股在上涨过程中，投资者最关心的就是头部何时出现，头部一旦出现就应该卖出。从 DMI 形态可以较好地分析出是否头部来临。在"头部出现"这一形态中，PDI 从 30 以上的高位逐渐下滑到 20 以下并横向盘整，也就是说上涨的力量已经转弱，获利盘的抛压使得卖方力量增强，MDI 线从低位开始顽强上攻，因此 PDI 线下滑到 20 以下。

而从 ADX 线、ADXR 线来看，它们从高位下滑到 30 以下，说明前期上涨过程出现了涨幅从大幅上涨到逐渐减小的情况，个股的上涨过程出现了"涨不动"的情况，甚至出现了下跌后拉回到高位的"拉锯战"，导致 ADX 线、ADXR 线从较高位向下滑落，最终降低到 30 以下。这一点进一步确认了头部出现，应该及早卖出。

在头部出现后如果没有及时卖出，后面还有一次机会：头部出现后，股价会随之出现下跌，但第一波下跌往往会跟随一次惯性反弹，即股价在头部开始下跌一段时间后反弹向上，此时 MDI 线会走出一个由上升变为向下的反转形态，这时就是第二次卖出的机会。投资者应该在 MDI 的第二次反转出现后卖出，减少后期大幅下跌的损失。

**【个股实战】**

以深信泰丰（000034）2014 年 8 月 7 日至 2015 年 2 月 9 日走势图为例，如图 10-14 所示，该股的 PDI 线开始向下滑落，ADX 线也同步向下，说明股价已有调整之意。

接下来的几个交易日，PDI 线、ADX 线都下滑到了 20 以内，ADXR 线下降到了 30 以内，头部趋势明显。此时如果没有卖出，后面该股还有一次反弹的机会，可以再次卖出。

图 10-14　深信泰丰（000034）头部出现

## 10.3.6　"盛极而衰"

【形态描述】

"盛极而衰"，是指个股在上涨到一定程度后，随着股价的走高，PDI 线达到峰值后转为向下，而同一时间个股的成交量也放出"天量"。

【市场含义】

前文说过，DMI 指标中，PDI 线表示股价向上波动的情况所占的比例，因此当 PDI 线达到一段时间的峰值时，说明该股的走势一直是以上涨为主，处于持续的拉升之中。但是接下来出现 PDI 从峰值转为向下，这说明一路上涨的股价波动情况中，出现了下跌的波动，实际上是有人在卖出股票，使股价走低。

与此同时，个股的成交量如果放出"天量"，说明此时个股的筹码大批的换手。是从哪里换到哪里？分析来看，由于前期已积累了一定的涨幅，普通投资者往往会对股价未来抱着上涨的心理预期，从而愿意买入股票。如果庄家不出货，市场上买入的意愿大于卖出的意愿，是不可能有"天量"成交的。只有在庄家利用一路上涨形成的超高人气的掩护下派发手中的筹码，才会发生巨量的成交。

因此，综合来看，一方面是在上涨的后期，股价波动中出现了下跌的情况，另一方面是有巨量的卖出，使普通投资者热情高涨的买入都得以成交。这只能说明一种情况，就是庄家在趁高出货，后期个股将进入下跌通道之中，所以命名为"盛极而衰"。

【个股实战】

以四环生物（000518）2014年7月24日至2015年3月6日走势图为例，如图10-15所示，该股处于持续上涨的过程之中，伴随着这一走势，其DMI指标也逐步走高。该股DMI指标之中，PDI线从峰值掉头向下，显示出该股的股价波动之中，下跌方向的波动已经超过了上涨方向的波动。

再看成交量指标，该股的成交量都是近期的"天量"，这说明在股价向下波动的过程中，有巨量的筹码交换了主人。能有这样的量卖出，只能说明是庄家在出货，利用前期集聚的人气把手中持有的股票卖出。

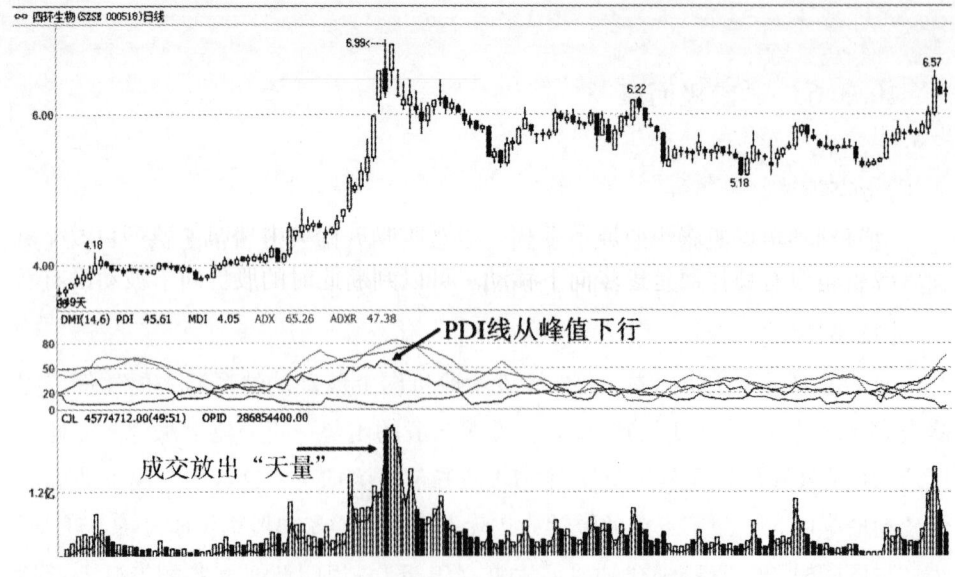

图10-15　四环生物（000518）"盛极而衰"

既然庄家在趁高出货，后期该股必将进入下跌通道，所以投资者需要尽快卖出。

### 10.3.7 双死叉

【形态描述】

双死叉是指个股的 DMI 指标走出了 MDI 线从下向上穿过 PDI 线的走势，同时个股的均线系统中也出现了 5 日均线下穿 10 日均线的死叉形态，这是个股走势从涨到跌的转向信号。

【市场含义】

双死叉形态一般出现在上涨阶段的后期，标志着个股的涨势已尽，马上要转入下跌过程。

从 DMI 指标来看，前期个股一直处于涨势之中，因此 PDI 线保持高于 MDI 线的强势形态，也说明个股的走势之中，上涨方向的波动频率高于下跌方向的波动频率。但是随着 MDI 线从下向上穿过 PDI 线，这说明个股的股价波动情况之中，下跌方向的波动已开始大量出现，并且风头已盖过了上涨方向的波动。当一只股票在上涨的后期出现了过多的下跌方向的波动，其下一步的走势也变得相当微妙。

此时，可结合均线指标进一步明确。如果均线系统也出现了死叉，也就是说出现了 5 日均线下穿 10 日均线的形态，说明个股的收盘价近期走势已经击穿了中期走势的上升通道，步步下移了。

综合两项指标所说明的信息可知，一方面股价大量出现向下波动；另一方面收盘价也没有稳住而是逐步向下移动。可以判断此时的股价向下波动没有获得来自庄家的强力支持，收盘价拉不回原来的通道之中，这一段下跌走势很大程度上不是庄家的洗筹措施，而是出货操作。因此，中小投资者也应该及时卖出。

【个股实战】

以古井贡酒（000596）2014 年 10 月 21 日至 2015 年 2 月 11 日走势图为例，如图 10-16 所示，该股处于上升阶段，MDI 线被压制在低位。但是到了 12 月 2 日，其 MDI 线从低位向上穿过了 PDI 线，形成了死叉的形态。这一形态发生后，说明个股的下跌方向的波动已经强于上涨方向的波动。

此时再结合均线系统，可以看出当天已经发生了5日均线向下穿过10日均线的死叉形态，说明该股的收盘价也在发生着"滑坡"，在股价向下波动的过程中没有庄家护航的力量。综合以上两种判断，可以推断出该股的下跌并非是洗盘，而是庄家离开的迹象，所以投资者也要抓住机会尽快卖出。

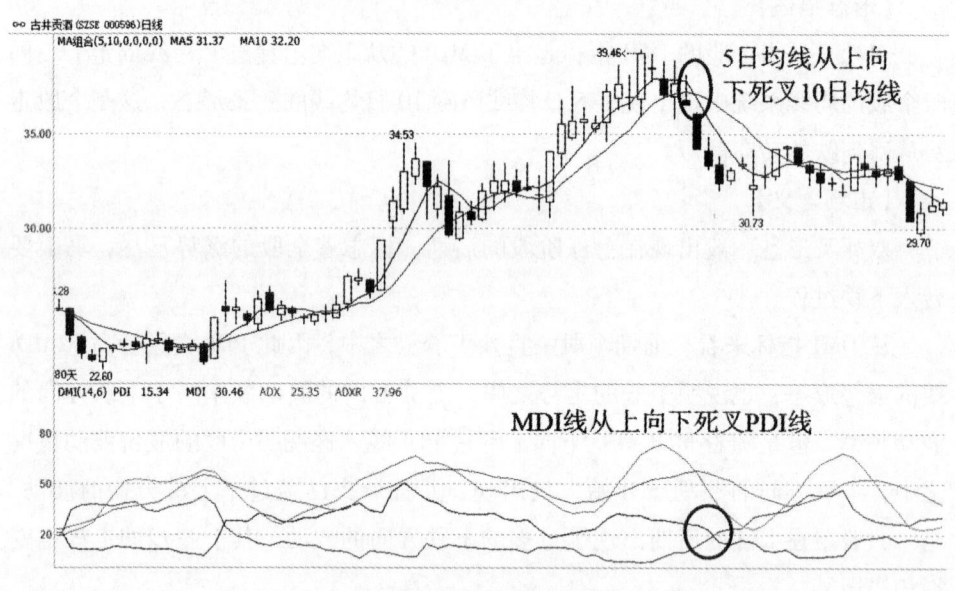

图10-16 古井贡酒（000596）双死叉

### 10.3.8 5日均线向上 PDI 线向下

【形态描述】

5日均线向上 PDI 线向下，是一种 DMI 指标与均线指标相组合的判断信号，是指个股的5日均线保持向上的过程中，PDI 线却出现了向下移动的趋势。

【市场含义】

5日均线向上 PDI 线向下，是利用了 DMI 指标比较敏感的先行性特点，对个股的下一步走势做出判断，一般用于个股上涨的过程中，确定是否达到了头部。

首先，5日均线保持向上，这说明至少短期来看，个股的收盘价还是保持着向上攀升的走势，由于本形态常见于个股上涨期间，因此可以说明从收盘价来看个股还在上升通道内。

但是，借助于DMI线对于股价波动情况的综合反映特点，投资者可以通过DMI线来关注在个股收盘价的趋势未明显改变的情况下，股价是怎么样波动的。如果出现了PDI线从前期的向上移动转变为向下移动，表示在股价的波动情况中，上升的波动已经不像之前那么强劲了，而是出现了更多的向下波动的情况。此时，虽然庄家还控制着收盘价没有发生下跌、破坏5日均线的局势，但是股价波动中已经显示正能量不足，向上之势即将衰竭。此时投资者需对个股保持高度关注，一旦5日均线也走出了转头向下的形态，必须及时卖出股票。

需要注意的是，5日均线向上而PDI线向下，这种组合信号是一种比较激进的判断形态，其利用了DMI指标先行性的特点，投资者可以早于庄家操作，但这种信号也容易在上涨过程中的洗盘阶段出现，投资者过早行动又容易踏空，怎样分辨呢？拿捏的分寸在于5日均线的后续走势，如果5日均线在PDI线向下走后仍能够坚持向上，那就是洗盘；反之，一旦在PDI线先行向下后不久，5日均线支撑不住，从向上改为向下反转，就意味着头部出现，要抓紧卖出了。

【个股实战】

以青岛双星（000599）2014年12月24日至2015年5月29日走势图为例，如图10-17所示，该股的5日均线是始终保持着向上移动的形态，说明单是从

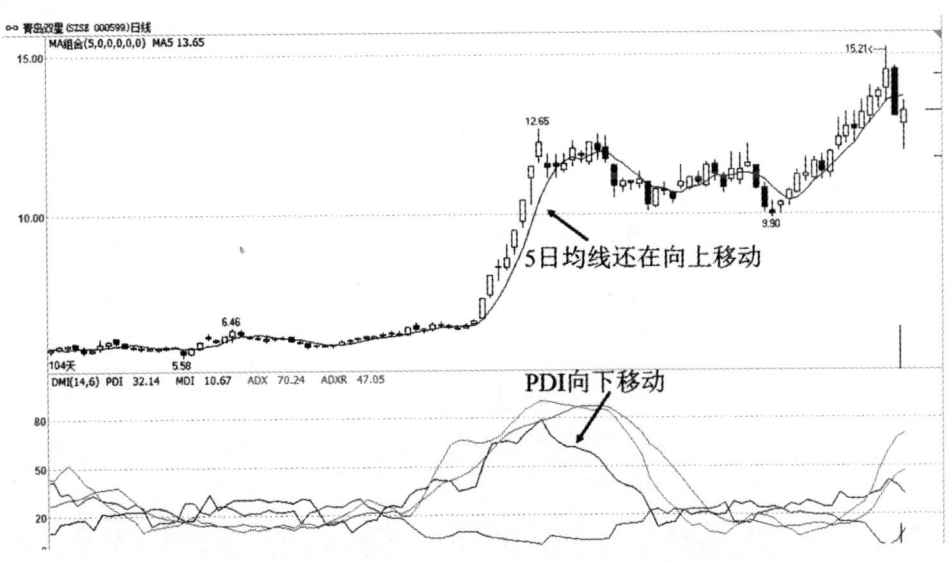

图10-17　青岛双星（000599）5日均线向上PDI线向下

收盘价的情况来看，该股还保持着向上行走的趋势。

但是此时结合 DMI 指标，可以发现该股的 PDI 线已经掉头向下了，这说明在股价的波动情况之中，向下的波动情况逐渐增多，而向上的波动正在逐渐减少，虽然收盘价还是在提高，但是在一个交易日的过程中，股价波动的情况已经不再是前期单边上涨过程中的"向上波动"主导阶段，并且从 PDI 线下行的形态来看，多数时间内还是处在下跌走势。这种情况已经提前反映出个股上涨走势的能量即将衰竭，所以它作为一个先行指标具有较高的敏感度。

后期，该股的 5 日均线终于挺不住了，也开始下行，说明该股的头部已经形成，投资者可以卖出股票了。